“十四五”国家重点图书出版规划项目

列国志

GUIDE TO THE WORLD NATIONS

新版

李 博 编著

HAITI

海地

SSAP 社会科学文献出版社
SOCIAL SCIENCES ACADEMIC PRESS (CHINA)

戴德曼斯凯
萨马纳岛
Islands
莫蒂默斯
胡门托斯群岛
克鲁克德岛
克鲁克德岛海峡
皮茨镇
斯纳格科纳
普拉纳群岛
长岛
阿克林岛
Acklins Island
马亚瓜纳岛
Mayaguana
拉孔岛
马亚瓜纳海峡
亚伯拉罕贝
邓肯镇
萨利纳角
特克斯和凯科斯群岛(英)
TURKS AND CAICOS ISLANDS(U.K.)
凯科斯海峡
米拉波尔沃斯群岛
贝尔德岛
北凯科斯岛
基尤
大凯科斯岛
多明各岛
普罗维登西亚莱斯岛
东凯科斯岛
霍格斯蒂礁
西凯科斯岛
大特克岛
小伊纳瓜岛
科伯恩城
COCKBURN TOWN
大伊纳瓜岛
东北角
安伯格里斯群岛
Great Inagua
特克斯群岛
罗莎湖
L. Rosa
锡尔群岛
马修镇
Matthew Town
洋
锡尔弗浅滩海峡
萨马港
巴内斯
安蒂亚
莫阿
萨瓜－德塔纳莫
巴拉科阿
Baracoa
关塔那摩
Guantánamo
迈西
伊斯帕尼奥拉岛
向风海峡
托尔蒂岛
代基里
博克龙
和平港
Port-de-Paix
蒙特克里斯蒂
卢佩龙
普拉塔港
Puerto Plata
Hispaniola
佩德罗德拉罗卡堡
国家历史公园
勒莫勒圣尼古拉
拜德埃纳
海地角
Cap-Haïtien
达哈邦
圣地亚哥
Santiago
圣弗朗西斯科－德马科里斯
San Francisco de Macoris
戈纳伊夫
Gonaïves
海地
哈拉瓦科阿
Jarabacoa
纳瓜
萨马纳
圣马克
St Marc
安什
Hinche
杜阿尔特峰▲3175
拉贝加
La Vega
滨海萨瓦纳
戈纳夫岛
HAITI
多米尼加
DOMINICAN REPUBLIC
埃尔塞沃
热雷米
Jérémie
昂萨加莱
圣胡安
San Juan
圣多明各殖民城
埃尔马考
圣佩德罗－德马科里斯
San Pedro de Macoris
玛丽夫人镇
太子港
PORT-AU-PRINCE
圣克里斯托瓦尔
San Cristóbal
圣多明各
SANTO DOMINGO
纳瓦萨岛
牙买加海峡
塞勒峰▲2674
拉罗马纳
La Romana
莱凯
Les Cayes
拜内
雅克梅勒
Jacmel
巴拉奥纳
Barahona
皮芒港
拉巴库角
佩德纳莱斯
恩里基约
绍纳岛
岛
贝阿塔岛
贝阿塔角
特群岛(牙)
Greater Ant
委内瑞
比
海
索特尔
Sauteurs

海地行政区划图

海地国旗

海地国徽

海地国家博物馆外景（张海青　摄）

海地国家博物馆内景（张海青　摄）

海地世界文化遗产圣苏西宫（无忧宫）遗址（一）（张海青　摄）

海地世界文化遗产圣苏西宫（无忧宫）遗址（二）（张海青　摄）

海地世界文化遗产圣苏西宫（无忧宫）遗址（三）（张海青　摄）

海地世界文化遗产拉费里耶尔城堡（逍遥堡）（张海青　摄）

海地拉费里耶尔城堡（逍遥堡）独立战争纪念博物馆（一）（张海青　摄）

海地拉费里耶尔城堡（逍遥堡）独立战争纪念博物馆（二）（张海青　摄）

海地最高学府基斯奎亚大学（一）（张海青　摄）

海地最高学府基斯奎亚大学（二）（张海青　摄）

太子港俯瞰

太子港郊区度假村海滩（张海青　摄）

拉巴迪岛风光（一）

拉巴迪岛风光（二）

出版说明

《列国志》编撰出版工作自1999年正式启动，截至目前，已出版144卷，涵盖世界五大洲163个国家和国际组织，成为中国出版史上第一套百科全书式的大型国际知识参考书。该套丛书自出版以来，受到社会各界的广泛好评，被誉为“21世纪的《海国图志》”，中国人了解外部世界的全景式“窗口”。

这项凝聚着近千学人、出版人心血与期盼的工程，前后历时十多年，作为此项工作的组织实施者，我们为这皇皇144卷《列国志》的出版深感欣慰。与此同时，我们也深刻认识到当今国际形势风云变幻，国家发展日新月异，人们了解世界各国最新动态的需要也更为迫切。鉴于此，为使《列国志》丛书能够不断补充最新资料，更好地服务于社会各界，我们决定启动新版《列国志》编撰出版工作。

与已出版的144卷《列国志》相比，新版《列国志》无论是形式还是内容都有新的调整。国际组织卷次将单独作为一个系列编撰出版，原来合并出版的国家将独立成书，而之前尚未出版的国家都将增补齐全。新版《列国志》的封面设计、版面设计更加新颖，力求带给读者更好的阅读享受。内容上的调整主要体现在数据的更新、最新情况的增补以及章节设置的变化等方面，目的在于进一步加强该套丛书将基础研究和应用对策研究相结合，将基础研究成果应用于实践的特色。例如，增加了各国有关资源开发、环境治理的内容；特设“社会”一章，介绍各国的国民生活情况、社会管理经验以及存在的社会问题，等等；增设“大事纪年”，方便读者在短时间内熟悉各国的发展线索；增设“索引”，便于读者根据人名、地名、关键词查找所需相关信息。

顺应时代发展的要求，新版《列国志》将以纸质书为基础，全面整合国别国际问题研究资源，构建列国志数据库。这是《列国志》在新时期发展的一个重大突破，由此形成的国别国际问题研究与知识服务平台，必将更好地服务于中央和地方政府部门应对日益繁杂的国际事务的决策需要，促进国别国际问题研究领域的学术交流，拓宽中国民众的国际视野。

新版《列国志》的编撰出版工作得到了各方的支持：国家主管部门高度重视，将其列入“‘十二五’国家重点图书出版规划项目”；中国社会科学院将其列为创新工程学术出版资助项目，王伟光院长亲自担任编辑委员会主任，指导相关工作的开展；国内各高校和研究机构鼎力相助，国别国际问题研究领域的知名学者相继加入编辑委员会，提供优质的学术咨询与指导。相信在各方的通力合作之下，新版《列国志》必将更上一层楼，以崭新的面貌呈现给读者，在中国改革开放的新征程中更好地发挥其作为“知识向导”、“资政参考”和“文化桥梁”的作用！

新版《列国志》编辑委员会

2013年9月

前言

自1840年前后中国被迫开关、步入世界以来，对外国舆地政情的了解即应时而起。还在第一次鸦片战争期间，受林则徐之托，1842年魏源编撰刊刻了近代中国首部介绍当时世界主要国家舆地政情的大型志书《海国图志》。林、魏之目的是为长期生活在闭关锁国之中、对外部世界知之甚少的国人"睁眼看世界"，提供一部基本的参考资料，尤其是让当时中国的各级统治者知道"天朝上国"之外的天地，学习西方的科学技术，"师夷之长技以制夷"。这部著作，在当时乃至其后相当长一段时间内，产生过巨大影响，对国人了解外部世界起到了积极的作用。

自那时起中国认识世界、融入世界的步伐就再也没有停止过。中华人民共和国成立以后，尤其是1978年改革开放以来，中国更以主动的自信自强的积极姿态，加速融入世界的步伐。与之相适应，不同时期先后出版过相当数量的不同层次的有关国际问题、列国政情、异域风俗等方面的著作，数量之多，可谓浩如烟海。它们对时人了解外部世界起到了积极的作用。

当今世界，资本与现代科技正以前所未有的速度与广度在国际间流动和传播，"全球化"浪潮席卷世界各地，极大地影响着世界历史进程，对中国的发展也产生极其深刻的影响。面临不同以往的"大变局"，中国已经并将继续以更开放的姿态、更快的步伐全面步入世界，迎接时代的挑战。不同的是，我们所

面临的已不是林则徐、魏源时代要不要“睁眼看世界”、要不要“开放”的问题，而是在新的历史条件下，在新的世界发展大势下，如何更好地步入世界，如何在融入世界的进程中更好地维护民族国家的主权与独立，积极参与国际事务，为维护世界和平，促进世界与人类共同发展做出贡献。这就要求我们对外部世界有比以往更深切、全面的了解，我们只有更全面、更深入地了解世界，才能在更高的层次上融入世界，也才能在融入世界的进程中不迷失方向，保持自我。

与此时代要求相比，已有的种种有关介绍、论述各国史地政情的著述，无论就规模还是内容来看，已远远不能适应我们了解外部世界的要求。人们期盼有更新、更系统、更权威的著作问世。

中国社会科学院作为国家哲学社会科学的最高研究机构和国际问题综合研究中心，有11个专门研究国际问题和外国问题的研究所，学科门类齐全，研究力量雄厚，有能力也有责任担当这一重任。早在20世纪90年代初，中国社会科学院的领导和中国社会科学出版社就提出编撰“简明国际百科全书”的设想。1993年3月11日，时任中国社会科学院院长胡绳先生在科研局的一份报告上批示：“我想，国际片各所可考虑出一套列国志，体例类似几年前出的《简明中国百科全书》，以一国（美、日、英、法等）或几个国家（北欧各国、印支各国）为一册，请考虑可行否。”

中国社会科学院科研局根据胡绳院长的批示，在调查研究的基础上，于1994年2月28日发出《关于编纂〈简明国际百科全书〉和〈列国志〉立项的通报》。《列国志》和《简明国际百科全书》一起被列为中国社会科学院重点项目。按照当时的计划，首先编写《简明国际百科全书》，待这一项目完成后，再着手编写《列国志》。

1998年，率先完成《简明国际百科全书》有关卷编写任务的研究所开始了《列国志》的编写工作。随后，其他研究所也陆续启动这一项目。为了保证《列国志》这套大型丛书的高质量，科研局和社会科学文献出版社于1999年1月27日召开国际学科片各研究所及世界历史研究所负责人会议，讨论了这套大型丛书的编写大纲及基本要求。根据会议精神，科研局随后印发了《关于〈列国志〉编写工作有关事项的通知》，陆续为启动项目拨付研究经费。

为了加强对《列国志》项目编撰出版工作的组织协调，根据时任中国社会科学院院长李铁映同志的提议，2002年8月，成立了由分管国际学科片的陈佳贵副院长为主任的《列国志》编辑委员会。编委会成员包括国际片各研究所、科研局、研究生院及社会科学文献出版社等部门的主要领导及有关同志。科研局和社会科学文献出版社组成《列国志》项目工作组，社会科学文献出版社成立了《列国志》工作室。同年，《列国志》项目被批准为中国社会科学院重大课题，新闻出版总署将《列国志》项目列入国家重点图书出版计划。

在《列国志》编辑委员会的领导下，《列国志》各承担单位尤其是各位学者加快了编撰进度。作为一项大型研究项目和大型丛书，编委会对《列国志》提出的基本要求是：资料翔实、准确、最新，文笔流畅，学术性和可读性兼备。《列国志》之所以强调学术性，是因为这套丛书不是一般的“手册”“概览”，而是在尽可能吸收前人成果的基础上，体现专家学者们的研究所得和个人见解。正因为如此，《列国志》在强调基本要求的同时，本着文责自负的原则，没有对各卷的具体内容及学术观点强行统一。应当指出，参加这一浩繁工程的，除了中国社会科学院的专业科研人员以外，还有院外的一些在该领域颇有研究的专家学者。

现在凝聚着数百位专家学者心血，共计141卷，涵盖了当今世界151个国家和地区以及数十个主要国际组织的《列国志》丛书，将陆续出版与广大读者见面。我们希望这样一套大型丛书，能为各级干部了解、认识当代世界各国及主要国际组织的情况，了解世界发展趋势，把握时代发展脉络，提供有益的帮助；希望它能成为我国外交外事工作者、国际经贸企业及日渐增多的广大出国公民和旅游者走向世界的忠实“向导”，引领其步入更广阔的世界；希望它在帮助中国人民认识世界的同时，也能够架起世界各国人民认识中国的一座“桥梁”，一座中国走向世界、世界走向中国的“桥梁”。

《列国志》编辑委员会

2003年6月

CONTENTS

目 录

CONTENTS
目 录

CONTENTS
目录

CONTENTS
目 录

CONTENTS

目录

CONTENTS

目 录

第一章
概　　览

第一节　国土与人口

一　地理位置

海地共和国（The Republic of Haiti，La République d'Haïti）位于加勒比海北部，北纬 18°～20°、西经 71°30′～74°30′，北濒大西洋，西部和南部紧邻加勒比海，是一个三面环水的国家。海地东与多米尼加接壤，西隔向风海峡（Windward Passage）距古巴 80 千米，西南与牙买加隔海相望。海地所在的伊斯帕尼奥拉岛是大安的列斯群岛中的第二大岛，该岛上有海地和多米尼加两个国家，海地占据了该岛西部1/3的部分，国土面积为 27750 平方千米（其中陆地面积 27560 平方千米，内陆水域面积 190 平方千米），是加勒比地区面积第三大的国家，仅次于古巴和多米尼加。多米尼加是海地的唯一陆上邻国，两国边境线长 360 千米。

海地的形状类似于一块马蹄铁，其国土的主体部分由向西延伸的南北两个半岛构成，两个半岛环抱着戈纳夫湾（Golfe de la Gônave）。海地的领土还包括海岸线周围大大小小的岛屿，其中面积最大的四个是（按照面积从大到小排列）：戈纳夫岛（Île de la Gônave），面积约为 680 平方千米，位于首都太子港西北方向的戈纳夫湾；托尔蒂岛（Île de la Tortue），面积约为 180 平方千米，位于北部半岛以北，同和平港市遥遥相望；阿瓦克岛（Île à Vache），面积约为52平方千米，位于南部半岛以南；大卡耶米特岛（Grand Cayemite），面积约为45平方千米，位于南部半岛以北。

二 行政区划

海地的首都是太子港（Port-au-Prince），一级行政区主要依自然地势划分，包括10个省，省下设区，区下设市镇。10个省分别是：北部的西北省（Nord-Ouest）、北部省（Nord）、东北省（Nord-Est），中部的阿蒂博尼特省（Artibonite）、中部省（Centre），南部的大湾省（Grand-Anse）、南部省（Sud）、尼普省（Nippes）、东南省（Sud-Est）、西部省（Ouest）。这些省份的首府依次为：和平港（Port-de-Paix）、海地角（Cap-Haïtien）、利贝泰堡（Fort-Liberté）、戈纳夫（Gonaïves）、安什（Hinche）、热雷米（Jérémie）、莱凯（Les Cayes）、米腊关（Miragoâne）、雅克梅勒（Jacmel）、太子港。西部省地处海地的东南方，与戈纳夫湾相邻。

三 地形特点

"海地"在当地印第安人语言中意为"多山的土地"，它的大部分国土为崎岖的山地，仅沿海和沿河地带有狭窄平原。海拔在500米以上的地区占到国土面积的40%，只有20%的土地地势较为平坦。海地的山脉多呈东西走向，一些小的沿海平原和河谷散布在陡峭的群山之间，将这个国家分割成许多相对孤立的区域。因此，海地的可利用土地面积稀少，国内交通的发展也受到极大的限制。海地的海岸线上分布着大大小小的港湾，但沿岸海域水深较浅，有些地方还有滨海红树林湿地和珊瑚礁，对船舶航行造成了阻碍。

海地位于若干地质断层之上，其中包括活跃的加勒比板块和北美洲板块之间的恩利基约加登平原断层（Enriquillo-Plaintain Garden Fault）。这使得海地成为一个地震频发的国家，几乎每50年就会发生一次强烈的地震。2010年1月，海地当地时间12日下午发生里氏7.3级地震，震中距海地首都太子港西部约16千米。这次地震给海地造成了毁灭性的打击。

海地的国土一般被分为三大地区：北部地区、中部地区和南部地区。

北部地区主要包括北部山脉（Massif du Nord）和北部平原（Plaine du Nord）。北部山脉从多米尼加和海地的边境向西北方向延伸，贯穿海地的北部半岛，是多米尼加境内的中科迪勒拉山脉（Cordillera Central）在海地的延伸。北部山脉海拔相对较低，基本上在600～1100米，但山势陡峭，山体被湍急的溪流侵蚀成许多幽深的山谷。北部平原从海地和多米尼加的北部边界向西展开，北临大西洋，南倚北部山脉，是海地最大的平原，面积达2000平方千米。北部平原也是海地最为重要的平原之一，从北部山脉顺流而下的河流带来了肥沃的土壤，在法国殖民时期，这里的种植园经济一度非常发达。

海地的中部地区交错分布着从东南向西北方向延伸的狭窄的平原和山地。该地区最北部是中央平原（Plain Centrale），它地处北部山脉南侧，瓜亚莫克河（Rivière Guayamouc）从中穿流而过。中央平原四周均有山脉环绕，平均海拔303米。中央平原的西南方是努瓦尔山脉（Montagnes Noires），最高海拔约为1400米，其西北端接入北部山脉。努瓦尔山脉西南边是阿蒂博尼特河谷（Plaine de l'Artibonite），面积约为800平方千米。伊斯帕尼奥拉岛上最长的河流——阿蒂博尼特河（Rivière de l'Artibonite）横穿该河谷。阿蒂博尼特河谷上游部分十分狭窄，向西北方向逐渐变宽。阿蒂博尼特河谷为在这里生活的贫困居民提供了重要的自然资源，但过度的森林砍伐和不当的土地开发使该河谷的生态遭到严重破坏。中部地区的南缘由两座东西相连的山脉构成，即位于西边的马特乌克斯山（Chaîne des Matheux）和位于东边的托多山（Chaîne du Trou d'Eau），这两座山脉是多米尼加境内的内瓦山脉（Sierra de Neiba）的延伸。

海地的南部地区由库尔德萨克平原（Plaine du Cul－de－Sac）和南部半岛组成，是海地人口最为稠密的区域。库尔德萨克平原位于中部地区和南部半岛之间，东与多米尼加交界，西至太子港湾（Baie de Port－au－Prince），是一块因断层活动而形成的天然洼地。该平原宽约12千米，长约32千米，土壤肥沃，从殖民地时代以来就一直是农耕区，首都太子港坐落在它的西南沿海地带。南部半岛山峦起伏，分布着两座东西走向的山脉——东部的塞勒山脉（Massif de la Selle）和西部的奥特山脉（Massif de la Hotte），它们是多米尼加南部的巴奥鲁科山脉（Sierra de Baoruco）在海地的延伸。这两座山脉的南北两侧由于受溪流的侵蚀而形成了许多狭窄的河谷。塞勒山脉的塞勒峰（Pic la Selle）海拔为2680米，是海地的最高峰。奥特山脉的马卡亚山（Pic Macaya）海拔为2347米。

四　河流与湖泊

海地境内河流短小，多发源于高山，流入大西洋和加勒比海。河水流量随季节更替而变化，在旱季，它们大多是涓涓细流，有些河流甚至完全干涸；在雨季，它们流量增大，有时会形成凶猛的洪水。

阿蒂博尼特河长约320千米，是海地的第一大河，同时也是伊斯帕尼奥拉岛上最长的河流。它发源于多米尼加境内的中科迪勒拉山脉，其大部分流经海地，最终向西注入戈纳夫湾，流域面积1万平方千米，其中海地境内面积6250平方千米。该河上游水量充沛，中游建有佩利格尔大坝（Péligre Dam），河口处形成大片沼泽地。佩利格尔大坝位于中央平原南部，是阿蒂博尼特河流域农业工程的一部分，建于20世纪50年代，用以蓄洪发电。1956年大坝完工后出现了一个浩瀚的人工湖，即佩利格尔湖（Lac de Peligre）。

莱特鲁瓦里维耶河（Les Trois Rivières）是海地北部地区的主要河流，它发源于北部山脉，在和平港市流入大西洋。瓜亚莫克河是阿蒂博尼特河的支流，也是海地中部的一条重要河流，中央平原的肥沃的土壤就是在其冲击下形成的。该河发源于北部山脉，自北向东南方向流淌，在海地和多米尼加边界处汇入阿蒂博尼特河。海地境内大多数河流的航运和经济价值并不大，只有少数主要河流的下游在雨季时可以供小型船只通航。

海地最大的湖泊是索马特尔湖（Étang Saumatre），位于库尔德萨克平原东部，紧邻海地和多米尼加边境，海拔15米，面积约为170平方千米，是一个咸水湖。这里栖息着美洲鳄和100多种水禽，包括颜色鲜艳的火烈鸟。

五 气候

海地位于低纬度地区，气候类型属于热带气候。由于受到北半球东北信风的影响，且多山地，海地的气候呈现多样性的特点。全年分为旱季和雨季，11 月至次年 3 月是旱季，湿度较低，气候较为宜人；4 月至 10 月是雨季，气候湿热。海地经常遭受飓风、洪水、干旱等气象灾害的侵袭。

海地年平均气温为 25℃，除了一些海拔较高的山区以外，大部分地区全年温差不大。平原地区气温通常较高，冬季在 15℃到 25℃之间，夏季在 25℃到 35℃之间。东北信风及海洋的调节作用使海地的高温有所缓解，特别是高海拔地区气温更为凉爽。海地首都太子港位于库尔德萨克平原西端，海拔低，南北两边的山脉又削弱了东北信风带来的凉爽空气，因此温度较高，年平均气温达 26℃。而另一个在首都东南方向不远处的城市肯斯科夫（Kenscoff），海拔 1400 米，年平均气温仅为 15.5℃。

海地境内大部分地区的年均降水量在 1400～2000 毫米，但在不同季节、不同地区分布并不均衡，每年的 5 月和 10 月会出现降水高峰。在潮湿的雨季，滂沱的暴雨从厚厚的积雨云中倾泻而下，骤来骤去。过量的雨水从植被遭到严重破坏的山坡涌入低地地带，经常会造成洪涝灾害。在旱季，又有许多河水流量减少甚至枯竭。海地降水量最丰富的地区是南部半岛和北部的一些平原，这是因为东北信风经过大西洋带来了湿润空气，在向北和向西的山坡形成强降水。北部半岛南岸因地处背风地带，相对来说较为干旱。南部半岛的马卡亚山附近年均降水量可达 3000 毫米以上，北部半岛的西北地区则降至 600 毫米以下，该地区经常遭遇干旱。首都太子港的年均降水量为 1350 毫米。1991～2016 年海地月平均气温和降雨量见图 1－1。

每年的 6 月至 11 月是加勒比地区的飓风多发季。海地也频频遭受飓风侵扰，特别是南部半岛更容易受到飓风侵袭。历史上，海地曾多次遭遇十分严重的飓风灾害，这给当地人民的生命财产造成了巨大的损失：1963 年，飓风“弗洛拉”（Hurricane Flora）致使海地 5000 多人丧生；2008 年

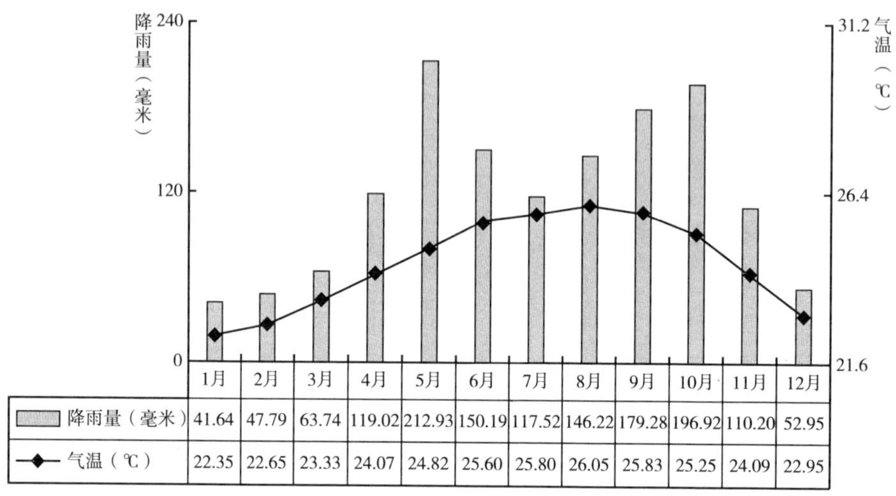

	1月	2月	3月	4月	5月	6月	7月	8月	9月	10月	11月	12月
降雨量（毫米）	41.64	47.79	63.74	119.02	212.93	150.19	117.52	146.22	179.28	196.92	110.20	52.95
气温（℃）	22.35	22.65	23.33	24.07	24.82	25.60	25.80	26.05	25.83	25.25	24.09	22.95

图 1－1　1991～2016 年海地月平均气温和降雨量

资料来源：世界银行（World Bank），https：//climateknowledgeportal. worldbank. org/country/haiti。

飓风季，“古斯塔夫”“汉娜”“艾克”等一连串飓风席卷加勒比海，海地全国 70% 的粮食作物被毁；2016 年，飓风“马修”造成的损失相当于当年海地国内生产总值（GDP）的 22%。20 世纪以来，海地的气候变得日益干旱炎热。在过去的 50 多年里，气温逐渐升高，1900～1960 年的年平均气温为 24. 3℃，1960～1990 年攀升至 25. 3℃，1990～2009 年的年平均气温为 25. 4℃；与此同时，降雨量逐渐下降，河流枯竭状况不容乐观。这一系列的气候变化加剧了风暴、干旱等极端天气的出现，使海地更易受到各种气象灾害的侵扰。①

六　人口

海地是西半球人口密度最大的国家之一，也是整个美洲最贫困的国

① “Haiti－Dominican Republic Environmental Challenges in the Border Zone，” United Nations Environment Programme，2013，p. 24.

家。过多的人口和有限的土地、自然资源间的矛盾给海地的经济社会发展带来了巨大的障碍。根据 2018 年联合国统计数据，海地全国人口总数为 1112.3 万人，人口密度高达 403.6 人/千米^2，人口大多数集中在城市、沿海平原和河谷地带。

自 1804 年独立以来，海地历史上进行人口普查的次数不多。1918～1919 年的一次调查表明，当时全国人口为 190 万人。1950 年，海地进行了第一次正式人口普查，此时全国人口已达到 341 万人。1971 年和 1982 年的人口普查结果分别为 432 万人和 505 万人。2003 年 1 月，海地政府组织了新一轮的人口普查，根据政府公布的结果，全国人口为 793 万人。有专家指出，海地政府提供的人口普查数据并不准确，只能作为大致参考。

海地是拉丁美洲和加勒比地区人口增长速度最快的国家之一，2018 年，其人口增长率达 1.27%，同年全世界的人口增长率为 1.11%，而拉丁美洲和加勒比地区（高收入国家除外）的人口增长率仅为 0.95%（见图 1－2）。海地人口增长迅速的决定性因素是一直以来居高不下的出生率。2010～2018 年，其年平均人口出生率为 25.18‰，远高于拉丁美洲和加勒比地区同时期的平均数值 17.64‰。海地是拉美地区人口死亡率最高的国家之一，2017 年该国死亡率高达 8.5‰，① 这反映出海地医疗水平的落后及经济上的贫困。频繁的自然灾害进一步提高了这个国家的死亡率，据估计，在 2010 年 1 月的大地震中直接或间接丧生的人数就占该国总人口数的 3%。

海地人口男女比例较为均衡，女性人口数量略高于男性，2017 年男女比例为 97.8∶100。海地人口呈现年轻化的特点，人口结构呈金字塔形，低年龄段人口在总人口中占比大，高年龄段人口占比最小。2016 年，14 岁以下的儿童人口占总人口数量的 33.3%，65 岁以上的老年人口仅占总人口数量的 4.7%。2018 年海地各年龄段人口比例情况见图 1－3。

① 世界银行数据库，https://data.worldbank.org/。

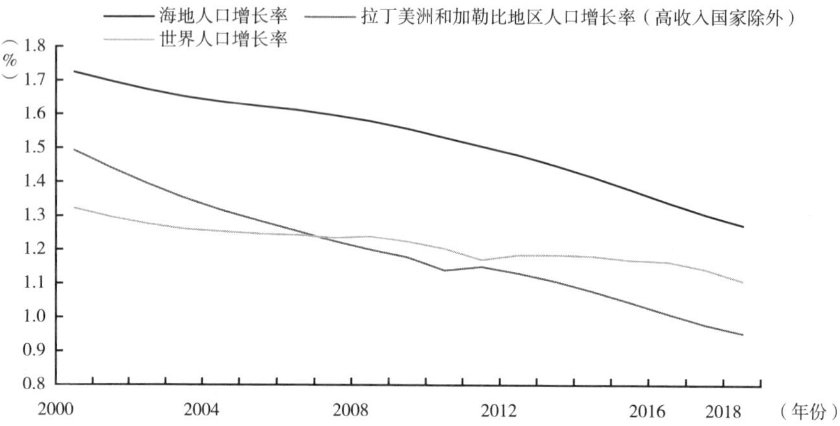

图 1－2　2000～2018 年海地人口增长率与世界及拉丁美洲和加勒比地区的比较

资料来源：世界银行数据库，https：//data. worldbank. org/。

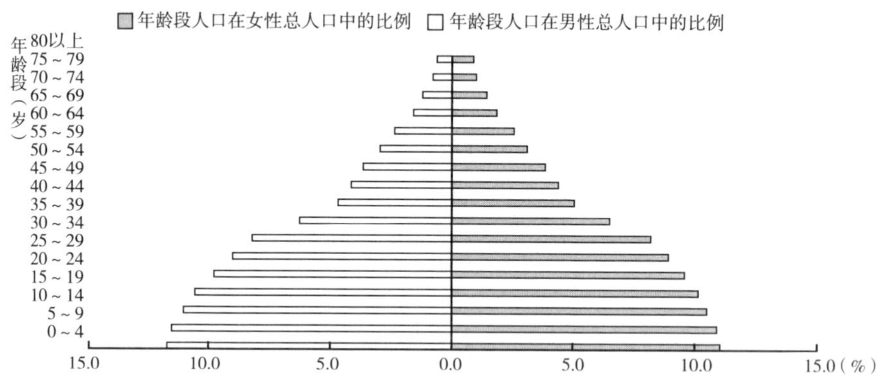

图 1－3　2018 年海地各年龄段人口比例

资料来源：世界银行数据库 2019 年发布的数据。

七　种族

从哥伦布发现新大陆至今，海地的人种构成发生了巨大的变化，由原来的印第安原住民泰诺人占统治地位变成了现在的以黑人为主体。

前哥伦布时期，生活在伊斯帕尼奥拉岛上的是说泰诺语的印第安人，他们经过几个世纪的迁徙，从南美洲来到了加勒比地区，在这一带的众多海岛上定居下来。1492 年哥伦布登陆伊斯帕尼奥拉岛，西班牙人的入侵给岛上的原住民带来了极大灾难。印第安人对他们带来的病毒毫无抵抗力，再加上双方的武力冲突造成的人员伤亡，在接下来的短短几十年中，岛上的原住民几近灭绝。

17 世纪初期，法国人取得了对伊斯帕尼奥拉岛西部 1/3 土地（即今天的海地）的统治权。法国人在海地建立了长达约 200 年的殖民统治，当时的海地社会主要由白人殖民者、黑人奴隶、黑白混血种人和自由黑人组成。白人多为种植园主，处于统治阶层，对黑人残酷剥削。黑人奴隶处于社会最底层，生活和工作条件极度恶劣。为了给迅猛发展的甘蔗种植园提供足够的劳动力，殖民者不断从非洲大量进口黑人奴隶。在此期间，海地还发展出一个新的种族——穆拉托人（Mulatto），穆拉托人是指黑白混血种人，多为白人殖民者和黑人奴隶的后代，他们是摆脱奴隶身份的自由人，形成了一个新的社会阶层。他们之中有的接受了良好的教育，有的参军，有的成为工匠或技工，大部分混血种人生活在太子港附近。到 1789 年，海地白种人的数量有 4 万人，混血种人的数量为 2.8 万人，黑人奴隶的数量为 45.2 万人。1790～1804 年，海地掀起了黑奴和黑白混血种人反对法国殖民统治和奴隶制度的革命。革命胜利后，海地建立了自由黑人主导的独立共和国。这次革命也引发了以白人为主的大量难民的出逃，其主要流入地之一是美国，1809 年，大约有 1 万名海地难民涌入新奥尔良。今天，海地人口中黑人占 95%，另外 5% 由混血种人和少数民族组成。黑人的祖先大多来自中部非洲，如刚果、贝宁、塞内加尔、几内亚、加纳、塞拉利昂等国。

在海地建国后的 200 多年历史中，还有一些阿拉伯人、德国人、波兰人、犹太人、印度人和中国人移民而来，成为少数民族，并在这个国家产生了一定的影响力。在海地的阿拉伯裔人口数量相对较多，他们的先辈是来自中东的移民。阿拉伯人最早移民海地是在 19 世纪末。那时，海地的商贸主要被德国人控制，新来的叙利亚、黎巴嫩和巴勒斯坦商人只能去农村地区充当贩夫走卒，贩卖纺织品和干货。第一次世界大战爆发后，黎巴嫩作为德国盟国奥斯曼帝国的一部分被卷入战争中，从而引发了黎巴嫩人移民美洲的浪潮，海地接收了一大批黎巴嫩移民。20 世纪下半叶，阿以战争期间，海地又接收了一批巴勒斯坦难民。起初，阿拉伯移民常与底层民众打交道但不会讲法语，受到上层混血种人的排斥。后来，阿拉伯移民转移到首都，在商业领域崭露头角，逐渐跻身海地社会上层，他们之中的中产阶级大多在城市里经营超市。

从 18 世纪开始，逐渐有德国人移民海地，他们起初以种植咖啡为生。到了 1910 年，海地大约有 200 名德国人，他们在当地经济中扮演着极为重要的角色，控制了海地 80% 的国际商贸，掌握着太子港的基础设施和主要码头，并操控海地脆弱的国家银行。1918 年，海地政府在第一次世界大战中向德国宣战，没收了德国人的财产。战争结束后，德国人又回来恢复了他们的资产，并重操旧业。在太子港附近的一个小镇里，有一个波兰人社区，这些波兰人是 1802 ~ 1803 年被拿破仑派到海地镇压奴隶起义的波兰军人的后代。当时的波兰军团看到奴隶们为了自由而战，纷纷选择倒戈，加入起义者的阵营。海地独立后，部分波兰人留了下来。有些波兰人与当地人慢慢融合，也有些依然保持着金发碧眼的白种人特征。海地还有少数中国移民。19 世纪 90 年代，一些中国人漂洋过海而来，成为海地的第一批中国移民。20 世纪七八十年代，有一些中国人从台湾移民到海地。

八 语言

法语和克里奥尔语是海地的官方语言。法语用于正式场合，只有受过良好教育的精英阶层才会讲法语，能够流利使用法语的人占不到总人口的 10%。克里奥尔语用于日常交流，包括讲法语的少数人在内的所有海地人都会讲克里奥尔语。能够熟练使用两种语言的只占总人口的 5%，多为海地的中产阶级。

克里奥尔语　“克里奥尔”（Creole）一词具有广泛的内涵。克里奥尔人通常指出生于殖民地的欧洲移民的后代。后来，克里奥尔也指殖民地的欧洲人和当地原住民及其他地区移民在交流融合中形成的语言、文化。

克里奥尔语泛指世界上那些由葡萄牙语、英语、法语和非洲语言混合并简化而生成的语言，美国南部、加勒比地区以及西非的一些地区所说的语言都统称为克里奥尔语。海地克里奥尔语是在法语基础上融合多种西非语言及西班牙语、泰诺语、英语而形成的。它有 90% 的词语源自法语，但两种语言并不相通，其语法相去甚远。

海地克里奥尔语是大多数海地人的母语，也是他们的日常生活用语，大约有 9/10 的海地人只会说克里奥尔语。与法语相比，克里奥尔语中包含更多俚语，多用在自我表达、叙述、非正式演讲等场合。海地克里奥尔语形成于 17 世纪和 18 世纪，当时法国殖民统治下的甘蔗种植园经济迅猛发展，大量黑人劳动力涌入。这些黑人操好几种非洲方言，如克瓦语、班图语等，他们之间缺乏统一的语言进行交流。出于黑人之间以及白人与黑人沟通的需要，一种新的语言逐渐形成了，即克里奥尔语。随着黑人数量的不断增加，白人和混血种人也开始学说克里奥尔语，克里奥尔语成为海地广泛使用的民族语言。但在很长一段历史时期里，克里奥尔语都是下层人民的专属语言，直到 20 世纪，它的地位才有所改变。1915 年美国占领海地后，在黑人意识和民族主义觉醒的大潮中，海地知识分子开始重视克里奥尔语。1943 年，第一份克里奥尔语报纸发行。50 年代起兴起了为克里奥尔语争取官方语言地位的运动：1957 年，宪法在重申法语是官方语言的同时，允许在某些特定公开场合中使用克里奥尔语；1969 年，克里奥尔语取得了有限的法律地位，它可以在立法机关和法庭使用，但依然被禁止在教育机构中使用；1979 年，国家教育学院制定了克里奥尔语官方标准，同年，该语言获准可作为教学用语；1987 年，宪法将克里奥尔语和法语规定为海地官方语言，并承认克里奥尔语是所有海地人普遍掌握的语言。

将克里奥尔语引入基础教学的实践曲折且充满矛盾。说双语的上流社会不支持大众教育，还担心在课堂中使用克里奥尔语会削弱他们的语言优势。下层民众考虑到法语在社会阶层晋升中的重要作用，也希望在教学中使用法语。最终政府拿出的解决方案是，在基础教育的低年级阶段使用克里奥尔语，到了高年级再转为法语教学。许多私立学校对相关规定置之不理，克里奥尔语未能在全国的课堂里实现真正的推广。与上述情况不同的是，成年人识字运动以克里奥尔语为主。政府、天主教会以及乡村农民协会发起了一系列克里奥尔语的成人识字项目。到20世纪末，技术工人和农民协会的领导已经能够用克里奥尔语做会议记录和报告，还有越来越多的平民学会使用克里奥尔语书写个人信件。克里奥尔语文学作品也在慢慢增多。最初，克里奥尔语的文本仅限于教学材料和教会文书，包括《新约全书》和《旧约全书》。如今，克里奥尔语出版物的题材日益丰富，涉及新闻、历史、社论等，还有一些知名作家创作的小说、诗歌、散文，其中比较著名的有弗兰克·艾蒂安（Frank Étienne）和菲利克斯·莫里索－勒鲁瓦（Félix Morisseau－Leroy）。

20世纪70年代以后，在正式场合使用克里奥尔语的情况日益频繁。在曾经严格使用法语的上流社会的餐桌旁，人们开始自如地将克里奥尔语和法语并用。克里奥尔语的电视和广播节目迅猛发展。在竞选中，为吸引大多数民众的注意，克里奥尔语也成为政客们不得不重视的语言工具。

法语 法语一般在官方活动和正式场合中使用，特别是在行政、商务、教育、文化领域以及毕业典礼、教堂集会等重大仪式上。只有中、上阶层的儿童才有条件在家中同时使用两种语言，并在学校专门学习法语。其余大多数人不会使用法语，这使只会讲克里奥尔语的大众被排除在国家行政管理、法律制定、知识活动等重要领域之外。能否讲一口流利的法语是评定一个人出身高低的标准之一，熟练地运用法语比浅肤色更能体现一个人的社会身份。海地法语使用场合的特殊性使其缺少生活化的色彩。经过长期的分化演变，今天，海地法语与法国法语在发音上产生了一定区别。不过，受过良好教育的群体会学习更为地道的巴黎口音。生活在太子港讲双语的中产阶级承受着非常大的语言压力，他们经常会遇到需要用法语交流的场合，但如果他们无法老练地使用法语，无异于表明他们出身于下等阶层。

在海地存在两个割裂的操不同语言的群体，即讲克里奥尔语的大众与少数会讲法语的精英阶层。法语和克里奥尔语分开使用的习惯是从殖民时代起确立的。当时，只有白人和自由穆拉托人才讲法语。随着奴隶制及大种植园经济的崩溃，有色人种之间一时失去了阶层划分的重要界限，会讲法语成为革命前就已获得自由身份人群的标志。即使是19世纪最激进的民族主义者，也未曾赋予克里奥尔语更多的价值。直到今天，语言依然是这两个阶层交往的一个巨大障碍。精英阶层和黑人中产阶级重视他们讲两种语言的能力，因为这是他们进入国家权力中枢的必备技能。讲法语的群体与讲克里奥尔语的群体间的关系十分复杂。各阶层的海地人都认同克里奥尔语是他们的民族语言。但有些海地人认为克里奥尔语并非一种成熟的语言，同高深的法语相比，它缺乏规范的语法。与此同时，有些讲双语的海地人对法语也抱有矛盾的态度，在克里奥尔语中，“讲法语”和“伪君子”同义。

泰诺语 泰诺语是伊斯帕尼奥拉岛土著居民的语言，也是整个加勒比地区印第安人广泛使用的主要语言。16世纪以后，在欧洲殖民统治下，泰诺文化逐渐衰落，泰诺语也被克里奥尔语和法语所取代，并在欧洲人入侵后的100年内消亡。时至今日，现代西班牙语多少保有泰诺语的痕迹，特别是描述美洲特有的动物、植物和文化活动的词语大都源自泰诺语。以西班牙语为跳板，这些词语进而融入英语、法语等其他欧洲语言。

英语 英语变得越来越重要，甚至在某些方面挑战了法语的主导地位。海地是一个严重依赖初级产品出口的国家，轻工业产品主要销往北美，在美国的移民的外汇也是国民收入的重要来源，在这里，英语成为最重要的商业语言。许多上层社会人士偏好将子女送往美国接受高等教育，这进一步提升了英语的地位。大量人口向美国移民也推动了海地人学习英语。虽然移民大多长期留居海外，但并未切断和祖国的联系，还有少数回国定居。20世纪50~80年代杜瓦利埃家族统治期间，大批讲法语的中、上层社会人士流亡美国，他们中的有些人在返回海地时都说着流利的英语。一些移民美国只会讲克里奥尔语的海地人，回国时也说着流利的英语。对普通民众而言，相较于法语，学习英语是更加实际的选择，并且在学习中遇到的社会和心理障碍更小。有些私营有线电视台经常播放英语节目，使海地人有更多的机会接触和熟悉英语。因大量海地人移民美国，英语也给克里奥尔语带来了一定的影响，使之融合了一些英文的词语和表达方式。

九　国旗、国徽、国歌

国旗　海地国旗呈长方形，长宽比为5∶3。国旗由上蓝下红两个相等的水平横条组成，蓝色象征着独立和自由的精神，红色则象征着人民不屈不挠的英雄业绩。国旗正中白色背景上镶嵌着海地国徽。

海地国旗最早源于法国三色旗。1803 年，海地革命领袖让 - 雅克·德萨林（Jean-Jacques Dessalines）撕下了法国国旗中间的白色部分，将蓝、红两色纵向拼接创造出了第一面海地国旗，蓝、红两色代表着黑人和混血种人的团结。在整个 19 世纪里，海地使用过不同的旗帜，不过基本设计还是黑色和红色双色直条或蓝色和红色双色横条两种，中央加上各种不同的盾形纹章。杜瓦利埃家族统治期间，国旗再度被改为左黑右红，1986 年杜瓦利埃家族倒台后，海地国旗才恢复为蓝、红双色横条旗，并在国旗中央镶嵌国徽，一直沿用至今。

国徽　海地国徽的中下方是一座绿色的山，山顶上矗立着一棵象征国家主权的棕榈树，棕榈树上挂着一顶象征自由的弗里吉亚无边便帽。树两侧各有三面历史上用过的蓝红两色国旗、三支带刺刀的步枪，树下的绿地中央放着一只黄色战鼓，战鼓左右各有一只军号和一门古老的火炮，火炮下面分别有一堆炮弹，这些物品代表了共和国的独立战争。战鼓下方有一条断裂的锁链，表示奴隶制度的终结。火炮两侧是三角旗和金锚，显示出海地的岛国特征。绿地最下方有一白色绶带，上面写着“L'Union Fait La Force”（法语：团结就是力量）的口号。这枚国徽是由海地历史上著名的总统亚历山大·佩蒂翁于 1807 年设计的，表现了海地人民誓死捍卫国家独立的决心及英勇斗争、百折不挠的民族精神。

国歌　海地国歌是《德萨利纳之歌》（*La Dessalinienne*），由贾斯汀·雷里森（Justin Lhérisson）作词，尼古拉斯·热弗拉尔（Nicolas Geffrard）作曲，为了纪念海地革命领袖和第一任统治者德萨林而作。1903 年，为纪念独立战争 100 周年，海地举行了一场选拔国歌的比赛，雷里森的词和热弗拉尔的曲脱颖而出。1904 年，《德萨利纳之歌》被正式确定为海地国歌。

《德萨利纳之歌》节选

为了国家，为了祖先	Pour le Pays, pour les Ancêtres
一起前进，一起前进	Marchons unis, marchons unis
把叛徒从我们的队伍打退	Dans nos rangs point de traîtres
让我们成为这片土地唯一的主人	Du sol soyons seuls maîtres
一起前进，一起前进	Marchons unis, marchons unis
为了国家，为了祖先	Pour le Pays, pour les Ancêtres
前进，前进，一起前进	Marchons, marchons, marchons unis
为了国家，为了祖先	Pour le Pays, pour les Ancêtres

第二节 宗教与民俗

一 宗教

伏都教是海地人民普遍信奉的一种宗教，它在农村地区十分盛行。天主教是海地的官方宗教，约有 80% 的海地人信奉天主教。绝大多数海地人同时信奉伏都教和天主教。近年来新教在海地取得了快速的发展，约 16% 的人口是新教徒。此外，海地还有部分人口信仰伊斯兰教、巴哈伊教、犹太教。只有极少数人是无神论者。

（一）伏都教

伏都教源于非洲西部，是糅合了祖先崇拜、万物有灵论、通灵术的原始宗教。16 世纪以后，它随着奴隶贸易传入海地，又融合了西印度群岛印第安原始宗教及天主教的元素和仪式，形成了今天的海地伏都教。海地伏都教受基督教的影响很大，许多神灵逐渐同罗马天主教的圣徒等同起来。虽然海地的官方宗教是天主教，但伏都教在民间特别是农村地区的传播却更为广泛。绝大多数海地人在信奉天主教的同时也信奉伏都教，他们并不认为同时信奉两者有冲突。伏都教已经渗透到海地人生活中的各个方面。

伏都教信徒信奉至高无上的全能的神“邦戴”（Bondye），邦戴神并不介入人间事务，所以他们一般供奉从属于最高神的洛阿（loa）神。伏都教中的洛阿神灵非常多，它们同人类一样具有自己的个性和好恶，也会有善、恶、贪婪、任性等不同的品行。洛阿的谱系十分复杂，它们分属于不同的族群，包括拉达、彼得罗、刚果、纳戈等。拉达洛阿源自非洲，多为与水有关的神灵，性情平和；彼得罗洛阿源生于海地，是易怒、好战、更具侵略性的神灵；刚果洛阿起源于非洲的刚果盆地；纳戈洛阿来自非洲的尼日利亚、贝宁、多哥等地。每个洛阿各有其具体掌管的事务，例如埃聚莉·弗雷达（Erzulie Fréda）是掌管生殖的神灵，阿古厄（Agoué）是水的神灵，等等。洛阿是信徒与最高神沟通的媒介，为了得到庇佑，他们采用多种方式与神灵建立联系。信徒们在自家土地上设立祭坛，定期向洛阿贡献祭品，还要参加繁杂的宗教仪式，在仪式上进行唱歌、击鼓和跳舞等活动。海地伏都教没有固定的教义和严密的组织，没有类似于基督教“教皇”这样的核心权威，其内部分为许多教派和秘密社团，每个教派信奉的神祇都有所不同。每个家族的祭祀活动和供奉的神祇也不尽相同，一个家族的洛阿神对别的家族也不具威力，无法保护或伤害他们。

典型的伏都教仪式一般在寺庙举行，包括祷祝和献祭两部分。信徒们在精心布置的坛庙前念诵一系列经文，吟唱宗教歌曲，踩着激烈的鼓点狂舞，祈求洛阿和祖先的庇佑。他们相信洛阿神会降临祭祀仪式，并以附着在某些人身体上的方式显灵，通过这些人之口对未来的疾病或灾难提出警告或解释。信徒们还将猪、牛、羊等牲畜及一些家禽作为牺牲献祭给洛阿，这些动物的生命会传输给神灵，它们的血和肉能帮助神灵恢复能量。伏都教徒认为，严格遵循各种宗教禁忌，定期举行宗教仪式并向神明供奉牺牲，他们便会获得洛阿的帮助。若对洛阿有所怠慢，便会招致疾病、灾荒、死亡等不幸。

海地的伏都教信徒还进行祖先崇拜。他们认为，人死亡后灵魂虽然离开了肉身，但不会就此消亡，而是附着在山、水、风、树木等自然事物中。他们相信死去的人能够影响生者的行为活动，也可以通过梦境向活着的人提出建议或发出警告。因此，一个家庭会在其祖先的照片或雕像前摆放食物、香水、鲜花、蜡烛等物品进行祭拜，有时，整个家族的人要从各处赶来聚在一起举行祭祀祖先的仪式。此外，海地人会为逝者精心安排葬礼，乡间的坟墓也被装饰得非常华丽，这些都显示出死者在生者心中所占据的重要地位。

伏都教的男性祭司称作“翁甘”（Houngan），女性祭司称作“曼婆”（Mambo），他们被认为拥有沟通神灵与人类的能力，其主要职责包括主持祭祀洛阿神和祖先的仪式、解除人们所受的诅咒、为信徒除病驱魔以及揭示其他不幸遭遇的根源。许多祭司还熟知各种草药的性能，从而以此治疗多种疾病。祭司在维系海地乡村社会的道德规范、社会秩序、家族传承中占有重要地位。伏都教有自己的一套道德准则：它强调克制人性中的丑恶与贪婪；在社群中维护彼此间的关爱与支持，在接受福祐的同时要懂得回馈社会，对弱势群体给予慷慨的捐助；信徒需要保持自己同家族的联系。

海地伏都教继承了非洲伏都教的主要内容，为不同种植园的奴隶提供了团结和交往的媒介，是殖民地时代奴隶们借以保存自己非洲文化的主要手段。但在 17 世纪，法国国王路易十四明令禁止殖民地的奴隶进行非洲宗教活动，并命令奴隶主强制他们的奴隶信奉天主教。1804 年宣布独立以后，历届海地政府都对这种信仰抱有敌意，采取各种手段打压它。在很长的一段历史时期内，教徒们只能进行非公开的宗教活动，但是，伏都教在底层人民中间继续盛行。20 世纪七八十年代弗朗索瓦·杜瓦利埃统治期间，曾试图利用伏都教稳固自己的政权，他宣称自己拥有很高的法力，还将一些伏都教祭司征募到特务机构，以帮助他控制海地人民。今天，伏都教还随着海地人的移民潮流传播到美国、多米尼加、巴哈马等国。

但时至今日，伏都教还会受到误解和非议。提起它人们往往会想到魔法、巫术、僵尸、“伏都娃娃”。这种对伏都教的恐惧可以追溯到 18 世纪末 19 世纪初的海地独立革命。当时有种传言说黑人奴隶之所以能打败法国殖民者，是因为他们借助了伏都教的力量。进入 20 世纪，许多好莱坞的电影将伏都教刻画成一种邪恶的信仰，进一步加深了人们对它的刻板印象。直到近期，才有学者开始对伏都教进行客观深入的研究。伏都教的祭司也开始建立正式的教堂和宗教组织。

（二）天主教

同大多数拉丁美洲国家一样，天主教是海地的主要宗教，自 1987 年以来，它一直是宪法所规定的官方宗教。海地曾先后被欧洲的天主教国家西班牙和法国统治，这是今天海地天主教盛行的历史原因。

15 世纪末，西班牙探险者登陆伊斯帕尼奥拉岛时，还肩负传播天主教、用宗教征服新大陆的使命。哥伦布船队的随行人员中就包括教皇亚历山大六世指派的传教士团队。西班牙人占领该岛以后，传播基督教、教化土著居民成为殖民统治的重要活动，许多传教士前往岛屿深处传教。1511 年，海地所在的伊斯帕尼奥拉岛上设立了天主教教区。从那时起直到独立革命为止，多明我会、圣方济会、耶稣会的传教士及一些其他教会的牧师先后来到这块殖民地传教布道。16 世纪后期，伊斯帕尼奥拉岛上的土著印第安人几乎绝迹，今海地所在的伊斯帕尼奥拉岛西部地区被西班牙殖民者和神职人员所放弃。17 世纪法国取得对海地的殖民统治以后，白人统治阶层信奉天主教，并强制奴隶放弃他们原有的信仰，改信基督教。但是在 1764 年，法国殖民者驱逐了具有教化信徒传统的耶稣会士。1790 年，海地革命的爆发中断了基督教的传播进程，许多传教士离开了，只剩下太子港等几个主要城市的教堂还保留宗教活动。直到 1806 年以后，才有传教士陆续返回海地继续他们的使命。

海地独立以后，虽然天主教获得了宪法规定的官方地位，但梵蒂冈一直拒绝承认海地政府，直到 1860 年海地政府与梵蒂冈签订协约以后，罗马教廷才开始恢复在海地建立正式教会机构。协约规定：天主教是大多数海地人信仰的宗教，因而享有独特的地位；天主教会和教会神职人员应受到政府的特别保护；在太子港设大主教；总统有权提名大主教和主教人选，但教皇具有否决权；政府为教会提供经济补贴；教会须在政府的外交和宗教事务部门登记；等等。自此以后，罗马天主教会在海地的文化和政治生活中起着越来越重要的作用。天主教会是传播法国语言和欧洲文化的至关重要的工具。

天主教与伏都教之间曾经有反复的斗争，直到20世纪90年代才达成和解。20世纪初，天主教的牧师和神职人员只对城市中的精英群体提供宗教服务，及至50年代，大多数牧师都还是讲法语的欧洲人，文化上与其教区内的农村居民格格不入。大多数罗马天主教牧师对于农村地区盛行的伏都教持敌视态度，他们在1896年和1941年发动过两次大规模的反伏都教运动。在这两次运动中，天主教徒对伏都教信徒进行迫害，捣毁宗教器物，并促使政府否定了伏都教活动的合法性。不过，天主教方面并没有对伏都教进行长期持续性的暴力干涉，也未能削弱在农村及城市贫民区盛行的伏都文化。后来，天主教神职人员转而致力于教化城市居民，放弃了根除伏都教的尝试。到了20世纪70～80年代，虽然天主教会对伏都教的排斥态度并未消除，但在宗教活动中开始越来越多地使用克里奥尔语和鼓乐。还有许多海地人在日常宗教活动中将天主教和伏都教融合起来。

与此同时，一些民族主义者则对天主教怀有敌意，因为天主教由欧洲传入，并与上层穆拉托人具有密切联系。在海地的历任总统中，弗朗索瓦·杜瓦利埃是反天主教最为激烈的一位。他不断宣扬黑人主义、煽动种族仇恨并打击天主教派。1959～1961年，他驱逐了太子港的大主教、耶稣会士和大批牧师。此举激怒了梵蒂冈教廷，并于1962年将他革出教门。1966年，海地恢复了和梵蒂冈的关系，梵蒂冈同意总统拥有提名主教的权力。

20世纪80年代中期，教会对农民和城市贫民的态度发生了深刻的改变。1983年，教皇圣若望·保禄二世（Saint John Paul II）访问海地，在首都太子港发表了演讲，提出“必须改变这里的现状”。有观点认为，教皇的此次演讲对于杜瓦利埃政权的倒台起了重要作用。受教皇演讲的鼓舞，天主教神职人员开始呼吁改善海地的人权状况，并在农村地区发起维护农民权利的运动。1985～1986年，海地人民掀起了反对小杜瓦利埃统治的运动，其间，教会电台“太阳电台”（Radio Soleil）用克里奥尔语向民众传播政府的反动行径。这些都对杜瓦利埃家族统治的终结起到了重要作用。1986年小杜瓦利埃的统治结束后，天主教与伏都教之间的关系逐渐缓和。1987 年制定的海地宪法规定，要保证所有公民的基本权利，包括进行伏都教宗教活动的权利。虽然该宪法一度被废止，但天主教会对它做出了坚定的支持。1991 年，出身于平民阶层的让－贝特朗·阿里斯蒂德（Jean Bertrand Aristide）神父当选为海地第一位真正意义上的民选总统。

（三）新教

新教在海地独立后不久便传入。在 19 世纪中期，海地的传教士主要来自北美。1950 年以后，新教有了快速发展，新教教堂数量日益增多。如今，海地约有 16% 的人口是新教徒，其中浸信会是最大的新教团体，其他教派还包括五旬节会、基督复临安息日会等。

长期以来，新教在海地的教育中扮演了不可忽视的角色。新教教会比天主教更早地走入下层群众，即使在偏远地区也能够看到新教教堂和神职人员。牧师们使用更为大众所接受的克里奥尔语传教，并在成年人中推行克里奥尔语识字运动。他们在社区建立的学校和诊所使许多底层海地人获得了接受现代教育和医疗的渠道。

与逐渐对伏都教持接纳态度的天主教不同，新教一直反对海地的这一本土宗教。他们视伏都教为邪教，认为伏都教信奉的洛阿为恶灵。不过，也有少数伏都教徒信奉新教，因为他们认为洛阿神没能保护他们，或者期望多一种神力加持以助其远离厄运。在海地，新教与天主教之间长久以来也有深刻的矛盾。由于罗马天主教会往往与穆拉托人统治集团交往密切，许多黑人精英分子成了反教权者，倾向于新教。杜瓦利埃家族统治期间，为压制天主教会的势力，对新教采取了支持的态度。而新教教会为了自身的发展，也一度与杜瓦利埃独裁政府达成了妥协。不过在 1986 年，新教领袖同天主教神职人员一同参加了推翻杜瓦利埃家族独裁统治的运动。

二　节日

海地人一年中要庆祝大大小小、形形色色的各种节日。海地的节日主要包括以下几种：国际例行节日，如五一劳动节；宗教节日，如与基督教相关的狂欢节、圣诞节以及各种伏都教节日；为纪念历史事件或历史人物设立的节日，如独立日、德萨林将军纪念日、纪念哥伦布登陆伊斯帕尼奥拉岛的海地发现日。全国性的法定节假日主要有：1月1日，国家独立日和新年；1月2日，敬祖节；5月1日，劳动节；5月18日，国旗日；11月18日，维第埃尔战役纪念日（Battle of Vertières Day）。除上述法定节日外，不同地区、不同村镇还有各自的民间节日。下面对海地的主要节日做一简要介绍。

狂欢节 海地最大的狂欢节一般在每年的2月举行，持续数周，属于同期流行于世界多国的忏悔星期二狂欢节（Mardi Gras）。该节日是为基督教大斋节前的狂欢设立的，在海地融合了本土的风俗、音乐以及一些伏都教仪式。自1804年起，海地首都太子港就开始举办这一盛大的狂欢活动，今天，它成为北美和加勒比地区最大的狂欢节之一，活动通常由政府、商业机构和富有的家族来资助。在首都以外的其他地区，海地人也会以自己的方式来庆祝。在狂欢节上，人们头戴面具、脸涂油彩、身穿五彩缤纷的服装载歌载舞，装有音响设备的花车播放欢快的音乐，游行队伍从太子港的大街小巷汇入总统府前的广场。狂欢节期间，音乐家和乐队争相向公众演唱海地民族音乐及克里奥尔语说唱歌曲，喜剧演员也纷纷奉上诙谐的演出，还有小商贩售卖各种烧烤食物及酒水。不过需要注意的是，人们纵情享乐的同时也会有意外发生，在2015年2月17日，首都太子港发生严重的狂欢节花车触电事故，海地官方宣布停止狂欢节的所有活动，全国下半旗为遇难者致哀。

国旗日 每年的5月18日是海地的国旗日，这一节日是为了纪念1803年5月18日海地第一面国旗的诞生而设立的。独立战争期间召开的阿尔卡艾会议（Congress of Arcahaie）的最后一天，革命领导人让-雅克·德萨林将法国蓝白红三色旗中间的白色条幅撕去，并请他的教女凯瑟琳·弗隆（Catherine Flon）将剩余的蓝色和红色条幅缝在一起，从而创设出海地历史上第一面国旗。这一故事在海地广为流传，凯瑟琳·弗隆也成为标志性人物被印在海地的货币和邮票上。

发现日 1492年12月5日，哥伦布船队在他们第一次到达美洲的航行中踏足海地岛，并将其命名为伊斯帕尼奥拉岛。为纪念这一历史事件，每年的12月5日被设为发现日。

三 民俗

（一）服饰

海地地处热带，一年四季气候温暖。海地男子日常穿宽松的衬衫和棉制长裤，女子通常穿短袖上衣和裙子，并在头上包一条头巾。海地人的服装色彩丰富鲜艳，不同身份的人在不同的场合对穿着的要求也有所不同。

海地农民多穿简易轻便的服装，款式单一。不论是男人还是妇女都习惯戴一顶宽檐草帽，因为需要在田间劳作的时候遮挡阳光。妇女们大多购买便宜布料自己缝制衣服，她们喜欢穿浅色上衣。从成年人到儿童都赤脚，或穿用旧轮胎等材料做成的凉鞋。由于海地法律规定在城市中心区走路时必须穿鞋，因此农民进城时都是带着鞋，在快进城的时候才穿上。

城市中产阶级的衣着更为讲究，他们通常穿职业性的装束。男士一般穿质地轻薄的衬衣和长裤。女士穿式样简洁的开领上衣和西装裙，并喜欢在腰部系一条腰带，头上扎一条大花丝质手帕。在太子港的公共场合很少见到穿短裤的女性，她们一般在家里或进行休闲活动时穿短裤和宽松的衣服。中产阶级人士还会置备几套高档服装，用以出席特殊场合。

位于海地社会金字塔顶层的混血穆拉托人的穿着十分考究。他们深受法国文化的影响，在服饰上注重追随法国的流行趋势。在太子港有许多成衣店，店主自称在巴黎进修过服装设计，还有许多裁缝为人量身定制衣服。上层社会的男女还会身穿礼服出席宴会、典礼等各种社交场合。男士们在工作时要穿西装、打领带，并且不管天气有多炎热都坚持穿皮鞋，因为皮鞋在海地是阶级地位的标志之一。

四对舞连衣裙是流行于加勒比地区的海地、牙买加、多米尼加等国的一种民间服饰。在海地，这种服饰被称为卡拉贝拉连衣裙（karabela dress），传统上由棉或亚麻制成。女士们在跳四对舞或参加其他庆典的时候会穿卡拉贝拉连衣裙。男士们在跳舞或参加婚礼等活动时则穿薄衬衫。

（二）饮食

海地的饮食融合了不同民族的特色，继承了曾在这里长期活动的法国人、非洲人、西班牙人和土著泰诺人的烹饪手法，形成了独特的克里奥尔饮食传统。海地的菜肴品种多样，大体上与加勒比地区其他国家相类似，但也有一些不同之处。普通海地人的日常饮食较为简单，他们喜欢用胡椒和香草将食物的味道烹调得辛辣浓郁。法国文化给海地饮食带来了深远的影响。法式面包、甜点、奶酪是大城市餐厅和商店里的常见食品。上流社会的餐桌上也不乏精致的法国菜品。

海地人的主食主要由大米、豆类和木薯构成，米饭上有时会浇上用黑豆、红豆或其他豆子熬成的酱汁。与城市居民相比，农村地区的人们较少食用面包。西红柿、卷心菜、秋葵、洋葱等是海地人食用的几种主要蔬菜，牛油果经常作为配菜出现在正餐中。太子港的市场上供应种类丰富的绿色蔬菜，但在农村地区人们可食用的蔬菜非常有限。油炸芭蕉片是一种流行的食物，它不仅是消闲小吃，还会搭配主食食用。海地出产多种热带水果，人们日常食用的水果包括柑橘类水果、牛油果、面包果和杧果等。

海地人饮食中的肉类主要包括鸡肉、羊肉和牛肉，但牛肉和羊肉价格较高，所以普通人日常食用的肉类主要是鸡肉。只有在大城市才会供应充足的肉类，一般农民都会在家养几只鸡。鱼类和贝类等水产品种类较为丰富，但主要集中在太子港地区销售。海地人的糖摄入量非常大，他们喜欢食用一种名为拉巴杜（rapadou）的糖浆，这种糖浆是在制糖过程中生产出来的。此外，人们还会在田间地头咀嚼甘蔗。甜品是上流社会宴会上不可缺少的食品。

海地人常喝一种口味微辣的南瓜汤（soup joumou），这种汤是多种食材的杂烩，将南瓜、牛肉、土豆、香蕉、胡萝卜、卷心菜、洋葱、芹菜等食材放入平底锅中煮沸，再加入胡椒粉、大蒜及其他香料慢炖，最后往汤里挤少许柠檬汁。海地人有在 1 月 1 日喝这种南瓜汤的传统。图姆图姆（tonmtonm）是一道源自非洲的特色菜品，将面包果或木薯捣碎蒸熟，搭配用秋葵、鱼、蟹和香料做成的汤食用。橙汁鸡是一道流行菜肴，将鸡肉在由柠檬、酸橙、大蒜、黑胡椒等辅料调制的料汁中煮沸后，再油炸至酥脆而成。其他特色美食还有腰果鸡、木薯面包、猪肩肉等。

海地有种类丰富的果汁，它们因原料易得、制作简便而成为人们的日常饮品，常见的果汁有百香果、番石榴、杧果等热带水果果汁。在节日庆典和宴会上，啤酒、朗姆酒、克莱兰酒（clairin）、克丽玛斯酒（crémas）等酒精饮料是不可或缺的。海地的朗姆酒非常有名，巴班考特朗姆酒酿造公司（Rhum Barbancourt）是海地为数不多的符合国际标准的出口厂商，也是该国历史最为悠久的企业之一。这家公司生产的朗姆酒的独特之处在于直接用甘蔗汁酿造，而大多数朗姆酒则是以甘蔗糖蜜为原料蒸馏而成的。克莱兰酒以蔗糖为原料蒸馏而成，加工方式更为简易，是朗姆酒的廉价替代品，在农村地区非常受欢迎，也会被用在伏都教仪式中。克丽玛斯酒是一种看上去像奶昔的酒精饮料，以椰子、朗姆酒和牛奶为原料，并添加肉桂、豆蔻、茴香、香草提取物等各种香料做调味剂，是一种非常受欢迎的饮料。

在海地，富人的饮食营养全面，菜品丰富精致。城市里工薪阶层的饮食质量高于农民。而占人口绝大多数的下层民众的饮食结构非常单一。农村地区的人很少吃肉，黄油、奶酪和食用油的摄入量也比城市人口少得多。农民的早餐通常是一杯浓咖啡，有时他们还食用一些用木薯粉制成的面包，午餐和晚餐多是米饭加上豆子熬成的酱汁。一些非常贫困的家庭有时一天只吃一顿饭。在没有食物可吃的时候，海地人会选择一种泥饼干充饥。泥饼干以一种黄色的泥土为原料，调成泥浆后放入网纱过滤，再添加食用油或黄油、盐调味，最后做成圆形饼干的形状在烈日下晒干。海地市场上出售这种泥饼干的商贩随处可见，价格非常低廉。许多孕妇和儿童将它作为零食，认为能够从中摄取一些矿物质。由于很多海地人都处于赤贫状态，泥饼干是这里十分普遍的食物。但是泥饼干里含有寄生虫、重金属污染物，对人体危害极大，将它作为主食长期食用会带来生命危险。

（三）居住

海地全国的基础设施建设较为落后，即使是在最大的城市首都太子港，电力设施十分匮乏，卫生系统也很不完善，飓风来临时，各城区随时都有可能受到洪涝灾害的侵袭。穷人和富人的居住条件有天壤之别。上层社会的住房多建在太子港、海地角等大城市中环境较好的街区或郊区，通常占据了城市中植被茂盛、空气凉爽的高地。既有现代化的公寓，也有豪华的别墅，还有具有精美木刻和铁艺装饰的老式住房。佩蒂翁维尔（Pétion－Ville）坐落于太子港东部山区。在这里居住的多为海地上流人士、外交人员和外国商人。该区比太子港的其他城区更为安全，有许多餐厅、酒吧、健身房，还有游泳池、网球场和高尔夫球场。

在城市的边缘和角落里则散布着整个拉美地区最为破败的贫民窟。随着大量人口的不断涌入，住房严重短缺，大部分贫民只能自己用废旧材料搭建房屋。这些贫民窟没有清洁的用水和卫生设施，没有下水道和基本的废水疏浚渠道，电力供应非常不稳定。这里的街道垃圾遍地、污水横流，给居民带来严重的健康问题。虽然一些贫民窟的外墙粉刷了漂亮的颜色，但内部恶劣的生存条件没有得到实质性的改善。在2010年大地震中，许多贫民的房屋被毁，之后他们一直被迫居住在太子港外围临时搭建的更为简陋的帐篷里。

海地的农民大部分居住在属于他们的小块土地上。普通海地居民多居住在简陋的方形木质框架结构的平房，有的会在木板外面抹一层泥浆或灰泥，有的还将其刷成白色。由于石灰石在海地农村地区很常见，因此农民常用石灰石粉粉刷墙壁。地板通常是夯瓷实的土地，水泥地板和木地板只在城市中比较常见。屋顶多为尖顶，通常用茅草或铁片覆盖。一般人家都没有自来水及室内排污系统，家具也十分简单，往往只有几件自制的床铺、桌椅、碗橱。有的人口较多的家庭，一些家庭成员甚至会席地而眠。

（四）婚姻和家庭

普拉萨（plasaj）是一种十分普遍的缔结婚姻的方式，它不受法律保护，只是一种被大众广泛认可的婚俗习惯。这种婚姻关系通常流行于农村地区及城市下层人民中，并被视为正常而合理的行为。男女双方在结婚之前会达成一份经济协议，在农村地区这项协议一般要求男方替女方至少耕作一块份地，并提供一间房屋。在缔结普拉萨婚姻后，许多夫妻出于经济层面的考虑，选择在一起生活若干年后再举行婚礼和办理法定婚姻。在普拉萨婚姻中，妇女和男人的法律权利是不对等的，妇女无法分得夫妻双方的共同财产，并且在受到家庭暴力时也难以受到法律的保护。20世纪60年代以后，新教徒家庭开始积极实行法定婚姻并举办自己能力范围内的婚礼仪式。

在普通海地家庭中，妇女扮演了重要角色。在农村地区，男人和女人在家庭生活中所起的作用是互补的。男人主要从事耕种、砍柴等重体力劳动，妇女则承担大部分家务劳动，出售农作物，并帮助男人做些播种、收割的农事。妇女在国内市场中也占据着重要地位，她们擅长充当买卖产品的中介，并且能够联络沟通不同区域间、城乡间的市场。有些妇女在攒到足够的资金后当起了全职商贩，从而获得了经济上的独立。

传统上层社会一般通过宗教婚姻和法定婚姻确立夫妻关系。他们基本上都是同本阶层的人联姻，因此各家族之间都互有联系。离婚在上层社会曾是一件罕见的事情，但现在人们对离婚的接受度越来越高。此外，随着城市的发展、移民人口的增多，社会流动性有所增强，传统精英阶层通过家族联姻构筑的阶层关系也受到了一定程度的冲击。在很长一段历史时期内，上层社会的妇女基本上只负责家事，直到20世纪70年代以后，才有越来越多的已婚妇女出来工作。妇女组织的数量也在逐步增加，有更多的女性开始活跃于海地的政治、经济领域，有的还获得了很大的成功。

第三节　特色资源

一　著名城市

太子港　太子港是海地的首都及政治、经济、文化中心和第一大港口城市。位于戈纳夫湾东南岸、库尔德萨克平原与大海的交接处。据说，1706年，一艘法国轮船“太子”号停泊在这里，船长遂将此地命名为太子港。太子港始建于1749年，1770年取代海地角成为法属圣多明各殖民地首府，1804年海地独立后，成为首都。

太子港的城市布局呈梯形并从临海低地向山坡伸展。中心城区位于码头区以东，这里坐落着全城最开阔的战神广场（Champs de Mars），其是首都的文化和社会活动中心。在这附近有海地国家博物馆（Musée du Panthéon National Haïtien）、民族学博物馆（Musée d' Ethnologie）、雷克斯剧院（Rex Théatre）、德萨林纪念碑（Monument Jean-Jacques Dessalines）等文化机构和景点。总统府（Palais National）和许多政府机构也集中在这一区域。在其北面有圣三一大教堂（Sainte Trinité Episcopalian Cathedral）、圣母大教堂（Notre Pame Cathedral）和钢铁集市（Marché de Fer）。圣母大教堂通常被称为太子港大教堂，建于1884～1914年，1928年投入使用。这座教堂在2010年的大地震中被摧毁，在被摧毁前，大教堂高耸的双塔圆顶是引导水手驶入太子港的灯塔。钢铁集市是一座大型红色钢架建筑，建成于19世纪90年代，如今这里成为太子港的著名集市，出售各种食品及海地传统手工艺品。中心城区以外是闹市区，闹市区的街道普遍比较狭窄，街道上可以看到绘有醒目涂鸦的公共汽车、穿梭在街头兜售小商品的商贩，还有即兴的绘画和音乐表演。在太子港，穷人和富人居住的地段有明显的界线。穷人一般居住在地势较低的闹市区周围或工厂附近，如卡勒富尔区（Carrefour）和太阳城区（Cité Soleil）。特别是在贫民窟云集的太阳城，社会治安混乱，还时常可见武装团伙火并。富人区位于东部高地，以佩蒂翁维尔为代表，住宅多为被浓密树荫包围的小楼、别墅，舒适考究。

作为全国的经济中心，太子港的工业有食品加工、纺织、制鞋、棒球生产、水泥业、肥皂生产等，主要出口咖啡和糖。旅游业收入是外汇主要来源之一，游客大部分是美国和加拿大人。太子港北部的杜桑·卢维杜尔国际机场是海地的重要交通枢纽，设有国际航线通往美国、加拿大、法国及加勒比海诸国等。

海地角 海地角是海地第二大城市和重要海港，北部省首府。位于北部半岛马普河（Rivière Mapou）河口。海地角具有悠久而丰富的历史，1492年哥伦布发现新大陆后，曾在这儿的沿海地区建立了最早的据点纳维达德（La Navidad）。18世纪初期，西班牙将今海地所在的伊斯帕尼奥拉岛的西部地区割让给法国，成为法属圣多明各殖民地。海地角被命名为法国角（Cap Français），并在1711～1770年一直是法属圣多明各的首府和经济中心，有“安的列斯群岛中的巴黎”之誉。海地角曾数度遭遇劫难，1803年在黑人奴隶与法国殖民者的战争中几近夷为平地，战后它被重新命名为海地角，以纪念为争取独立与自由而奋斗的人。然而，就在这座城市重建后不久，1842 年海地北部地区爆发了据估计里氏 8.1 级的大地震，海地角的许多建筑变为废墟。

海地角拥有独特的人文景观和怡人的自然风光，旅游业是其重要产业。作为一个历史名城，它虽屡经战乱，但通过城里的中央广场、宽阔的街道、装有优雅露台的法式建筑，人们依稀可以看到它往日辉煌的风貌。此外，海地角背山临海，自然风光秀丽，拥有濒临大西洋的干净海滩。这些使得该城市成为海地上层社会人士的度假目的地，也吸引了部分外国游客。海地角的城市布局整齐有序，街道像棋盘一样纵横交错，街道名称以字母和数字命名。城区东面临海，与海岸线平行的南北向街道自东向西按字母顺序从 A 到 Q 排列；与之垂直的东西向街道则自南向北按数字顺序从 1 到 24 排列。这是美军占领期间在这座城市留下来的街道命名方式。同太子港类似，在海地角也有拥挤的贫民窟。海地角交通较为便捷，有通往太子港的公路，南部建有胡戈·查韦斯国际机场（Hugo Chávez International Airport），设有部分国际航线。

然而，海地角市没能逃脱地震、霍乱、飓风等自然灾害带来的毁灭性打击，再加上政府治理能力有限，以至于本应美丽的海湾沙滩如今被垃圾覆盖。海地角市有一个地方叫拉巴迪（Labadee），在此地可以看到干净的沙滩、清澈的热带海水、丰富的海上游乐设施，一道巨大的金属网墙将这里隔离起来，与墙另一侧的狼藉形成鲜明对比。这片洁净的水域是皇家加勒比游轮专属度假区，是豪华游轮在加勒比海的一站，专为国际旅客所设，每年可以为海地带来一笔可观的收入。

雅克梅勒 雅克梅勒地处海地南部加勒比海沿岸，是东南省的首府。雅克梅勒是海地最富特色的城镇，有“文化之城”的美誉，其建城史可追溯到 1698 年法国殖民地时期。18 世纪，雅克梅勒是一个繁荣的港口，海地南部生产的蔗糖和咖啡从这里大量出口。它还是加勒比地区第一个接通电灯、电话，供应自来水的城镇。及至 19 世纪中期，这里成为来往于欧洲的船舶在加勒比地区的重要中转站。小镇中心坐落着和谐的建筑群落，2004 年联合国教科文组织将雅克梅勒历史城镇中心列入了世界文化遗产的候选名单。

如今雅克梅勒的港口贸易已经衰落，成为一个以生动的艺术作品和独特风景而著称的城镇。俯瞰雅克梅勒湾，山峰连绵、绿树成荫。在这座古老的城市中心可以看到殖民地时期的广场和街道，还有优雅的维多利亚式建筑。1896 年，城里的大部分建筑在一场大火中被烧毁。在之后的重建中，许多房屋都使用从法国订制的铸铁建造支柱和阳台。当年富有的咖啡商的华丽宅邸保留至今，整个城市的中心区在过去的 100 多年里也没有太大变化。雅克梅勒还是海地的工艺品之都，有许多手工艺品作坊，生产木画、木刻动物雕像等纪念品，其中最为著名的是狂欢节上人们佩戴的纸塑面具（Papier - mâché）。雅克梅勒的狂欢节是海地最具特色的文化活动之一，当地居民喜欢穿戴象征动物的面具及奇装异服参加狂欢节游行。

雅克梅勒是海地最安全的城市之一，自 2004 年和 2007 年开始，这个城市分别举办了每年一度的"雅克梅勒电影节"和"雅克梅勒音乐节"。在音乐节期间，来自海地全国甚至整个加勒比地区的音乐家和乐队汇聚在雅克梅勒的海滩上举行演出。雅克梅勒也成为海地的"节日之都"。在 2010 年大地震中，雅克梅勒遭受了巨大的打击，目前仍在艰难的恢复中。

二 名胜古迹

在饱受动荡与贫穷困扰之前，海地曾是加勒比地区的热门旅游地之一。这里有许多干净的海滩，如海地角西北海岸的科米尔海滩（Cormier Plage）；有独具特色的城市风貌，如太子港的"姜饼屋"、海地角的教堂和广场、雅克梅勒的 19 世纪富商宅邸；在雅克梅勒西北部的山间有一处蓝池瀑布（Bassins-Bleu），是全海地最令人心旷神怡的游泳场所。

海地最具震撼力的名胜古迹是拉费里耶尔城堡（Citadelle Laferrière）、圣苏西宫（Sans-Souci Palace）和拉米尔斯堡垒（Ramiers Site）。这组建筑位于海地角以南 30 千米米罗小镇附近的国家历史公园内，1982 年被联合国教科文组织列入世界遗产名录。世界遗产委员会这样评价它们："这些建筑可追溯到 19 世纪海地宣布独立的时期。圣苏西宫、拉米尔斯堡垒，尤其是拉费里耶尔城堡对全世界来说都是自由的象征，因为它们是最先由获得自由的黑人奴隶修造的建筑。”1806 年，刚独立不久的海地陷入了南北分立的局面，亨利·克里斯托夫（Henri Christophe）在北部建立了“海地国”，以海地角为首府。克里斯托夫在 1811 ~ 1820 年加封为亨利一世国王，其间，在海地工程师亨利·巴雷（Henry Barré）的帮助下建造了精美的宫殿以及担当防御之责的外围工事建筑。

圣苏西宫是一座四层的精美皇宫，被誉为“加勒比的凡尔赛宫”，它的法语意思是“无忧宫”。虽然这座宫殿已在 1842 年的地震中坍塌，但从废墟中依稀可以辨认出原先的大理石扶梯、宴会厅、花园以及花园中的喷泉、水渠、水池。圣苏西宫是一座具有行政功能的官邸，内部设有行政楼、学校、图书馆、医院、教堂、兵营、皇家铸币局等。为抵御有可能进犯的法国军队，亨利国王率领约 20000 名获得自由的黑人奴隶在海拔 900 米的山顶之上建造了拉费里耶尔城堡。该城堡又称逍遥堡，外形是一个不规则的四面体，角上有四个巨塔，防御墙壁坚不可摧，配有许多炮台和火炮。城堡占地面积达 1 公顷，内部有兵营、皇室行宫、小礼拜堂、弹药库、监狱、浴室、烤炉等建筑和设施，还有精巧的引水供水系统，可为 2000 名士兵提供庇护，在紧急情况下能容纳 5000 人。拉米尔斯堡垒坐落在一个小型高地上，由两对要塞防御工事守卫。这里是欣赏拉费里耶尔城堡的理想之地，可以看到城堡巨大的剪影鲜明地映衬在空荡荡的天际线上。1820 年，亨利一世国王在一次中风之后又遭遇部下叛乱，在圣苏西宫饮弹自尽，死后被埋葬在拉费里耶尔城堡之下。

三 建筑艺术

法国殖民时期的建筑大多在后来的地震、火灾、飓风、战乱中被毁，残留下来的多在海地角一带。独立以后，太子港、海地角和雅克梅勒等城市的建筑风格依然受到法国文化的深刻影响。现在海地主要几个城市保留下来的历史建筑多是位于城中心区的广场、市政厅、教堂，还有一些富商的官邸。海地总统府曾被誉为加勒比“小白宫”，位于太子港中心城区，通体纯白，但主体建筑已于 2010 年地震中倒塌。

姜饼屋（Gingerbread House）是海地独具特色的传统建筑，它拥有生动的图案和华丽的色彩，因与美国童话故事中的素材姜饼屋相像而得名。它起源于 19 世纪晚期，在借鉴欧洲建筑艺术的基础上，又做出了适应海地热带气候及居民生活习惯的改造。这种独特的建筑风格是由当时赴巴黎学习建筑的几个年轻人回国后创造并推广的。姜饼屋由木料、砖石和黏土建造而成，有高大的门、高高的天花板和陡峭的塔楼屋顶，二楼周围环绕着宽敞的露台，四面墙上都设有窗户，从而产生凉爽的穿堂风，窗户上安装的是可以开合的百叶窗而非玻璃，以尽最大可能抵挡白天的灼热日光。因姜饼屋有柔韧性好的木头框架，因此它具备良好的抗震和抵御风暴的性能。在 2010 年海地大地震中，大多数现代建筑和设施都被夷为废墟，就连总统府也未能幸免于难，但姜饼屋只有少数倒塌破损。不过，随着木头的自然老化和各种自然力量的侵蚀，这种古老的建筑正日渐衰朽。政府也无力提供足够的维修经费，姜饼屋现在经受着严重的威胁。

20 世纪中期以来，海地建筑风格开始由充满廊柱、雕花的法式建筑，向简约的现代建筑过渡。在克里奥尔文化的影响下，海地建筑的外墙多使用亮丽的颜色，有些贫民窟里，几乎所有的房屋都涂上了五颜六色的涂料，使当地居民的生活环境有了一定改善。

第二章

历　　史

第一节　哥伦布到达前夕的海地

哥伦布到达以前，在今海地所在的伊斯帕尼奥拉岛上生活的是泰诺人。他们建立了原始农业文明和酋长国，并且其社会内部已经产生了阶级分化。

泰诺人的祖先是从南美洲迁移到加勒比地区的。传统理论认为，15世纪末伊斯帕尼奥拉岛上有5个酋长国，但一些考古发现表明，当时岛上还分布着许多小的聚落，它们往往不确定地依附于几个主要的酋长国。受崎岖地形的影响，许多泰诺人的聚落集中在肥沃的河谷地带，有河流从中穿流入海，成为人们与外界沟通的航道，使人们有机会迁徙到可耕作的沿海平原。也有一些泰诺人生活在内地多山的河流上游，他们同中下游地区的泰诺人很少有直接往来。

泰诺人已发展出原始的农耕技术，种植木薯等含淀粉的块根植物以获得基本主食，还种植玉米、南瓜、豆类、花生等作物，以及棉花和烟草等生活原料。他们多采用粗放的耕种方式，用刀耕火种的方法清理出土地，部分居民在肥沃的河谷地带进行精耕细作。泰诺人使用的劳动工具很简单，用一种尖木棍挖土播种。他们将土壤堆积成平顶土丘，在上面种植农作物，这样有助于排水和延缓土地被侵蚀，为作物提供一个稳定的生长环境。岛上的背风山谷年降雨量少，人们开挖沟渠灌溉田地。欧洲人到达以前岛上没有猪、牛、羊等大型牲畜，泰诺人只能捕食一些小型动物，包括

鱼类、鸟类、昆虫、蜥蜴、螃蟹、龙虾、海龟和海牛等。泰诺人使用弓箭打猎，并掌握着高超的捕鱼技术。他们用棉花和棕榈制作渔网，还会制作鱼叉、鱼钩、鱼篓等捕鱼工具。岛上丰富的水生动物资源足以维持他们的生存。人们将剩余的动物圈养起来，鱼类被养在围堰中，陆地鸟类也有专门的饲养场地。采集水果、浆果也是泰诺人的基本生存手段之一。

泰诺人按照性别和年龄分配工作。女人制陶和编筐，男人狩猎、捕鱼，必要时参加战争，有劳动能力的人共同协作从事农业生产。孩子们从事力所能及的劳动，常常扮演看守人的角色，赶走袭击小果园的鸟类。独木舟是岛上的重要交通工具，由一个完整的树干掏空制成，用桨划行。这种独木舟大小不一，规模大的可承载100余人，并能在海上长时间远航。泰诺人乘坐这种独木舟在岛上为数不多的湖里或大海中捕鱼。

泰诺人的社会已经产生了权贵和平民的阶级分化。最高统治者是男性酋长（caciques），他通常还是祭司、药师和立法者。权贵们有权指挥农业、渔业、狩猎、战争、祭祀等大型活动，在收获季节能够获得首批成果，并优先食用包括大蜥蜴在内的一些特殊食物。他们还享受妇女们制作的精巧的盆、碗、凳子等生活用具及其他一些贵重物品。权贵们在身上佩戴宝石、黄金制成的饰品以彰显高贵的身份。他们的居住区由12~15个大的圆锥形房屋组成。每个房屋可居住一个由几户人家组成的亲属群，这些人大多同酋长有亲属关系。宽敞的酋长住房是权贵居住区的中心，他的宅邸前一般都有广场供公众集会和举行宗教仪式，该广场还是一种球类运动的场所。有时，会有球赛在两个酋长国之间举行，以解决双方因狩猎、捕鱼、联姻等问题引发的矛盾。泰诺人长期和南边小安的列斯群岛上的加勒比人处于敌对状态。加勒比人勇猛好战，经常进犯伊斯帕尼奥拉岛。在战争中，泰诺人使用的武器有木棒和弓箭，他们还制作一些毒药涂在箭头上。

泰诺人奉行多神崇拜的宗教信仰，他们信奉的神灵有主神泽米神（Zemi）、木薯神尤卡胡（Yúcahu）、月亮女神阿塔贝（Atabey）以及其他在神话传说中被人们赋予神性的掌管各种自然风物的神灵。泽米神掌控宇宙的各种事务，它的形象出现在木雕、石像、陶器等多种宗教器物上，考古学家还在贝壳、骨头、岩画上发现了关于泽米神的绘画。在泰诺人的宗教艺术中，泽米神被幻化为多种形象，如蟾蜍、海龟、蛇、鲤鱼等，还有各种抽象的人脸状造型。泰诺人会在村中的广场上跳舞和吟唱，以表达对泽米神的尊崇和服从，祈求神的保佑和恩惠。泽米神还被认为有治疗疾病的能力，药师和祭司会举行仪式向它寻求治病的方法和建议。泰诺人相信，他们的酋长具有神圣的超自然力量。蕴含神秘意味的动物或拟人符号体现了酋长与神力的联系，他们喜欢在作战时用的独木舟及其他用具上雕刻、漆涂这些符号，还会将其绘在武士身上，或打造成黄金制品戴在作战人员身上。酋长掌握着“降神术”，通过附身的方法前往神的居所，向神明咨询他所掌管的土地和人民的相关事宜，并获得预先洞悉未来重大事件的能力。这种介乎人类和神明中间的角色使酋长的地位得到了强化。

第二节 欧洲殖民统治时期的海地

一 西班牙的殖民统治

1492 年，意大利人哥伦布受西班牙女王的派遣，率领 3 艘帆船向西横跨大西洋，经过 70 个昼夜的艰苦航行，终于在 10 月 12 日到达今巴哈马群岛中的华特林岛（Watling Island），这是哥伦布发现新大陆的第一站。之后哥伦布继续航行，于这一年的 12 月 6 日发现了一个大岛并在该岛西北部登陆。当地土著居民称这个岛为海地，在印第安古语中意为“多山的地方”，但哥伦布决定把这个岛命名为伊斯帕尼奥拉岛，即“小西班牙”的意思。在最初的接触中，泰诺人对这些海外来客非常友好，但欧洲人却对当地人佩戴的薄金片和小金块垂涎不已，用玻璃片或其他小玩意儿骗取黄金，甚至公开抢劫。其实哥伦布等人并不是作为和平使者来到美洲的，他手下的远征队员由一些雇佣兵、工匠、流氓、罪犯及少数随行传教士组成，他们是作为征服和殖民的先锋来新大陆寻找和掠夺财富，为西班牙王室开辟新的领地以增加收入来源，为天主教僧侣传教而来的。

12 月 25 日圣诞节这一天，哥伦布的旗舰“圣玛利亚号”在岛附近搁浅，无法带上全部船员返航。于是，有 39 人留了下来，在北部沿岸建立了西班牙在美洲大陆的第一个据点，他们将之命名为“纳维达德”，这个词在西班牙语中是“圣诞节”的意思。海地从此也被称为“美洲的母亲”。在西班牙人刚开始进行掠夺时，泰诺人便袭击并摧毁了纳维达德。当 1493 年哥伦布第二次航行到这里时，看到的只是一片被火烧过的痕迹和几具尸体，当初留在岛上的 39 人全部被泰诺人消灭了。随后，哥伦布一行人在岛上建立了第二个据点伊莎贝拉（La Isabela），将伊斯帕尼奥拉岛作为向美洲扩张的前哨站，继续他们的发现和征服之旅。

1496 年，哥伦布的弟弟巴托洛梅·哥伦布在岛上建立了圣多明各城（Santo Domingo，今多米尼加首都），作为西班牙殖民者在美洲的第一个永久根据地。伊斯帕尼奥拉岛成为西班牙对西印度群岛进行殖民统治的行政中心，哥伦布是该岛的第一任统治者。然而，他严酷的管理方式引发了欧洲移民和印第安人的强烈不满，再加上未能带回符合预期的黄金，哥伦布失去了西班牙王室的信任。1500 年，哥伦布兄弟以“管治失当”罪被逮捕回西班牙。1503 年，西班牙大贵族奥万多（Nicolás de Ovando）率领 30 艘船 2500 个殖民者到达伊斯帕尼奥拉岛，开始了对该岛长达 6 年的统治。奥万多船队带来了旧大陆的种子、牲畜和农具，正式在圣多明各建立了殖民统治机构，设法发展农业和畜牧业，使西班牙移民能长期定居下来。同时，奥万多还采用一切可能的残酷方式去掠夺和奴役印第安人。1509 年，哥伦布的大儿子迭戈·哥伦布继任奥万多的职务。

西班牙殖民者从印第安人手中夺取了大片土地，伊斯帕尼奥拉岛成为西班牙王室实施殖民地土地制度的早期试验场。最开始实行的是分派劳役制（Repartimiento），即将印第安人编在征服者的名下，为其耕种田地、开采黄金以及担负其他劳役。但这样剥削来的果实主要流入征服者的腰包，而不是王室的金库，因此分派劳役制不久便被委托监护制（Encomienda）取代。奥万多在西班牙王室的授意下在殖民地推行这种封建领地制度。按照这种制度，新征服的土地所有权属于西班牙国王。来到岛上参与征服和殖民的一些西班牙人成为委托监护主，对委托监护范围内的土地和印第安人有“监护”、利用和管辖之权。委托监护区内的印第安人既要向西班牙国王缴纳赋税，同时还得承受委托监护主的各种盘剥，实际上处于奴隶的地位，经常被迫从事超出自己身体承受极限的繁重劳动，因过度劳累而导致死亡的现象十分普遍。

尚处于原始社会末期的泰诺人无法对抗拥有先进武器的欧洲殖民者。此外，天花、麻疹等传染病毒也被携带进来，印第安人对这些来自旧大陆的病毒没有免疫力。最终，殖民者的杀伐、劳役以及欧洲人传入的新型疾病，使泰诺人在短短几十年内濒临灭绝。关于在刚接触西班牙人时伊斯帕尼奥拉岛上印第安人口的数量，学术界没有统一的定论，根据不同学者的观点，其人口规模在 10 万人至 800 万人不等。但是到了 1570 年，岛上只剩下几百个印第安土著幸存者了。[①] 与奥万多随行的人员中有日后被称为“印第安人保护者”的拉斯·卡萨斯（Bartolomé de las Casas）神父，他曾向西班牙国王腓力二世呈递他的著作《西印度毁灭述略》，用翔实的记录揭露了殖民者的残虐行为。

西班牙殖民者最初在岛上建立的经济主要是畜牧业。之后殖民者开始在岛上开采金矿。由于岛上的印第安人被消灭殆尽，殖民者为满足矿场和农业种植对劳动力的需要，开始从非洲运来黑人作为新的剥削对象。随着岛上有限的矿产资源日渐匮乏，伊斯帕尼奥拉岛逐渐失去了其在西属美洲殖民地中的重要地位。墨西哥被征服后，西班牙在美洲成立了新西班牙总督区，总督府设在墨西哥城，管辖范围包括墨西哥、中美洲和西印度群岛。1535 年，伊斯帕尼奥拉岛被并入新西班牙总督区。随着秘鲁的印加帝国被征服，以及在墨西哥和秘鲁等地发现了丰富的金、银矿藏，伊斯帕尼奥拉岛的地位进一步下降了。西班牙人移居海地的热情一度消退，即使是已经在岛上定居下来的居民，也有很多移居到美洲大陆。为此，西班牙政府一度不得不下令禁止海地人向外迁移，以维持其对该岛的统治。

因岛的西部地区距殖民统治中心圣多明各城较远，遂其逐渐被西班牙种植园主和牧场主抛弃，成为荒无人烟之地。但其作为加勒比海地区的门

① 〔英〕莱斯利·贝瑟尔主编《剑桥拉丁美洲史》（第二卷），中国社会科学院拉丁美洲研究所组译，经济管理出版社，1997，第 5 页。

户，仍具有重要的战略地位。来自英国、法国、荷兰的海盗盘踞在加勒比海一带，伺机劫掠路过的满载黄金的西班牙大帆船。海盗们还在加勒比海的小岛上建立了自己的据点以做物资补给之用。到16世纪末，这些海盗已经严重地威胁到西班牙的海上航线。一些来自英、法、荷等国的猎人来到伊斯帕尼奥拉岛西部，狩猎野牛和野猪，做成腌肉出售给海盗，还有一些农民种植烟草和一些基本的粮食作物。

海盗活动实际上受到了其背后政府的默许和支持。16世纪，英、法、荷三国垂涎于西班牙王室从美洲殖民地获得的大量金、银财富，通过走私、海盗劫掠和战争等方式，插手西班牙和葡萄牙在拉丁美洲的殖民活动。他们趁西班牙殖民重心向南美大陆转移之际，加剧了争夺加勒比地区控制权的斗争。一些英国人、法国人和荷兰人意识到，尽管西班牙帝国已经开始衰落，但也不可能用海盗活动、私掠船只和攻击航线等手段撼动它在中南美洲地区的商业垄断地位。著名的英国海盗弗朗西斯·德雷克（Francis Drake）采取另一种策略，即占领战略性港口。1585年，他武装占领圣多明各城，在取得满意的赎金以后才退出。从此以后，各国海盗不断对岛上的各个居民点进行攻占和掠夺，西班牙对伊斯帕尼奥拉岛的控制日渐被削弱。

二　法国的殖民统治

17世纪20年代，法国人开始盘踞于海地东北部海岸附近的托尔蒂岛，以此为根据地劫掠西班牙和英国的船只。同时，他们还慢慢地向伊斯帕尼奥拉岛的西部扩张。1636年，法国殖民者安戈（Jean Ango）占领了一些港口，其中包括今天的太子港。随着殖民活动的日益活跃，1659年，在国王路易十四的授命下，在托尔蒂岛上建立了第一个法国人的永久定居点。不久以后，“法国西印度公司”成立，它在托尔蒂殖民地同法国的商贸往来中获利颇丰。1665年，多格龙（D'ogeron）被任命为托尔蒂岛总督。他积极推动法国人在伊斯帕尼奥拉岛上的殖民活动，组织一批法国家庭前去拓殖，鼓励他们种植玉米、烟草和可可，大力发展种植园经济和贸易。

1670 年，法国人在今海地北部沿岸的海地角建立了第一个永久定居点——法兰西角。不久法国就占领了伊斯帕尼奥拉岛西部 1/3 的领土，并称这块土地为圣多明各（Saint – Domingue）。[①] 1691 年，迪卡斯（Du Casse）被任命为圣多明各总督，他在岛上进一步推广种植业，并命令托尔蒂岛上的海盗来圣多明各定居。之后，法国对海地的统治日益巩固。但是直到 1697 年，西、法两国签订《立兹维克条约》（Treaty of Ryswick），西班牙政府才正式承认伊斯帕尼奥拉岛西部 1/3 的领土为法国所有。此后，法国人称这个岛为圣多明各，西班牙仍称之为伊斯帕尼奥拉。

法国政府考虑到圣多明各殖民地的安定，不仅注意制止海盗活动，而且劝说猎人移居到殖民区，成为定居农民。从 18 世纪 20 年代开始，越来越多的法国人来到圣多明各。移民而来的白人在这里成为种植园主，通过生产和出口初级农产品发家致富。圣多明各的主要作物最初是烟草和靛蓝，后来是棉花、甘蔗和咖啡。所有能被利用的土地都在进行耕种，在湿润平原上种植甘蔗，在山地种植咖啡，在干燥丘陵地种植靛蓝，棉花地则分布在干燥的平原上。偏僻的、不适耕种的地方，也被用来养牛和养猪。到 18 世纪中期，这片曾经被西班牙人忽视的土地，成为西半球最富庶的殖民地之一，被誉为“加勒比海上的一颗明珠”。

圣多明各虽然是一块富足的殖民地，但它同时也饱受复杂的经济和社会问题的折磨。它的经济结构单一，只种植若干种经济作物以满足法国种植园主的出口需求，人们赖以为生的粮食大部分需要进口。根据肤色和血统，这里的人民被划分为三个阶层，处于统治地位的是白人殖民者，其次是有色人种自由民，黑人奴隶处于社会最底层。白人种植园主与黑人奴隶之间暴力冲突不断，有色人种自由民也受到统治阶层的歧视和排挤，矛盾和仇恨在整个社会不断累积和加剧。

位于社会顶层的是 4 万名白人大商人、大种植园主、殖民官吏、军官和高级教士，他们被称为“大白人”。少数白人掌握着全部社会财富，控

① 不同于西班牙在伊斯帕尼奥拉岛的殖民统治中心圣多明各城（Santo Domingo），该城在岛的东部，是今天多米尼加的首都。

制着海地政治、经济、军队和教会中的一切重要职位，过着骄奢淫逸的生活。著名的黑人学者杜波依斯有过以下描述：“数以千计的黑奴在垦殖地边沿工作和睡觉。许多奴隶主过着几乎是野蛮的奢侈生活，拥有宫殿、镀金的大马车、数十匹马、训练良好的仆役和无边的权力。在 18 世纪，大概美洲没有一个地方的白人比圣多明各的白人生活得更舒适了。1 万平方英里的地方，生产着比西印度群岛全部其他地方生产的还要多的糖、咖啡、巧克力、靛蓝、染料木和香料。”① 此外，也有一些白人没能跻身社会顶层，而是作为零售商和工匠，他们被称为“小白人”。

处于黑人奴隶和法国殖民统治者之间的是已获得自由的奴隶，他们是有色人种自由民，多是白人奴隶主和黑人女性奴隶的混血后代，也有少部分黑人。18 世纪 80 年代，有色人种自由民的数量增长了 1 倍多，达到约 2.8 万人。虽然他们的权利受到了种种限制，但法律并未禁止他们购买土地。很多有色人种自由民通过一些被允许从事的职业致富，有的还成为地主和奴隶主，到法国大革命时他们控制着圣多明各 1/3 的种植园（包括奴隶）。

种植园经济的繁荣是建立在对黑人奴隶残酷剥削的基础上的。为补充劳动力的不足，白人殖民者在法国大革命前平均每年从非洲往岛上输入 3 万名奴隶，到 18 世纪末，圣多明各已有超过 50 万名黑人奴隶。在臭名昭著的奴隶贸易中，很多黑人因海上航行中恶劣的生存环境而丧生。即便撑到了上岸以后，许多人也因繁重的劳动、种植园主的虐待、疾病及湿热的气候而死亡。到 1789 年，很少有奴隶出生于本土，几乎 2/3 的黑人奴隶自非洲贩运而来。由于不堪忍受压迫与奴役，一些奴隶冒险逃亡，隐蔽在山区和丛林里，有的聚集在一起建立据点，袭击种植园以补充食物和武器。奴隶们曾先后于 1671 年、1691 年和 1718 年举行了反抗殖民统治的起义。1751～1757 年，弗朗索瓦·麦坎达尔（François Macandal）率领黑人奴隶进行了长达 6 年的反抗斗争，这位传奇的起义领袖用伏都教来凝聚和鼓励他的追随者。1758 年，他在法兰西角被捕，并被烧死在一个木桩

① 李春辉：《拉丁美洲史稿》（上卷二），商务印书馆，1983，第 539 页。

上。这些起义虽然最终都失败了，但在一定程度上打击了白人殖民者和奴隶主的统治，动摇了奴隶制度的基础。

三 海地独立运动

海地独立运动爆发前夕，种植园主、有色自由民、黑人奴隶等群体之间充满了矛盾和冲突。殖民地和宗主国之间的关系也十分紧张，圣多明各的社会各阶层都对殖民制度抱有不满。

白人对宗主国的过分管制有所不满。尽管种植园主生意兴隆，但他们始终无法摆脱对法国商人和金融家的依赖。官吏任免权、驻兵权都控制在宗主国手中，“大白人”们不得不遵从法国强加于殖民地的各项规章制度。所有货物都必须用法国船只运送。心怀不满的种植园主在巴黎组织了“马西亚克俱乐部”，密谋为圣多明各争取更大程度的政治自治和贸易自由的权利。有色自由民与法国的殖民统治更是格格不入。为限制他们经济和社会地位的上升，“大白人”制定了一系列带有歧视性的法律。他们不能在军队与公共机关供职，不能与白人通婚，不能佩戴宝石、乘马车，不能在公共场所佩剑或携带火枪。这在这两个集团之间埋下了仇恨的种子。居住在巴黎的富裕穆拉托人组织了“黑人之友协会”，意在获得法国开明资产阶级团体的支持。虽然协会以黑人的名义命名，但实际上仅代表穆拉托人的利益。

18 世纪末，美国独立战争的成功给了海地人极大的鼓舞。而 1789 年爆发的法国大革命则为海地独立运动提供了难得的契机。8 月 26 日，在巴黎召开的制宪会议上发表的《人权宣言》，提出了法律面前人人平等的原则。法属圣多明各的穆拉托人和自由黑人根据这一原则，争取国民议会承认他们享有充分的公民权利，但遭到拒绝。“黑人之友协会”的成员文森特·奥赫（Vincent Ogé）开始考虑用武力争取宗主国拒绝赋予他们的权利。1790 年 10 月他返抵圣多明各，组织了该殖民地历史上第一次有色自由人种的武装起义。这次尝试很快遭到了法国殖民当局的镇压，奥赫被处死。奥赫在起义前曾经声言：“我们不愿意在这恶劣的环境下再待下去了……我们能招募到像法国兵那样优良的士兵，我们自己的兵力将使我们受到尊敬和取得独立，一旦我们被迫采取最后的措施，就是成千上万的人渡过大西洋来想使我们退回到先前的状况，那也是徒劳的。”[①] 虽然这次起义失败了，但它拉开了海地独立运动的序幕，接下来的历史正如奥赫所言，独立已是大势所趋，一发不可收拾。

海地继续处于紧张的革命暴动状态之中。“大白人”种植园主谋求实行自治。穆拉托人则力求取得与白人平等的地位。没有人关心黑奴有何权利，或应该得到什么权利。但日子一久，在宅邸，在种植园，在村庄，在市场，奴隶们逐渐意识到自己的处境，意识到摆脱这种处境的可能性。

1791 年 8 月初，一位名叫布克曼（Boukman）的黑人伏都教祭司，在法兰西角附近的一个树林里主持了一场伏都教仪式，仪式的参与者达成了起义协议。8 月 22 日，在圣多明各北部掀起一场暴动。在年深日久的压迫与欺凌下累积的仇恨迅速爆发出来，各种植园的奴隶们纷纷参加起义，向北部殖民者的定居点、种植园、工厂发起了猛烈的攻击。起义的奴隶很快控制了北部地区。据当时目击者布里安·爱德华（Bryan Edwards）估计，仅仅在起义的头两个月内，就有 2000 名白人殖民者被杀死，180 个甘蔗种植园和 900 个咖啡与靛蓝种植园遭到破坏，还有约 1 万名奴隶丧生。许多种植园主逃往伊斯帕尼奥拉岛东部的西班牙统治区或西印度群岛的其他岛屿。穆拉托人也动用武力参与到暴动中来，在亚历山大·佩蒂翁等人的领导下与白人武装展开斗争，他们的活动主要集中在圣多明各的西部和南部。

随着起义的扩大升级，圣多明各对立阵营的分裂开始公开化。黑人起义者争取到了东部西班牙殖民者的支持，西班牙方面认为这是重新征服一个多世纪以前失去的西部殖民地的机会。穆拉托人的利益遭到奴隶起义的威胁，但他们未能与白人达成一致共同镇压起义。1792 年 3 月，新上台的法国革命政府颁布法令，承认穆拉托人与白人享有平等地位，从而把穆拉托人争取过来。“大白人”则谋求英国的帮助，请求从英国殖民地牙买

① 李春辉：《拉丁美洲史稿》（上卷一），商务印书馆，1983，第 166 页。

加派军队帮助他们镇压奴隶起义。英国人既觊觎海地的财富，又担心奴隶起义一旦成功会影响他们在加勒比地区殖民地的统治，因而派兵到圣多明各。至此，奴隶起义已经演变为一场黑人奴隶反对奴隶制度、穆拉托人反对白人、种植园主反对宗主国的独立运动，一场法国、西班牙和英国涉足的内战。

杜桑·卢维杜尔（Toussaint Louverture）是独立运动的伟大领袖，他利用灵活多变的战术和卓越的军事外交才能，领导奴隶起义不断取得胜利。1793 年，英国和西班牙结成反法联盟，相继入侵海地。杜桑首先联合西班牙击败法军，随后他要求在西班牙占领区废除奴隶制，遭到拒绝。这时，法国为了保住殖民地，于 1794 年 5 月宣布废除圣多明各的奴隶制，并呼吁黑人起义者同他们团结起来，击退支持奴隶制的英国的军事干涉。杜桑率领 4000 人倒向法国一边。英国人经过一场持续 5 年之久的战争，损失了 25000 多名军人，最终于 1798 年撤离该岛。然而，穆拉托人不能接受以前是黑奴的杜桑的领导，1799 年在南部发动叛乱。结果，黑人以人数上的优势再加上杜桑的卓越军事领导才能，于 1800 年平息了穆拉托人的分裂活动。

杜桑统治期间，为恢复圣多明各的经济采取了一系列的整顿措施。他保持种植园制度，将庄园发还给先前的所有者。要求获得自由的黑人作为雇佣劳动者重回种植园工作。他还用岛上的特产同美国换取武器、粮食和其他日用品。1801 年初，杜桑率军占领了伊斯帕尼奥拉岛东部的圣多明各城，统一了这个岛上长期分裂的东西两个部分。接着他召开会议，颁布了海地历史上的第一部宪法，宣布解放所有的黑奴，同时自任终身总督。至此，拉丁美洲人民第一次凭借自己的力量，摧毁了殖民主义奴隶制的枷锁。

在法国，新上台的拿破仑·波拿巴不打算放弃圣多明各的财富，决定恢复宗主国对这块殖民地的绝对控制。拿破仑派他的妹夫勒克莱尔（Charles Leclerc）将军率领一支庞大的军队远征圣多明各。法军于 1802 年初兵分两路分别抵达伊斯帕尼奥拉岛的东部和西部。在接下来的军事行动中，法军在不同的地点发动进攻，相继攻占了圣多明各城、太子港、法兰西角等重要城市。面对法国殖民统治卷土重来和奴隶制度复活的危险，起义军在杜桑的带领下对法军进行了坚决的反击。但是，由于军事上的失利，杜桑被迫与法军议和。法国人承诺谈判时确保杜桑的生命安全，勒克莱尔还写了一封言辞恳切的信给杜桑，声称“我们真诚地邀请您，您来到之后就会发现，没有谁是比我更诚实的朋友了”。1802年6月7日，勒克莱尔背信弃义地逮捕了前来谈判的杜桑，并将他押送到法国。最终，这位伟大的黑人领袖在1803年死于阿尔卑斯山一个荒凉的法国监狱里。

杜桑的副手、当过奴隶的让-雅克·德萨林接替了杜桑的位子，他与亨利·克里斯托夫和亚历山大·佩蒂翁达成合作，领导黑人和穆拉托人团结一致，顽强地与法军进行战斗，在通向独立的道路上进入血腥的最后阶段。5.8万名法国士兵花了21个月的时间试图征服他们以前的殖民地。拿破仑的军队曾在意大利和埃及所向披靡，但是这一次却无法取胜。他们还受到一个可怕的敌人——黄热病的威胁。勒克莱尔本人也在1802年底死于黄热病。他的继任者罗尚博（Donatien Rochambeau）继续坚持战斗了1年。许多法国士兵在战争中丧生，剩下的少数幸存者有的投降，有的溃逃。1803年，法国与英国在欧洲开战，罗尚博的兵力得不到增援。这年11月，海地独立革命的最后一场战役——维第埃尔战役在海地角附近打响。德萨林率领黑人起义者战胜了法国军队，罗尚博带着他的残兵败将和一些白人离开了伊斯帕尼奥拉岛，逃往英国殖民管辖的牙买加。1803年底，法国撤走了它在岛上的最后一点兵力。拿破仑放弃了对美洲的野心，在这一年里将整个路易斯安那领地以每英亩（1英亩约合0.004047平方千米）4美分的低价卖给美国，同时也结束了法国在伊斯帕尼奥拉岛上长达1个多世纪的殖民统治。

1804年1月1日，德萨林宣布这块前法国殖民地独立，并采用古印第安人的名称“海地”作为国名，拉丁美洲第一个独立自主的民族国家成立了。经过12年多的艰苦斗争，饱受法国殖民者压迫的黑人奴隶终于获得了自由，海地成为世界上第一个独立的黑人共和国。海地人民开了19世纪拉丁美洲国家独立运动的先河。

第三节 从独立到美国的军事占领

一 独立以后到20世纪初

海地独立后，废除了奴隶制，建立了以黑人为主体的共和国。新政府面临着诸多问题和挑战。首先是人口锐减和劳动力匮乏，占人口绝大多数的黑人和穆拉托人的数量从1789年的48万人下降到1804年的25万人，并且还有很多刚获得自由的黑人不愿意重回种植园从事繁重的劳作。其次，种植园经济因战乱影响受到重创，咖啡、棉花、可可和蔗糖等主要作物的产量不及1790年以前的1/3。再次，经济结构单一，几乎没有任何商业活动。最后，新政府还陷入了外交困境，因惧怕奴隶运动的蔓延，周边实行奴隶制度的殖民地都对这个新国家抱有敌意，美国和欧洲国家也拒绝承认海地政府的合法性。

德萨林统治时期（1804～1806年） 德萨林是海地独立后的第一任统治者。他上台后首先将法国殖民当局和种植园主的遗留财产国有化，没收白人的种植园，禁止白人在海地拥有自己的财产。1804年1月出台的一项法令宣布，废除从前所有的种植园租约。通过这些措施，海地政府掌握了整个国家的大部分土地。德萨林政府继续将种植园制度作为国家的经济基础，规定以前的奴隶未经政府许可不得离开他们的种植园。政府采取严厉的措施将劳动者强制束缚在土地上，处罚那些逃跑和藏匿逃跑者的人。没收土地和强制劳动的政策使德萨林在黑人群众和穆拉托人中越来越不受欢迎。

新建国的海地共和制度的根基十分脆弱。1804年9月，德萨林加封自己为皇帝，号称雅克一世（Jacques Ⅰ）。他的这一独裁举动进一步激起了包括军队在内的社会各阶层的反对。1806年10月，德萨林在前往太子港镇压穆拉托人叛乱的途中遇刺身亡。从此，海地在很长一段时期内陷入了军人干政和政变频发的动荡之中。独立运动时期穆拉托人和黑人结成的脆弱联盟也被两者间的冲突所取代。

南北分立时期（1806～1820年） 德萨林死后，海地陷入南北分立的局面。北部是黑人将军亨利·克里斯托夫建立的"海地国"，以海地角为首都。克里斯托夫没有设立行政管理机构，而是建立了一种名义上无奴隶制度实际却以强迫劳动为基础的军事封建制度。1811年，他将自己立为国王，号称"亨利一世"。经济上，克里斯托夫继续实行大种植园制度，将土地收归国有，并强制人民继续留在种植园内，由军队监督生产任务，防止获得自由的奴隶游手好闲不事生产。为了促进农作物的生产和出口，克里斯托夫允许他最重要的将军和官员出租或经营种植园。他们必须保持规定的生产水平，将收成的1/4交给国家，1/4作为种植园工人的工资，剩下的一半全部归他自己。当上国王后，克里斯托夫模仿过去的欧洲王国创立了一个海地的朝廷和贵族制度。他手下的大臣们有机会被授予各种贵族头衔。他在海地角南部的米罗建造了华美的圣苏西宫，以接待宾客和展示宫廷礼仪。为了保卫王国的安全，他在宫殿附近的山顶上修建了庞大的拉费里耶尔城堡。在克里斯托夫的统治下，黑人平民的生活虽然较独立前有所改善，但仍然非常艰苦，很多人对这种严苛的统治非常不满。

在西部和南部，一些不同意克里斯托夫主张的将领建立了"海地共和国"。海地共和国政府的组成和政策的制定主要由混血种人控制。1807年，穆拉托人将军亚历山大·佩蒂翁担任总统。佩蒂翁年轻时曾在法国学习，受到法国资产阶级革命关于"自由、平等、博爱"思想的熏陶，憎恨君主专制制度。在他执政期间，人民享有一定程度的自由权利。1816年，他颁布了新宪法，新宪法在很大程度上模仿了美国宪法，但却承认终身总统制，佩蒂翁本人也当选为终身总统。南部的共和国推行土地私有制度，将从前德萨林没收的大种植园发还给它们的穆拉托主人，从而获得了这个阶层的拥护；分配小块土地给军官和士兵，分配面积按等级划分，以获得官兵的效忠；降低土地售价，使几乎所有人都有能力购买。

布瓦耶统治时期（1818～1843年） 1818年，共和国议会选举让-皮埃尔·布瓦耶（Jean - Pierre Boyer）将军继任总统。布瓦耶是穆拉托人，出生于太子港。独立战争爆发后追随杜桑·卢维杜尔作战。海地独立后担任佩蒂翁的秘书和总统卫队司令。1820年10月，北部的亨利·克里斯托夫国王在出席一次礼拜仪式时突患中风。国王的部下趁机密谋推翻他的统治，人民也对他的专横统治与强加在身上的繁重劳动深恶痛绝。克里斯托夫对这种众叛亲离的局面无能为力，最终在他的圣苏西宫结束了自己的生命。布瓦耶趁机领兵北上，不久便占领海地角。布瓦耶进入克里斯托夫的金库内，发现了巨额财富。海地独立后这两个南北对峙的政权形成了鲜明的对比：北部的克里斯托夫建立了强有力的政府和富裕的王国，但人民却再次受到繁重劳役的压迫；南部共和国在佩蒂翁的领导下产生了一个拥有土地的自由农民阶级，但国家实力却被削弱。布瓦耶统一海地后，沿用先前佩蒂翁时期的土地政策，将国家控制的可耕地和种植园分配给北部黑人群众。他还鼓励甚至强制农民和工人进行农业、手工业生产，并修建了一些道路。这些措施收效甚微，将土地分割成小块给农民的政策使经济作物的生产和出口受到打击。

1822 年，布瓦耶率军占领圣多明各，全岛成为统一的海地共和国，直至 1843 年他下台时为止，海地在这段时间内保持了较为和平稳定的局面。但海地本质上是个“戴着王冠的共和国”，其权力基础是军队。1825 年，为使法国承认海地独立，海地与法国签订条约，同意向法国支付 1.5 亿金法郎，以“赔偿”法国的战争损失。[①] 这笔赔款加重了伊斯帕尼奥拉岛上的居民的负担，引发了民众对政府的不满。为改变贫困的经济状况，1826 年布瓦耶政府颁布了《农业法典》，规定耕种土地是每个农民必尽的义务。军队还奉命在各种植园派驻士兵监视工人劳动。但自德萨林时代开始发展起来的小土地自耕农阶层，不会再像奴隶那样为大种植园从事繁重的劳动，这些发展农业的措施并未奏效。在布瓦耶统治后期，海地变得日益贫困闭塞，各地都酝酿着反对他统治的活动。1843 年 1 月爆发的起义迅速在整个南部地区蔓延，随后布瓦耶放弃了对海地长达 25 年的统治，逃往牙买加，后流亡至法国。东部民众趁混乱局面发动起义，于 1844 年宣布独立，建立多米尼加。

政治剧烈动荡时期（1843～1915 年） 布瓦耶下台后海地政局陷入

① Steeve Coupeau, *The History of Haiti*, Westport, CT: Greenwood Press, 2008, p. 53.

极度动荡的困局。南部的莱凯地区爆发了农民运动，黑人农民领袖反对穆拉托人在政界的主导地位，主张将富人的土地收归国有，再重新进行分配。农民起义军以长矛、砍刀和梭镖为武器，被称作“皮凯人”[①]。1843～1847年，先后有赫拉德、菲利普·格里尔（Philippe Guerrier）、路易·皮埃罗（Jean-Louis Pierrot）、巴蒂斯特·里奇（Jean-Baptiste Riché）四个总统短暂地统治海地。其中后三个是太子港的穆拉托政客挑选的年长的黑人傀儡总统，以平息黑人农民对穆拉托人把持行政权力的不满情绪。但实际上是穆拉托人在幕后操纵，这就是海地历史上的“替角政治”。

1847年，穆拉托人将未受过教育且缺乏政治经验的黑人将军福斯坦·苏鲁克（Faustin-Élie Soulouque，1847～1859年统治海地）推举上台，他们错误地认为苏鲁克会是一个理想的傀儡总统。但实际上他是一个热衷独裁的野心家，上台后不久便彻底更换了军队高层领导人，建立了忠于自己的秘密警察组织，残酷清除持不同政见者。在他执政期间，不少反对派特别是穆拉托人遭到处决，监狱中几乎挤满了反对派人士。苏鲁克不满足于共和国总统的名号，于1849年8月自封为皇帝，自称“福斯坦一世”。苏鲁克还多次入侵多米尼加，试图重新统一全岛，但均告失败。他将失败归咎于部下的无能和背叛，一些高级军官被处以死刑。当福斯坦一世皇帝打算再次入侵多米尼加时，法布尔·热弗拉尔（Fabre-Nicolas Geffrard）将军于1859年领导海地军官发动政变结束了苏鲁克的暴政。

热弗拉尔在推翻苏鲁克的统治后开始担任海地总统（任期为1859～1867年）。热弗拉尔是穆拉托人，他恢复了共和制度，在1816年佩蒂翁宪法的基础上制定了新宪法。在这一时期，海地的政治重又回到穆拉托人的掌控中。热弗拉尔在任内推行了一些有利于社会发展的积极措施，使海地维持了将近十年的稳定。他大量裁减军队人数，鼓励发展教育事业，采取措施改善交通状况。在美国南北战争期间，他利用美国南部棉花种植业受阻的时机，努力提升海地的棉花产量以增加出口。1860年，他与梵蒂

① 皮凯人（piquets），指一部分农民出身的职业士兵，来自海地北部的职业士兵被称为“卡科人”，来自南部的职业士兵被称为“皮凯人”。

冈签订协约，结束了独立战争爆发后海地与罗马天主教廷之间长达60多年的敌对状态。1862年，他还使海地获得了美国的承认，与美国建立外交关系。但热弗拉尔最终没能和平卸任，1867年在政变中他逃离海地。

1843~1915年的72年间，海地先后更换了22个总统。其中只有2个总统和平离职，5人死于任内（其中1人是被毒死的），其余15人都因政变下台。热弗拉尔下台后的近半个世纪时间里，海地持续动荡，战乱与政变轮番上演。海地的政治和社会在穆拉托人和黑人的冲突中产生了深刻的撕裂。19世纪70年代后，海地出现了两个对立的政党：代表富裕黑人利益的民族党和代表穆拉托人中上层阶级利益的自由党。海地的总统也多从这两个党中产生。1911年弗朗索瓦·安托万·西蒙（François C. Antoine Simon）总统下台后，海地的政局几近恶化到极点，有6个总统走马灯似地相继上台，直至1915年海地被美国人军事占领。

二　美国军事占领时期

早在1823年，美国的詹姆斯·门罗总统就推出了门罗主义，反对欧洲国家在西半球的殖民扩张。随着美国国力日益增长，1904年，西奥多·罗斯福总统对门罗主义进行了重要的引申，提出“美洲是美国人的美洲”，显示出其独霸西半球的野心。

作为一个以黑人为主体并废除了奴隶制度的国家，海地一直忌惮美国。直到1862年，主张废除奴隶制的林肯政府才正式承认海地是一个独立国家。之后，美国开始加速对海地的资本渗透和军事控制。美国公司在这个国家越来越活跃，它们组织水源供应、开采铁矿、修建铁路。1910年，美国资本控制的“海地国家铁路公司”开始修建太子港到海地角的铁路，并获得开发沿线两旁土地的权利。美国还垄断了海地的蔗糖业，攫取了一个船埠的租让权。海地国家银行的控制权于1911年从法国人手中转到美国花旗银行手中。1914年12月，美国趁海地内乱之际派遣舰队开往太子港，将海地国家银行50万美元的黄金储备劫掠至纽约，存入花旗银行。到1915年，美国已经控制了海地的银行、铁路和大部分进口贸易。然而，德国在海地的影响力却使一心想独霸美洲的美国忧心忡忡。德国垄断资本家控制了海地的轮船运输业以及太子港的主要码头，掌握着太子港和海地角等主要城市的公共工程，还控制着海地一部分咖啡和零售商品的进出口贸易。1914 年以后，美国特别担心一旦德国在第一次世界大战中取胜，会将注意力转回美洲，进而在海地建立德国在加勒比海地区的立足点。这时，海地国内发生的一起暴乱为美国的军事占领提供了契机。

1915 年，海地总统维布伦·纪尧姆·沙姆（Vilbrun Guillaume Sam）下令处死了 167 名政治犯，这一暴行在太子港激起暴乱。7 月 27 日，愤怒的民众将躲在法国大使馆避难的沙姆拖出来处死，并拖着他被肢解的尸体在首都街头游行。第二天，美国政府便以保护“美国人和外国人的利益”为借口，派遣海军司令卡帕托（William Caperton）率领军队入驻海地，不久便占领了太子港及其他重要城市和港口。从此以后的 19 年里，海地沦于美国的直接军事统治之下。

美国人占领海地后不久，就开始想办法为他们的侵略行径“装饰门面”。他们为自己的举动提供的解释是：因为事实证明海地人没有能力治理自己的国家，所以需要由美国人接手海地的管理权，以帮助这个贫困的邻国走上正轨。美国还即刻着手物色了一个傀儡总统。1915 年 8 月 12 日，在美国占领军的监督下，参议院主席菲利普·苏德勒·达蒂格纳夫（Philippe Sudri Dartiguenave）当选为海地总统。达蒂格纳夫是个混血种人，他担任总统到 1922 年，但美国海军司令卡帕托才是背后真正的统治者。

1915 年 9 月 6 日，海地被迫与美国签订了一项不平等条约，进一步丧失了部分国家主权。条约规定：美国对海地的海关及财政实行监督；在美国官员领导下建立地方警察；海地政府应放弃将本国领土租让给其他国家的权利等。条约还赋予美国监督海地政府处理日常事务的权力。此外，美国还提出在海地建立并经营公用医疗机构、承担公共工程项目以及发起农业培训运动。1915 年 11 月，海地参议院被迫批准了这一条约，直到 1936 年该条约才被废止。为获取更多利益，美国还主导海地制定了一部新宪法，即 1918 年宪法，它将禁止外国人拥有土地的历史性条款删去，使海地进一步丧失了领土主权。一些北美的公司借机占领了海地大片的土地。许多农民从他们世世代代耕种的土地上被赶走，不满情绪迅速蔓延。

在美军的控制和镇压下，海地的社会秩序较从前有所稳定。美军的入侵实际上一开始受到了穆拉托精英分子和外国侨民的欢迎。但是，美国占领军大多具有很深的种族歧视观念，且认为落后国家的公民无权自主决定本国事务。大多数海地民众以祖国 111 年的独立历史为荣，对美国的入侵愠怒不满，自 1915 年起就发起了零星的武装反抗。1918 年夏，海地人民在查勒迈恩·佩尔特（Charlemagne Péralte）的领导下，发动了反对美国占领军恢复实施《无偿劳役法》（Law of Corvée）的武装起义。根据这项原法国殖民地时期的法律，海地人民每年必须无偿为修建公路或铁路服劳役若干天。这无异于把他们重新置于奴隶地位，所以海地人民纷纷响应佩尔特的号召。起义始于海地北部的山区，很快扩展到全国领土的四分之一。随着起义的进行，起义军的队伍也逐渐壮大，到 1919 年上半年，北部与中部的起义军人数已发展到 5000 人以上。随之而来的则是美国的镇压，截至 1920 年起义失败，共有 2250 余名起义军牺牲在美国占领军的枪下。

1922 年，美国占领军扶植了一个新的代理人，亲美的混血种人路易·博尔诺（Louis Borno）代替达蒂格纳夫成为新一任总统。博尔诺任内，不仅接受了美国新的奴役性条款，还从美国资本的利益出发改组海地国家银行。此外，美国占领军还训练了一支 3000 人的宪兵队，以代替海地原有的陆军和警察。这支宪兵队在美国的直接指挥下，曾极端残酷地迫害过海地的民主爱国人士，前后共杀害约 6000 名反抗者，并将 5500 人关进了劳动营。

美国对海地的剥削、掠夺与压迫并未因人民的反抗而中断，反而在傀儡总统博尔诺的包庇下变本加厉。美国垄断资本控制了海地几乎全部的对外贸易，掠夺了这个国家本就稀缺的矿产资源，抢占了更多的土地，攫取了全部的税收。封建性法令《无偿劳役法》的恢复，使许多农民被强制编入流动劳动队，背井离乡为美国垄断资本家服劳役，重新沦入奴隶般的地位。在美国的军事管控下，报刊和舆论都受到严格的审查。

不过美国在占领期间也做出一些有助于海地现代化发展的工作：他们

修建公路、铁路、桥梁、码头等，改善了海地的基础设施；修建医院，开展疟疾、雅司病等流行性疾病的防控，并修建供水系统，为部分海地人提供干净的饮用水，使海地的卫生状况有所改善；还修建灌溉设施，向农民传授种植技术。然而，这些工作的长期效益并不显著。公路和其他基础设施不断损坏，占人口绝大多数的海地农民在乡下劳作，生活条件并未改善。此外，由于博尔诺政府实行亲美卖国政策，海地经济进一步恶化。再加上 1929 年资本主义世界经济危机的影响，海地的出口总额从 1928 年的 2260 万美元下降到 1930 年的 1414 万美元。

美军占领期间，海地的民族主义运动和思潮不断高涨。占领军对黑人和黑白混血种人的种族歧视，激起了民众及一些穆拉托精英的反对。知识分子阶层提出了要求美军撤离海地的民族主义主张。民族学学者认为海地的种族、文化、宗教源于非洲，并呼吁人们正视海地的非洲遗产，而这一事实一直为受欧洲价值标准支配的精英阶层所回避。受民族主义思潮的影响，海地出现了文学复兴的局面。文学复兴运动的主力军是出身于穆拉托人家庭的作家，他们厌恶他们的先辈过分亲法的做派，也对美国的占领感到愤慨。占领时期的文学表明海地人的种族思想有了深刻转变。虽然民族主义运动受到博尔诺当局的镇压，但依然继续发展。到 20 世纪 20 年代中期，不同阶层不同肤色的海地人逐渐开始团结起来，一致希望结束美军的占领。

1929 年，海地人民掀起了大规模反对美国占领和博尔诺傀儡政权的运动。这一年 10 月，达米地方农业学校的学生首先发起了罢课。随后，抗议活动迅速蔓延至全国。在南部的莱凯地区农民举行游行的时候，美国占领军武力镇压游行群众，造成几十人伤亡。12 月 4 日，起义人民袭击美国控制的海关时，美军开枪打死 5 人，打伤 20 多人。为平息动荡局面，美国总统胡佛派遣 500 名士兵增援镇压起义，但遭到了更为激烈的抵制。由于当时正值拉丁美洲民族解放运动的高涨时期，美国不得不顾及它的侵略行径在国际上引起的负面影响。1930 年 2 月，胡佛总统成立了一个以前菲律宾总督福布斯（W. Cameron Forbes）为首的调查委员会前往海地，以缓和海地人民的斗争。该委员会建议武装部队和文职人员迅速实现海地化，结束美军的占领状态，并答应以下条件：逐渐撤离美国驻军；撤销派驻海地的美国高级军事专员拉塞尔而代以派驻文官；改组宪兵队；撤换海地总统博尔诺等。1930 年，博尔诺统治宣告结束。

1930 年海地举行了总统选举，穆拉托人政治家斯泰尼奥·文森特（Sténio Vincent）获胜，开启了十年的执政生涯。

文森特上台以后，美国开始撤离在海地的驻军。其他由美国占领军直接控制的公共事业、卫生、农业和科学技术机构等，也逐渐由海地回收。但撤军过程非常缓慢，直到美国新总统富兰克林·罗斯福推行“睦邻政策”，占领军才于 1934 年 8 月 15 日全部撤离海地。在海地人民的欢呼声中，美国星条旗缓缓下降，至此，美国对海地的军事占领宣告结束。不过，占领军的撤退并不意味着美国势力的完全退出。美国仍然控制着海地的财政、贸易和武装力量。

三 美国军事占领结束后的二十年

斯泰尼奥·文森特总统是美军占领海地以来第一个未经美国干预选举上台的总统。他是穆拉托人，出生于太子港，做过参议员。文森特是一位极具个人魅力的民众主义领袖，是海地第一个用克里奥尔语而非法语进行公共演讲的政治家。在 1930 年的大选中，他以坚决反对美军占领的立场获得广大民众的支持，于 1930 年 11 月高票当选为总统。文森特执政期间采取了一些措施发展公共事业，改善基础设施。但他的执政方式却变得越来越独裁，采用各种方式攫取政治权力和个人财富。1935 年，他迫使议会通过一部新宪法。文森特通过该宪法获得了一系列政治特权，包括随意解散议会、改组司法部门、对 21 名参议员中的 10 人的任命权、在议会休会期间代行其职责等。此外，他还残酷镇压反对派，实施严格的新闻审查制度。文森特执政将近 10 年，1940 年新一轮大选期间，他妄图不顾宪法的规定参加竞选。但海地人民无法容忍文森特一贯推行的违背民族利益的政策，反对他连任。海地政局动荡不安，内乱一触即发。为了保持对海地的间接控制，美国放弃了对文森特的支持，转而扶植一位新的代理人——海地驻美国大使埃利·莱斯考特（Élie Lescot）。

莱斯考特在1941～1946年担任海地总统。他出生于海地北部一个穆拉托中产阶级家庭。他在担任海地驻多米尼加大使期间与亲美的多米尼加总统拉斐尔·特鲁希略（Rafael Trujillo）建立了联系，在担任驻美大使期间获得了美国的青睐，这些经历促使他在文森特之后一举登上总统宝座。莱斯考特上台后实行高压和独裁统治，亲自担任军队统帅，镇压反对派，实行新闻管制。国家的高级职位更被精英阶层的混血种人把持，穆拉托人的显赫声势达到了19世纪末以来的极点。这引起了黑人特别是黑人中产阶级的强烈不满。莱斯考特任职期间还支持罗马天主教发起的反对伏都教的运动，加剧了海地的宗教矛盾。经济上，莱斯考特一味地实行迎合美国需求的政策，为获得这个北方超级大国的支持而牺牲国家利益。时值第二次世界大战，美国越俎代庖地为海地制订了一个增产香蕉、香料、油料作物、药物、粮食和各种纤维的计划，以供应美国战时物资需要。此外，莱斯考特还与美国政府达成合作，成立了海地－美国农业发展协会（Société Haïtiano－Américane de Développement Agricole），推广种植橡胶和西沙尔麻，以补充美军战略资源。为此，海地政府拨出约20万英亩优质农业土地，将4万多户农民家庭从他们世世代代耕种的土地上撵走。美国则对此提供技术援助和500万美元的贷款。然而，这一项目未能如预期的那样促进海地农业的现代化发展，反而使大批农民失去了耕地，庄稼收成受到严重损失。莱斯考特雄心勃勃的橡胶种植计划最终破产了。

第二次世界大战结束后，海地人民在反法西斯斗争胜利以及民族解放斗争浪潮的推动下，展开了反独裁运动。1946年初，莱斯考特将《蜂巢》（*La Ruche*）杂志的马克思主义编辑投入监狱，太子港的学生举行了反对当局的示威游行，立刻得到了全市人民的响应。1月11日，在以黑人警官保罗·欧仁·马格卢瓦尔（Paul Eugène Magloire）为首的军方的强制下，莱斯考特辞去了总统职务，流亡国外。马格卢瓦尔等三人组成军政府临时执政委员会。长期被压制的出版业获得了复兴。随后在军政府的主持下举行了大选，黑人政治家迪马瑟·埃斯蒂梅（Dumarsais Estimé）被选举为新一任总统。海地从此开始了一段较长的黑人政治家当政时期。不过穆拉托人依然保持着大部分经济特权和较高的社会地位，跻身社会中上层的黑人往往也愿意与浅肤色的穆拉托精英家族联姻。

迪马瑟·埃斯蒂梅于1946年8月至1950年5月任海地总统，是美国武装占领海地以来的第一位黑人总统。埃斯蒂梅出生于阿蒂博尼特省的贫穷家庭，在叔叔的资助下在太子港攻读法律专业。1930年加入海地民族主义运动，反对美国的占领。他凭借个人的声誉和能力成为海地众议院为数不多的黑人议员。通过与穆拉托精英家族的女儿结婚，他成为斯泰尼奥·文森特政府的教育部部长。埃斯蒂梅担任总统的最初几年受到民众的广泛支持。埃斯蒂梅进行了一系列改革，试图使经济与公共事业发展的福利惠及中下层黑人群众。他注意维护工人的部分基本利益，提高最低工资标准，鼓励发展工会，制定了该国首部《劳工与社会安全法》；吸引美国及进出口银行对阿蒂博尼特河流域的投资；鼓励发展旅游业，组织举行隆重的太子港建港200周年庆祝活动。这一时期海地的黑人中产阶级数量有显著增长。然而，埃斯蒂梅推行的改革项目并未取得预期效果，他在行政机构中对黑人的扶持，宗教上对伏都教的认可，也引起了一些利益集团的不满。后来，为筹集改革所需资金和偿还美国贷款，他要求工人缩减一部分工资上缴国家，给人民带来了很大的负担。1949年，反对派获得了多米尼加总统拉斐尔·特鲁希略的支持，发起了武装推翻埃斯蒂梅的运动。埃斯蒂梅发布戒严令，解散反对党，逮捕反对派领袖，封闭持敌对立场的报馆。1950年，他又试图修改宪法以谋求连任。5月，军方发动政变，埃斯蒂梅被迫辞职，以保罗·欧仁·马格卢瓦尔（Paul Eugène Magloire）为首的军政府接管海地政权。

马格卢瓦尔也是黑人，出生于军人家庭，是军队实权派的首领。政变发生后，他取得了军方、穆拉托精英阶层、天主教势力以及美国和多米尼加等多方支持，作为唯一的候选人当选为新一任总统。马格卢瓦尔于1950~1956年统治海地。他被视为穆拉托精英分子的代言人，企业界和天主教会宣称他的当选是理性和文明的胜利。由于咖啡价格的上涨态势一直维持到50年代中期，马格卢瓦尔时期的经济状况是对政府有利的。马格卢瓦尔政府对城镇道路、公共建筑、码头等基础设施做了一些完善。他对外国投资提供优惠条件，使美国资本进一步涌入海地。他还寻求美国的经济援助，发展海地的农业、教育和卫生事业。这一时期海地的旅游业发展迅速，访问海地的游客增长了4倍。马格卢瓦尔实行反共亲美的政策，坚定镇压国内反对派。他将政敌投进监狱，禁止工人罢工，封禁持不同政治立场的刊物。不过，他也允许工会的存在以及有限的言论自由。马格卢瓦尔政府财政管理混乱，挥霍浪费现象严重，贪污腐败事件频出。总统及其亲信垄断了海地的剑麻、水泥和肥皂产业。1954年，一场飓风毁掉了海地南部大部分地区，不仅城镇遭到破坏，而且咖啡树和可可树也被连根刮倒。这时，马格卢瓦尔贪污大量国际救援资金的丑闻披露出来，激起群众的强烈不满。1956年，马格卢瓦尔企图连任，最终在工人阶级大罢工和人民示威抗议活动中被推翻。随后，他卷走了2000万美元的公款逃往国外。

1956年12月马格卢瓦尔下台以后，海地又经历了一段非常混乱的时期。在军队的干预下，一系列为期短暂的临时政府试图掌控局势。在短短9个月中，以下几位政府首脑先后执政：代总统约瑟夫·内穆尔·皮埃尔-路易斯（Joseph Nemours Pierre-Louis），代总统弗兰克·西尔万（Franck Sylvain），临时政府首脑丹尼尔·菲尼奥勒（Daniel Fignolé），军事委员会主席、临时政府首脑安托万·特拉西布尔·凯布罗（Antonio Thrasybule Kebreau）。1957年9月22日，海地举行大选，弗朗索瓦·杜瓦利埃（François Duvalier）高票当选，从此开始了杜瓦利埃家族对海地长达28年的独裁统治。

第四节　杜瓦利埃家族的独裁统治及其被推翻后的海地

一　杜瓦利埃家族的独裁统治

（一）弗朗索瓦·杜瓦利埃的统治

弗朗索瓦·杜瓦利埃，1957～1971年任海地总统。曾参加由美国资助的防治雅司病、疟疾等热带传染性疾病的活动。伴随他一生的绰号“老大夫”（Papa Doc）即由其早年的从医经历而来。受海地民族主义思潮的影响，杜瓦利埃还加入黑人主义运动，并创办了聚焦非洲传统、支持伏都教的刊物《诗人》（*Les Griots*）。埃斯蒂梅当政期间他曾担任劳工部部长和公共卫生部部长。

经过前几任黑人总统特别是埃斯蒂梅的扶持，到20世纪50年代中期，海地城市里的黑人中产阶级已有一定的发展，并在政治领域取得了一席之地。马格卢瓦尔一味迎合穆拉托人的做法引起了黑人政治家和人民的不满。1957年杜瓦利埃参加总统竞选。他以一个谦恭温和、受过良好教育的政治家的形象出现在大众面前，宣扬以黑人为主体的民族主义，认可伏都教信仰，宣称要建立廉洁的政府，公正地对待穷人。这些政治主张赢得了黑人中产阶级政治集团、地方领袖和城镇中产阶级的支持。杜瓦利埃长年建立的为穷人救死扶伤的医生形象使他获得了下层民众的信任。最后，他还赢得了军队的支持。1957年9月，杜瓦利埃以绝对的优势在竞选中获胜，主政海地。

杜瓦利埃刚上台时，在就职演说和政治纲领中强调政治稳定、民族团结、经济发展，并声称要在海地进行一场“革命”。他还任命一位神父担任教育部部长，并宣称要邀请一个美国海军陆战团来帮助训练武装部队，这两个措施使他获得了天主教会和美国暂时的信任。紧接着，他便露出了与海地历史上所有独裁者相同的贪婪、狡诈、残暴的本性，采取各种手段清除一切潜在的异己，大肆攫取权力，实施恐怖独裁统治。

海地历史上大多数总统都是被军人赶下台的，为防止落得同样下场，杜瓦利埃对军队进行了清洗，并着手建立完全听命于自己的武装力量。他建立了由总统直接控制的总统卫队和国家安全志愿军（Milice de Volontaires de la Sécurité Nationale）。国家安全志愿军通常被海地人民称为“通顿马库特”（Tonton Macoute），该组织行事歹毒、手段残忍，致使许多反对派人士消失，以及不计其数的海地人民被杀害。在用暴力手段实行恐怖独裁政策的同时，杜瓦利埃还不断强化对人民的精神统治。他宣扬黑人主义，煽动黑人和混血种人间的种族仇恨和阶级对立。声称海地历史上伟大的领袖都是黑人，海地的“大复兴”必将开始，黑人应向混血种人夺回领导权。他大力提倡伏都教，利用伏都教大搞迷信活动。他吸收一些伏都教祭司加入“通顿马库特”，以便加强对农村地区的监视和控制。杜瓦利埃甚至将自己奉为伏都教的祭司，宣称他能施展法术，惩治邪恶。杜瓦利埃当局还打击天主教，指责天主教会支持反对派，破坏国家的精神团结，先后驱逐了许多外籍主教和传教士。此举激怒了梵蒂冈教廷，并于1962年将杜瓦利埃革出教门。杜瓦利埃采取进一步行动打压天主教会，关闭神学院，安插海地人担任太子港的红衣主教，企图控制天主教会。

为了维护独裁统治，杜瓦利埃多次操纵国民议会，任意修改宪法。根据宪法规定，杜瓦利埃的任期应于1963年5月结束，但他显然无意按期隐退。随着时间的接近，他提前举行了一场欺骗性的选举，全票通过获得连任。1964年，杜瓦利埃操纵议会，修改宪法，着手谋划确认他为终身总统的全民公投。他被称为“海地最伟大的爱国者、群众的解放者和国家的振兴者”，诡称自己已集中历史上五位伟大领袖（杜桑·卢维杜尔、德萨林、克里斯托夫、佩蒂翁、埃斯蒂梅）的精神于一身。他的宣传家们将其形象日益神化，甚至出现了耶稣搂着杜瓦利埃的宣传画，上面写着“我已经选定了他”。最终，杜瓦利埃毫无悬念地被推举为终身总统。通过修改后的宪法，他获得了指定接班人、解散议会等绝对的权力。

1963年，杜瓦利埃从前的心腹，曾担任“通顿马库特”头目的克莱芒·巴伯特（Clément Barbot）绑架了杜瓦利埃的孩子，企图推翻他的统治。杜瓦利埃迅速平息了这场叛变。在搜捕巴伯特同伙的过程中，他授意总统卫队占领了多米尼加驻海地的外交官邸。这一举动激起了多米尼加的强烈不满。杜瓦利埃政府同多米尼加的关系本就长期处于紧张状态。多米尼加总统胡安·博什（Juan Bosch）是左翼人士，一直为在该国的反杜瓦利埃流亡者提供庇护和支持。占领多米尼加外交官邸事件将两国拉向了战争的边缘。胡安总统宣称要向海地发起进攻，并陈兵两国边境。但在多米尼加军方的反对下，胡安总统放弃了这一想法，最终接受了美洲国家组织（Organization of American States）代表的调停。

杜瓦利埃在将国内外威胁其统治的主要势力清除后，并没有放松恐怖高压政策。特务分子在全国各地大肆搜捕反对派人士，拷打、杀害反对派领导人，查封支持反对党的刊物。在他 14 年的恐怖统治中，他和他的爪牙杀害了 3 万 ~6 万名海地人民。受害者不只有持不同政见者，还包括平民、妇女，甚至整个家庭、村镇惨遭屠杀。

即使处于如此残酷的镇压和严密的监视下，仍有一些海地人起来同独裁政权展开斗争。太子港的工商界曾举行罢市以向政府施加压力。对此，杜瓦利埃干脆派“通顿马库特”的人员撬开店门，煽动暴民对顽强抵抗的店铺进行打砸抢劫。还有一些学生举行罢课以示抗议，杜瓦利埃竟然关闭了他们原先所在的大学，转而开办了一所由政府严密控制的新的“国立大学”。这些学生若想完成学业，就不得不去这所新的大学重新注册。工会的独立性维持得较长一些，但在 1964 年也终于被剥夺了所有自治权。在上述抗议手段失效后，还有少数海地人冒险举行武装起义。1964 年 8 月，“青年海地组织”的 13 名成员在南部的马里耶夫人角登陆，和政府军坚持对抗了 83 天。1967 年 4 月，在杜瓦利埃庆祝 60 岁寿辰时，总统府附近发生炸弹爆炸事件，造成多人伤亡。1970 年 4 月，海军的 3 艘海岸警卫船发生兵变，从太子港沿岸炮击总统府，坚持了 2 天后外逃。不过，这一时期的反对派多为受过教育的精英分子，大部分黑人农民仍将杜瓦利埃的统治视为黑人对穆拉托精英的历史性胜利。许多专业人士如医生、教师纷纷流亡海外，将这个陷入恐怖泥潭的国家拉向正轨的力量变得日渐薄弱。

杜瓦利埃统治集团极端腐败，利用手中的权力谋取了巨额利益。他们通过受贿、挪用政府款项、勒索工商界人士等手段，成为寄生在穷困海地人民之上的新的既得利益集团。杜瓦利埃曾以建造“杜瓦利埃城”和进行“民族革新运动”为名横征暴敛。1967 年，杜瓦利埃同多米尼加签订合同，每年派遣 2 万名海地农民赴邻国充当季节性砍蔗工，他则从每位砍蔗工身上抽取 59 美元的佣金。杜瓦利埃甚至强制人民购买国家发行的彩票，将头奖内定为其亲友，并肆意从彩票收入中支取款项。据估计，在老杜瓦利埃统治期间，其家族的私产已达 5 亿美元。

不过在老杜瓦利埃统治期间，海地打开了黑人的上升渠道，黑人中产阶级人数增多，有的还跻身军政高层。1971 年 4 月，老杜瓦利埃病逝，他的儿子小杜瓦利埃顺利继承总统职位，杜瓦利埃家族将继续统治海地15年。

（二）让－克洛德·杜瓦利埃的统治

为了能够让他的儿子继任总统，老杜瓦利埃曾多次修改宪法，获得了指定继承人的权力。1970年，在身体状况日益恶化的时候，杜瓦利埃挟持议会，成功地将总统任职年龄最低标准降至18岁。1971年4月22日，年仅19岁的让－克洛德·杜瓦利埃（Jean－Claude Duvalier）接过他父亲的职位，成为当时世界上最年轻的国家领导人。人们又称他为小杜瓦利埃，绰号“小大夫”（Baby Doc）。由于“老大夫”多年来建立的独裁体系，再加上反对派几乎被消灭殆尽，这位年轻而缺乏经验的新总统并未遇到太大阻力。而且美国政府担心左翼力量有可能在动乱中崛起，也希望维持海地政局的稳定。老杜瓦利埃去世后，美国调动军舰在岛的附近海域巡逻，以阻止流亡者回国发难，保证政权的顺利移交。

小杜瓦利埃最初在母亲的密切关注下开始他的政治生涯。他设法以一个利益集团制衡另一利益集团，经常更换内阁，严密监督军队领导层。鉴于老杜瓦利埃留下了一个经济萎缩、民生凋敝的海地，小杜瓦利埃上台后提出，其父已完成了“政治革命”，他要进行“经济革命”。20世纪70年代中期，政府实行了两个五年计划，加强对基础设施和工农业的投资，海地经济有所好转。小杜瓦利埃继续效仿其父，打着反共的旗号向美国求援。1972年7月，美国向海地派出军事顾问团，帮助其重建军队。与此同时，海地同多米尼加等加勒比地区国家的关系也开始改善。

宪法赋予小杜瓦利埃几近绝对的权力。为配合“经济革命”，从前的高压政治在此时有所缓和。20世纪70年代，海地政坛上出现了两个由杜瓦利埃家族内部分裂出来的派别：一派是保守派，又称“恐龙派”，以小杜瓦利埃的母亲西蒙娜·杜瓦利埃（Simone Duvalier）为首，主张维持旧秩序，由老杜瓦利埃的亲信组成；一派是“现代化派”，以小杜瓦利埃的长姊玛丽－丹尼斯·杜瓦利埃（Marie－Denise Duvalier）为首，主张政治经济自由化。为了在各国际机构和捐赠国政府面前营造良好形象，小杜瓦利埃政府减少了恐怖活动，“通顿马库特”和“恐龙派”的权力受到限制，一批年轻的“专家治国论者”的影响力日益增长。70年代末，美国卡特总统强调人权，要求海地停止迫害反对派，并以此作为提供经济援助的条件。1977 年 9 月，小杜瓦利埃释放了 104 名政治犯，还做出其他一些让步姿态。之后，不同派别的政治组织浮现出来，如海地共产主义者统一党、海地民主工人联合会、海地基督教民主党、海地基督教社会党等。一些知识分子创办了对政府进行公开批评的刊物《周末小晚报》。此外，在这个文盲占人口 80% 的国家，克里奥尔语的时政评论广播具有更为广泛的影响力。

1980 年，小杜瓦利埃同米歇尔·班内特（Michèle Bennett）结婚。米歇尔来自一个穆拉托富商家族，他们的结合使许多黑人和老杜瓦利埃主义分子被排斥在政治核心之外，标志着杜氏家族的统治基础从黑人城市中产阶级和农村小土地所有者转到混血种人工商资本集团上来。他们举办了一场极度奢华的婚礼，耗资 200 万美元，引起一片哗然。总统及其妻子的挥霍无度和赤裸裸的贪污腐化令海地人民十分沮丧。

虽然 20 世纪 70 年代海地的政治经济局面有所好转，但杜瓦利埃家族的独裁本质并没有改变，老杜瓦利埃建立起来的镇压机器依然存在。虽然许多政治团体的活动名义上合法化，但对反对派的监视和镇压并没有终止。小杜瓦利埃还建立了一支效忠于自己的武装“美洲豹军团”（Corps des Léopards）。国际特赦组织（Amnesty International）在 70 年代的一项调查报告中说，海地的监狱同过去的纳粹集中营一样。到 1979 年，政府在缓和高压统治上做的一些让步也废止了，同年 10 月颁布实施《新闻检查法》，重新限制报刊的言论自由。一度有所收敛的“通顿马库特”再次猖狂起来。1980 年，政府进行了几年来最大规模的搜捕，逮捕了包括著名反对党领导人在内的近 200 人。海地又重新处于黑暗独裁统治之下。

虽然海地经济有了适度增长，但它依然是一个落后的农业国，阻碍其经济发展的问题并未得到解决。20 世纪 70 年代以来，海地人口数量剧增，每个家庭本就不多的田产被划分为更小的地块让子女继承。农村地区水土流失严重，生产方式落后，土地过度开发，地力几近耗尽，海地的粮食安全面临巨大挑战。进入 80 年代，海地经济再次陷入停滞和下滑的困境。在人民食不果腹的情况下，杜瓦利埃家族并没有做出改善国家经济的努力，反而变本加厉地聚敛财富，使本就贫困的海地雪上加霜。小杜瓦利埃统治期间，贪污腐败之风比其父统治时期更为严重，这一时期的海地政治被称为“盗窃政治”（Kleptocracy）。大量外国援助资金流入杜瓦利埃家族和政府高官手中。烟草专卖局（Régie du Tabac et des Allumettes）自老杜瓦利埃时代起就是这个第一家族的重要提款机，小杜瓦利埃更是扩大了烟草专卖局的垄断范围，从其他行业攫取更多利益。数年来，杜瓦利埃家族从该机构窃夺了上千万美元的资金。班内特家族通过与杜瓦利埃家族的联姻，获得了一系列经济特权。小杜瓦利埃的岳父内斯特·班内特操控了国家的进出口贸易，曾将墨西哥以优惠价售予海地的石油高价转卖给南非，从中牟取暴利。

贪污的巨额公款依然无法满足杜瓦利埃家族的欲望，他们开始从海地贫民身上榨取最后一点价值，其中就有著名的“劳工问题”和“船民问题”。每到特定季节，多米尼加会从海地国内招募收获甘蔗的劳工，同时向海地政府支付一定费用，而小杜瓦利埃则借此获利。这些劳工的生存和工作环境极其恶劣，以至于国际反奴隶制协会一度介入调查，但应召的海地人仍络绎不绝。日益糟糕的生存环境迫使越来越多的海地人选择背井离乡，他们变卖家产，试图通过乘船偷渡等手段外逃至美国等地。这些外逃者常常受尽船主的盘剥和压榨，而船主和中间人又买通政府官员为他们的非法行为大开绿灯，杜瓦利埃默许这些非法行为的发生并从中获益，据称一些贿赂被直接送往总统府。这种偷渡的风险极高，船民很有可能会因海难或疾病等丧生。大批船民的外逃给美国带来负担的同时也令海地的国际形象大跌，造成了不良国际影响，因此后来海地与美国之间达成协议，禁止船民非法涌入美国。

经过杜瓦利埃家族20多年的独裁统治，海地沦为世界上最不发达的国家之一，各项指标均不容乐观。联合国等机构的调查显示，1985年，海地人均国民年收入仅为280美元，人均寿命仅为53岁，婴儿死亡率高达113‰。大部分海地人饱受饥饿和营养不良的摧残，受落后的医疗卫生条件所限，许多人因无法得到妥善的医治，被原本不致命的疾病夺去生命。教育情况同样不容乐观，1982年，15岁以上人口的识字率仅为34.7%，接受高等教育几乎成为上层社会人士的特权。对人民的过度盘剥造成海地社会严重的两极分化，收入分配极不合理。杜瓦利埃家族更是过着穷奢极欲的生活，小杜瓦利埃不光每年从国库中鲸吞巨额公款，其他非法收入更是不计其数。

小杜瓦利埃统治下的海地民生凋敝，社会矛盾日益激化。起初反对派的主体是受过教育的精英分子，1981 年 10 月，流亡美国的反政府武装派出一架轻型飞机在首都太子港上空撒下传单，呼吁人们反抗杜瓦利埃的专制独裁统治。随着以杜瓦利埃家族为首的既得利益集团将国民经济拉到崩溃的边缘，海地各阶层民众都对政府产生了强烈的不满。街头小剧团的演出几乎不加掩饰地抨击海地政权。天主教人士特别是下层传教士纷纷揭露和批评政府的腐败和残暴行径。多年以来，天主教会和一些新教教会在国际机构的援助下，一直在地方教区资助包括农业合作社、排水灌溉系统、梯田建设等各种开发项目。在海地这样一个具有浓厚宗教色彩的国家，教会的行为在普通人民中间产生了广泛的影响。1983 年 3 月 9 日，教皇圣若望·保禄二世访问海地，在太子港的公开演讲中，教皇指出海地急需建立更为平等的社会机制，更加公正合理的分配体系，呼吁保障海地人民的基本权利，包括免于饥馑、有尊严地工作、接受教育、言论自由等权利。教皇的此次演讲成为海地人民推翻杜瓦利埃家族统治的先声。

面对国内外的多方压力及人民日益高涨的反对情绪，小杜瓦利埃也做出了进行民主化改革的姿态。1985 年初，政府通过了允许不同政治党派存在的法令，释放了一些政治犯。7 月，又举行了一场选举总统的全民公投，结果小杜瓦利埃不出意料地以 99.98% 的票数当选为总统。虚假投票没能达到愚弄人民的效果，反而激化了矛盾，开始形成群众、教会、反对党共同反抗独裁统治的局面。

1985 年 11 月，在戈纳夫市，因政府压制学生进行“国际青年年”的庆祝活动，学生发起游行示威。当局派遣军警强硬镇压此次运动，并开枪向示威群众射击，致使数名学生死亡。戈纳夫市的流血事件震动全国，1986 年 1 月，海地角的学生也举行罢课和游行，抗议活动扩展到各省首府，并最终蔓延至首都，广大人民群众同政府发生了严重的对抗。2 月 3 日，太子港爆发了前所未有的总罢工。为了应对民众日益高涨的反对声以及层出不穷的示威游行，小杜瓦利埃不得不表面上许诺改组内阁，进行军队改革，解散政治警察，降低食用油等生活必需品的价格。他还答应审判戈纳夫事件中杀害游行群众的凶手。但他并没有打算兑现以上承诺，反而宣布全国戒严，变本加厉地镇压反抗民众。据估计，自 1985 年 12 月起的两个月内，被军警枪杀的群众至少有 1000 人。人民群众并没有在政府的强力镇压下屈服，反抗活动继续在各地蔓延，整个海地陷入瘫痪状态。

由于担心局势混乱引发革命，美国政府一再敦促小杜瓦利埃交出权力。在失去了军队的支持、父亲留下的镇压机器也完全失效的情况下，走投无路的小杜瓦利埃不得不在 1986 年 2 月 7 日凌晨与家眷亲信一起携带 1 亿多美元的现金乘坐美国军机仓皇出逃，后辗转到法国东南部阿尔卑斯滨海省的一个小镇避难，也给这个历时 28 年的“最腐败血腥的现代王朝”画上了休止符。

二　后杜瓦利埃时代军政府的专制统治

杜瓦利埃家族倒台以后，由军人控制的执政委员会（Conseil National de Gouvernement）负责治理国家。临时执政委员会以陆军参谋长亨利·南菲（Henri Namphy）为首，由 7 名成员组成，其中 5 人都曾在旧政权中任职，剩下的两名反杜瓦利埃成员在一年里相继离开。军人委员会在公众舆论的压力下，采取了一些符合民意的措施，如解散杜瓦利埃时期遗留下的议会和“通顿马库特”，释放政治犯，没收杜瓦利埃家族的财产，清除一些臭名昭著的杜瓦利埃分子，以及尊重人权、保障人民的言论自由等。但是执政委员会并没有决心根除政府机构中的杜瓦利埃分子，很多过去残害人民的凶手没能绳之以法，对严重的经济困难也缺乏对策。这一时期里，海地的轻工业、蔗糖加工业、旅游业等多种行业全面崩溃，失业人口大增。各种走私品涌入，其中大部分受到高级军官的控制，政府部门的腐化程度不亚于杜瓦利埃统治时期。1986 年 4 月 26 日，让－贝特朗·阿里斯蒂德带领群众在杜瓦利埃时代臭名昭著的达米奇堡监狱（Fort Dimanche）举行纪念被迫害者的和平活动时，军警向集会群众开枪射击。反对党和广大民众的不满情绪日益高涨。6 月初，几个大城市连续发生反政府示威，

6月10日爆发了全国总罢工，要求执政委员会下台，成立文人政府。

1987年3月，全民投票通过了新宪法，新宪法要求成立一个独立的选举委员会以监督选举。然而，以执政委员会为代表的军方对新宪法十分不满，为保证自己的主导权，他们于1987年6月颁布新选举法，由内政部取代选举委员会负责组织和监督大选。全国再次爆发大罢工，人们要求南菲政府下台，在抗议声中，政府被迫取消新选举法。随着选举总统一事被提上日程，残余的杜瓦利埃分子破坏民主的活动也日益猖獗。10月，两个党派的总统候选人先后遇害，11月下旬，有数十名参与竞选活动的人被暴徒枪杀。11月29日，全国大选在投票开始三小时后，因发生严重的暴力事件而无法维持正常秩序，被迫宣布停止选举。12月，执政委员会任命了新的选举委员会，计划于1988年1月举行总统大选，并规定届时将由军人监督选举，从而控制了新一轮的选举。1988年1月17日，新的大选在平静的气氛中举行。所有候选人都是事先经过军方同意才获得竞选资格的，参与投票的群众也很少。最终，全国民主进步联盟（Rassenblement des Démocrates Nationaux Progressistes）的候选人莱斯利·马尼加特（Leslie Manigat）以微弱的优势当选为总统。

马尼加特是一位学者，因反对杜瓦利埃独裁政权而流亡国外25年，曾在著名的巴黎第八大学任教。他的任期只维持了5个月的时间。马尼加特主张进行改革，推进政治经济的现代化，启动法律程序追缴小杜瓦利埃贪污的赃款，打击以海地作为中转站向美国贩毒的不法活动。但这些行为触犯了军政两界官员的既得利益，马尼加特树敌众多，改革受到掣肘。6月13日，南菲擅自撤换了一批高级军官，军队和政府关系变得紧张。为稳住局势，马尼加特于15日宣布南菲的决定无效，17日解除了南菲武装部队总司令的职务。19日，南菲发动军事政变，逼迫马尼加特下台，随后暂停了1987年宪法，任命自己为总统，开始对海地实施严格的军事管控。然而，军队内部矛盾依然存在。南菲继续独断专行，利用“通顿马库特”等杜瓦利埃残余势力打压异己。1988年9月17日，中下层官兵发起兵变，推翻了南菲的统治。

普罗佩·阿夫里尔（Prosper Avril）成为新政府的首脑。阿夫里尔曾供职于弗朗索瓦·杜瓦利埃的总统卫队，是其亲信，后又成为克洛德·杜瓦利埃的私人顾问。1986 年初重返军界，参加了以南菲为首的执政委员会。1988 年 6 月协助南菲发动政变后晋升为少将。最初，新政府由发动兵变的中下层官兵主导，他们不同于军队的高级长官，与海地平民百姓有着更多的联结。这些中下层军官发起了一系列符合大众利益的政策，包括恢复 1987 年宪法，尊重人权，清除“通顿马库特”残余势力，建立彼此独立的军队和警察系统，结束政治暴行等。但没过多久，阿夫里尔以企图发动政变为由逮捕了 15 名中下层官兵领导人，并迅速实现了对政府机构的全面控制。阿夫里尔通过对反对派的武力镇压和对民众的严密监视维持统治。当局对人民的反抗进行了血腥的镇压，但是海地人民并没有就此退缩，1990 年 3 月，全国爆发了大规模的群众反政府抗议活动。与此同时，美国驻海地大使也敦促阿夫里尔尽快辞职。1990 年 3 月 10 日，内外交困中的阿夫里尔被迫辞职。阿夫里尔被人权组织指控犯有多项侵犯人权的罪行。他用暗杀、酷刑等手段对付反对派，受害者包括反对派政治家、工会领袖、学者、医生等。3 月 12 日，海地最高法院法官艾尔塔·帕斯卡尔·特鲁洛（Ertha Pascal Trouillot）女士被任命为海地临时总统。

三　民选政府在波折中初步建立

（一）阿里斯蒂德当选为总统及塞德拉斯政变

特鲁洛并没有推进海地的民主进程，反而任命杜瓦利埃分子担任财政部部长。很快国民议会便要求她下台。1990 年 12 月 16 日，海地在比较平静的气氛中举行了总统大选。这是海地历史上第一次民主选举，约有 250 万人参加投票。最后，革新与民主国家阵线（Front National pour le Changement et la Démocratie）候选人让－贝特朗·阿里斯蒂德神父以 67% 的得票率当选为海地第一位真正意义上的民选总统。在竞选中，他提出了顺乎民心的纲领，得到了广大中、下层群众的支持。还多次会晤美国驻海地大使，争取到了美国等西方大国和国际社会的支持。

阿里斯蒂德青年时期致力于研究神学，担任神父期间经常帮助贫民阶层。他还参与了推翻小杜瓦利埃独裁统治及之后的清除杜瓦利埃残余势力的运动。这既为他赢得了广大民众的支持，也令他树敌颇多，多次遭到暗算。就在新总统就职前，杜瓦利埃分子及其他反对势力还预谋发动政变，扬言不让阿里斯蒂德活着进总统府。叛乱平息之后，又一次幸免于难的阿里斯蒂德威信大增。就职典礼上，大批群众聚集在总统府外聆听他的演讲。

首届民选政府的上台，使人们看到海地朝政治民主方向发展的希望。国内民众和国际社会都对阿里斯蒂德寄予厚望，将他视为有能力真正结束杜瓦利埃时代的人物。阿里斯蒂德选定的内阁成员多为受过高等教育的学者和进步的技术专家。他上台后急于改变国内严峻的政治、经济和社会状况，采取了一系列措施，如大刀阔斧地消除杜瓦利埃残余势力的影响、整顿政府中的腐败和官僚主义、制订必要的公共支出计划、努力实现粮食自给、推动文化普及，以及打击毒品走私等。阿里斯蒂德的措施取得了一定成果，多年以来海地第一次实现了财政收支平衡。但是，阿里斯蒂德的一些措施损害了既得利益集团的利益。上层社会人士担心政府增加对他们的税收，不愿看到中下层人民获得更多的公民权。1991 年 9 月 29 日，海地武装部队总司令拉乌尔·塞德拉斯（Raoul Cédras）以“结束独裁统治，恢复民主、自由和法治”为由，发动军事政变。刚刚任职数月的阿里斯蒂德被捕，后在美国、法国和委内瑞拉等国的干预和调停下，于同年 10 月 1 日流亡国外。

塞德拉斯成为临时军政府的首领，他指控阿里斯蒂德滥用职权、蔑视宪法的权威、鼓吹阶级斗争、煽动暴民政治，并借此宣布新政权的合法性。政变使海地的民主进程遭到重大挫折，人们纷纷走上街头，修筑街垒，抗议军事政变。当局对此采取强硬态度，军警开枪镇压示威群众，四处搜查阿里斯蒂德的支持者，恐怖和暴力再度席卷海地。军政府废除了阿里斯蒂德的所有改革政策，释放了之前被判处侵犯人权罪的罪犯。扶持约瑟夫·内雷特（Joseph Nérette）担任临时总统，然而背后掌权的依然是塞德拉斯。在接下来的 3 年里，海地处于临时军政府的管控之下。

拉美各国和一些西方国家纷纷发表声明抨击政变军人破坏海地民主进程。美国对海地实施武器禁运，以防止军政府从美国购买武器。美洲国家组织多次派代表与军政府领导人举行会谈，未果后决定对海地发起贸易制

裁。联合国安理会拒绝承认军政府，并于 1993 年 6 月 23 日对海地实施全球范围内的武器和燃料禁运。迫于国内外的压力，军政府被迫接受联合国的调解计划。1993 年 7 月 3 日，塞德拉斯与阿里斯蒂德在纽约的加弗纳斯岛（Governors Island）会晤并签署协议，同意阿里斯蒂德于 1993 年 10 月 30 日返回海地重新执政，允许联合国向海地派驻维和部队。8 月，联合国解除了对海地的制裁。

禁运解除后，在军政府的暗地支持下，反民主的恐怖暴力活动又猖獗起来。1993 年 10 月 11 日，一支由 200 多名美国和加拿大士兵组成的联合国维和部队乘美国军舰"哈伦郡号"抵达太子港附近海域，为阿里斯蒂德回国建立民主政权做准备。但是一伙反动暴徒阻止美舰靠岸，致使该舰返航。塞德拉斯当日表示，海地政府反对联合国部队入驻海地。这些事实表明，海地军方无意交权，《加弗纳斯岛协议》成了一纸空文。在此情况下，联合国安理会决定恢复对海地的制裁，授权成员国使用武力对海地实行封锁。10 月 16 日，5 艘美国军舰和 3 艘加拿大军舰驶抵海地周围海域，17～19 日，法、英、荷和阿根廷先后宣布派军队参与封锁，多米尼加也宣布封锁两国陆上边境。

1994 年 4 月 28 日，美国总统克林顿向军政府下达了最后通牒。5 月 6 日，联合国安理会通过了对海地执行全面贸易禁运的决议，除医药等人道主义物品以外，其他物品一律禁止入境。军政府回应称不会放弃对海地的领导权，继而任命 81 岁的最高法院法官、杜瓦利埃分子埃米尔·若纳桑（Émile Jonaissant）为临时总统，随后宣布海地全国进入紧急状态。在多方调解斡旋均告失效的情况下，7 月 31 日，联合国安理会通过决议，授权一支由美国、加拿大、法国、委内瑞拉等国组成的多国部队进入海地，使用一切必要手段帮助海地人民摆脱军事独裁统治，恢复民主政权。美国派遣军舰到加勒比海域，向海地军政府施压。9 月 16 日，美国前总统卡特率代表团前往海地进行最后的调解。18 日双方谈判时，载有空降部队的美军飞机飞往海地。在强大的武力威慑下，军政府领导人最终同意在交出政权的协议书上签字，但条件是对其政府领导人进行赦免。阿里斯蒂德同意了他们的这一要求。第二天，2 万人的多国部队进驻海地，以保证政权的顺利交接。10月10日，塞德拉斯下台，两天后流亡巴拿马。10月15日，阿里斯蒂德重返海地，上万名群众前往总统府欢迎他的回归。

自1991年9月塞德拉斯发动军事政变到1994年10月阿里斯蒂德回国重新执政，这次长达3年之久的政变被认为是海地独立后流血最多的政变之一。其间，军队、支持军政府的准军事组织海地进步革命阵线（Front Révolutionnaire pour L'Avancement et le Progrès d' Haïti）对海地民众进行了残酷的镇压，约5000名阿里斯蒂德的支持者和民主人士被杀害。

阿里斯蒂德上台后，为了防止军人干政，于1995年初解散了军队。新组建的国家警察负责维持海地的秩序。阿里斯蒂德接手的是一个千疮百孔的国家：曾经的制裁措施使海地经济受到重创，装配业凋零，农业部门濒临崩溃，基础设施基本被毁，技术人员和知识分子大量出走。阿里斯蒂德制订了一份详细的改革计划，旨在精简政府机构、治理腐败、增加就业和减轻贫困。然而，阿里斯蒂德在经济改革特别是私有化问题上与美国产生了矛盾。他反对激进地将国有公司私有化，美国因此拒绝向其提供原先答应的460万美元的援助。阿里斯蒂德原本有意在任期结束后争取连任，但美国明确表示希望他离开政坛，再加上他的改革没能阻止海地经济的继续恶化，使他失去了大多数人民的支持，阿里斯蒂德连任失败。在1995年12月举行的总统大选中，勒内·普雷瓦尔（René Préval）获得了80%的选票，当选为海地历史上的第二位民选总统。

（二）勒内·加西亚·普雷瓦尔执政时期

1996年2月，普雷瓦尔就任海地总统。他是阿里斯蒂德的政治密友，曾出任阿里斯蒂德政府的总理。普雷瓦尔坚定支持调查和审判涉嫌侵犯人权的军人和警察。同时，他还借助联合国维和部队的力量维护社会治安。在社会政策方面，他提出要重视发展基础教育和职业培训、减轻贫困等主张。普雷瓦尔制定了若干经济改革措施，包括对国家所有的公司私有化，在农村地区进行土地改革。提出优先发展农业的战略，通过提高农业产量来满足人们的基本生活需要。在其任期结束前，海地的失业率已有了明显的下降。但普雷瓦尔实行的一些新自由主义经济政策，使他与议会中的反对党，以及阿里斯蒂德领导的“拉瓦拉斯之家”[1]间的矛盾不断加剧。1999年1月，在与反对党的争执中，普雷瓦尔解散了议会，海地政治陷入僵局。伴随政治危机而来的是经济惨淡和社会失序，恐怖暴力横行，人们想方设法离开这个国家。经过几番推迟后，2000年5月海地举行了三年以来第一次议会选举和地方选举，选举过程基本上还算平静，拉瓦拉斯之家取得了压倒性的胜利。2001年，普雷瓦尔期满卸任。2月，让－贝特朗·阿里斯蒂德再次出任海地总统。

2000～2020年，海地政局比历史上大多数时期更为稳定，其间先后有阿里斯蒂德、普雷瓦尔、米歇尔·马尔泰利（Michel Martelly）、若弗内尔·莫伊兹（Jovenel Moïse）四位总统执政，基本上都能期满离任。然而，虽然建立了较为稳定的民主选举机制，但海地多次陷入政治乱局的泥潭，大规模罢工和游行则加剧了混乱局面，自然灾害、暴力冲突更是给这个百废待兴的国家带来灾难性打击。2000年阿里斯蒂德当选总统以后，反对势力长期未能与政府达成和解。2004年，武装冲突扩散到全国大部分地区，叛军围攻太子港。联合国海地稳定特派团（United Nations Stabilization Mission in Haiti）（以下视情简称“联海稳定团”）进驻海地，协助维护海地的安全与稳定。2006年普雷瓦尔上台后，采取了一些措施稳定内政、发展经济，但2010年一场大地震给太子港地区带来毁灭性打击，导致国家政治机构停摆、基础设施被摧毁、大批民众流离失所、经济倒退。在接下来的马尔泰利总统任内，海地未能修复大地震造成的创伤，经济、社会环境持续恶化，2015年，议会因参、众两院大量席位空缺而陷入瘫痪。2016年，飓风“马修”过境，造成巨大的人员伤亡和经济损失。大选经过多次推迟与反复，最终莫伊兹当选新一任总统。在莫伊兹总统任期内，海地面临的危机没有丝毫缓解迹象，国民经济濒临崩溃，社会安全形势恶化，政治僵局延宕，民众抗议浪潮不断。

---

① 拉瓦拉斯之家（Fanmi Lavalas），1996年由阿里斯蒂德创办的左翼政党，一度是海地最主要的政治力量。

第五节 著名历史人物

杜桑·卢维杜尔（约1743年至1803年4月7日） 拉丁美洲独立运动早期领袖，海地共和国的缔造者之一。他出生于海地北部海地角附近的一个黑人奴隶家庭，受过一定教育，年轻时读过法国启蒙主义思想家的哲学著作，具有卓越的军事才能和勇气。1801年统一伊斯帕尼奥拉岛，颁布了海地历史上的第一部宪法，成为终身总督。1802年，领导海地军民抗击拿破仑·波拿巴派来的远征军，后因军事失利被迫议和。在与法军谈判时，因上当受骗被捕，1803年病逝于阿尔卑斯山一个荒凉的法国监狱中。

让-雅克·德萨林（1758年9月20日至1806年10月17日） 海地解放者，海地独立后第一位统治者。早年是海地北部种植园的黑人奴隶，后成为杜桑·卢维杜尔麾下的重要将领，1802年杜桑被捕后接替他的位置成为独立运动领袖。1803年领导起义军在维第埃尔战役中击退法军。1804年宣布海地独立，随后自封为皇帝，号称雅克一世。他曾发动对海地白人的大屠杀。1806年10月，他在前往太子港镇压穆拉托人叛乱的途中遇刺身亡。

亚历山大·佩蒂翁（1770年4月2日至1818年3月29日） 海地解放者，出生于太子港的一个混血种人家庭，曾就读于法国巴黎军事学院。1791年在海地南部参加混血种人反对法国殖民统治的起义。1807年海地南北分裂，佩蒂翁任南部共和国总统，1816年被宣布为终身总统。他曾为拉丁美洲解放者西蒙·玻利瓦尔提供军事援助。今太子港市郊的佩蒂翁维尔是以他命名的，海地货币上印着佩蒂翁的肖像。

安特诺尔·菲尔曼（1850~1911年） 海地著名的人类学家、作家、政治家，精通拉丁语、法语、希腊语。1884年在巴黎期间，他成为法国著名的人类学学会（Société d' Anthropologie de Paris）成员。1885年其代表作《人类种族平等》（*De l' Égalité des Races Humanes*）在巴黎出版，对当时盛行的种族优劣论调发起挑战。菲尔曼致力于将人类学作为一门系统的科学进行全面的研究，在《人类种族平等》一书中从体质人类学、考古学、语言学和民族学四大领域进行了深入探究。

斯泰尼奥·文森特（1874 年 2 月 22 日至 1959 年 9 月 3 日） 前海地总统。出生于太子港的混血种人家庭，当过律师、记者、教师、参议员。因坚决反对美国占领海地得到广大人民的支持，1930～1941 年任海地总统。文森特执政前期大力发展公共事业，积极改善基础设施，并取得了一定成效。后期变得越来越独裁，大肆攫取个人权力，残酷镇压反对派。在 1937 年 10 月多米尼加独裁者特鲁希略对海地人发起的“欧芹大屠杀”（Parsley Massacre）中态度软弱，引起国内广泛的不满。

弗朗索瓦·杜瓦利埃（1907 年 4 月 14 日至 1971 年 4 月 21 日） 前海地黑人总统，著名的独裁者，绰号“老大夫”。出生于太子港，毕业于海地大学医学院，后赴美国密歇根大学进行了为期一年的公共卫生学进修。当过医生、劳工部部长和公共卫生部部长，1957～1971 年任海地总统。上台后建立特务机构，疯狂逮捕和迫害反对派。还广泛建立个人崇拜，宣称自己能够施展巫术。1964 年修改宪法，授予自己终身总统。1971 年确认自己的儿子让－克洛德·杜瓦利埃为继承人。

让－贝特朗·阿里斯蒂德（1953 年 7 月 15 日至今） 黑人政治家、海地历史上第一位民选总统。1979 年毕业于海地大学，获心理学硕士学位。经在以色列、希腊、意大利等多国深造后获神学博士学位。1990 年 12 月当选为海地总统，执政 8 个月后被军事政变推翻，流亡美国。1994 年回国复任总统，1996 年 2 月 7 日任满卸职。2000 年 11 月再次当选为海地总统。2004 年 2 月海地发生武装叛乱，阿里斯蒂德被迫离职，流亡南非。2011 年回国，表示将不再参与政治，而是投入教育事业。

勒内·普雷瓦尔（1943 年 1 月 17 日至 2017 年 3 月 3 日） 海地黑人政治家、前总统。出生于太子港的中产阶级家庭，曾赴比利时学习农学，年轻时因家庭遭受老杜瓦利埃迫害，在美国度过了 10 年流亡生活。1991 年出任阿里斯蒂德政府总理。1992～1994 年加入在华盛顿的阿里斯蒂德流亡政府。分别于 1996～2001 年、2006～2011 年两次担任海地总统。

第三章

政　　治

第一节　国体与政体

根据1805年宪法规定，海地自建国之初起便是一个共和国。但是，海地共和制度的基础并不牢固。立国不久即出现执政者称帝的现象：第一个执政者德萨林将军于1804年称帝，号称"雅克一世"；南北分立时期，北部"海地国"的统治者亨利·克里斯托夫于1811年自立为国王，号称"亨利一世"；1849年，苏鲁克将军自封为皇帝，称"福斯坦一世"。海地人民虽然从未停止过建立民主制度的努力，但在其约200年的历史上，国家多为独裁者或军政府管控，权力的基础是军队，海地本质上是个"戴着王冠的共和国"。这一现象在1957～1986年杜瓦利埃家族独裁统治下到达高峰。直到1990年阿里斯蒂德神父当选总统，海地才重新开启建立现代化的民主共和政体的进程。

根据1987年宪法，当今的海地是一个主权独立的资产阶级民主共和国，国家主权属于全体公民。海地奉行三权分立的原则，国民议会享有立法权，法院享有司法权，总统和以总理为首的政府内阁分享行政权。海地实行半总统共和制政体：总统由选民选出而非议会选举产生；总统是国家元首而不是政府首脑，只掌握一部分行政权力；总理掌握主要行政权力，以总理为首的内阁政府要对议会负责。

第二节　宪法与选举制度

一　宪法

海地历史上制定过23部宪法，其中比较重要的有1801年、1805年、1843年、1918年、1964年和1987年宪法。海地宪法曾屡次沦为独裁者攫取权力的工具，被篡改或废止。海地现行宪法是1987年宪法，该宪法曾于2012年和2016年修订。

1801年宪法　又称圣多明各宪法，是海地的第一部宪法。在奴隶起义取得节节胜利之时，杜桑·卢维杜尔于1801年召开议会，召集法属圣多明各殖民地的代表汇聚在法兰西角（今海地角）制定了这部宪法。该宪法主要内容有：确定杜桑为海地终身总督，并有权指定继任者；废除奴隶制度；任何人不论何种肤色都享有平等的就业机会；大革命期间被丢弃的种植园，由政府托管经营，但不会被国有化。当时海地还是法国名义上的殖民地，法国政府没能接受这部宪法，拿破仑认为它损害了法国人民的尊严和法兰西帝国的主权。

1805年宪法　这是德萨林将军称帝以后颁布的海地历史上第二部宪法。这部宪法禁止白人在海地拥有土地，并确定“黑人”一词与“海地人”同义。1806年德萨林被刺身亡后，1805年宪法也很快被弃用。1816年，佩蒂翁政权制定了新宪法，用终身总统制取代选举总统制。

1843年宪法　这是查理·赫拉德少校统治期间，由海地临时议院制定的一部富含自由主义精神的宪法。该宪法废除了终身总统制；规定议会享有立法权；法官由人民选举产生，所有违法犯罪行为均应提交陪审团审判；军队要服从于民选政府。终身总统制于1868年被重新写入宪法，后又于1870年被再度废除。自那以后直到杜瓦利埃执政前，再也没有执政者试图通过修改宪法来使自己成为终身总统。

1918年宪法　这是1915年美国对海地实行军事占领后主导制定的一部宪法。1917年美国开始策划为海地制定一部新宪法。最初宪法草案受到了海地议会的否决，美国占领军便指使当时的傀儡总统达蒂格纳夫解散议会。1918 年，该宪法草案在一次美军主导的全民公投中获得通过。这部宪法允许外国人在海地拥有土地所有权，而这在以前海地所有宪法中都是被特别禁止的。这一条款使海地的大片领土被外国垄断资本占有。

1964 年宪法 1957 年，杜瓦利埃上台不久便颁布了有利于其统治的新宪法。1964 年，杜瓦利埃再次操纵议会制定宪法，从而获得了指定接班人、解散议会等绝对的权力。这部宪法还确定合并参议院和众议院，以一院制取代两院制立法机构。

1987 年宪法 这部宪法于 1987 年 3 月 29 日通过公民投票而生效。然而，在这之后上台的执政者经常无视宪法的存在，一些宪法条款动辄被废止。1988 年 6 月至 1989 年 3 月，南菲军政府甚至公然中止了 1987 年宪法的法律效力，其后少数条款被废止，直到 1994 年海地才恢复法制化。1987 年宪法是一部进步的、现代化的宪法，其条文旨在保障公民的基本权利。它表达了建立和维护民主制度的原则，包括多元的意识形态、竞争选举和权力分立。鉴于海地宪法屡被修改和废止的历史传统，起草 1987 年宪法的法学家拟定了复杂的修宪程序以规避历史的重演，并规定修订后的宪法条文只能在下一届民选总统任内生效，现任总统在任何情况下都不能通过修改宪法受益。

1987 年宪法共有 298 条，对海地共和国的国徽和象征、海地国籍、公民的基本权利与义务、外国人、国家主权、独立机构、公共财政、公务人员、经济和农业、家庭、武装部队和警察部队、宪法修正案等方面的内容做了解释和规定。该宪法主要内容有：海地是独立、自由、民主的共和国；国家主权属全体公民；公民有权选举共和国总统、立法机构成员；公民有宗教信仰自由；废除死刑；三权分立是国家组织的基础和神圣原则，国民议会享有立法权，总统和以总理为首的政府内阁分享行政权；政府向议会负责，议会有权弹劾政府；总统任期 5 年，不得连任，最多任职两次；武装部队和警察是两个相互独立的系统；修改宪法须经参议院和众议院各 2/3 成员的同意；克里奥尔语和法语是海地的官方语言；关于民主共和制度和政府形式的宪法条款不能修改。该宪法于 2011 年、2012 年修订。

1987年宪法是海地的现行宪法，它对于改变该国军人干政和独裁统治的政治传统、重塑政府运行机制具有积极的意义。

二　选举制度

海地宪法规定，国家主权属于全体公民，公民通过选举行使权利，公民有权利和义务选举包括共和国总统、立法机构成员以及宪法和法律规定的所有其他机构成员在内的公职人员。

根据海地宪法的规定，海地实行总统制，总统是国家的最高领导人，由公民直接选举产生。总统任期5年，总统大选在现总统任职第五年的11月最后一个星期日举行。海地总统选举的过程漫长而复杂，主要包括总统候选人提名、竞选活动、全国选举以及当选总统就职仪式等。在第一轮选举中得票率超过50%或超过第二名25%的候选人直接当选总统，否则进入第二轮竞选。第一轮选举中得票数最高的两名候选人进入第二轮竞选。总统不能连任，只能于5年以后再次参选，且每位总统最多出任两届。总统候选人必须是本国出生、从未放弃过国籍的海地公民；年满35岁；在海地拥有至少1处不动产，并有长期固定居所；选举日前在海地连续居住满5年以上。如果总统在任期内因故未能满任，总理应适时召开国民议会，委托最高法院院长承担临时总统之责，若最高法院院长空缺，则由最高法院副院长递补。选举委员会应在总统职位出现空缺后的45~90天内组织新的大选。

议会是海地的立法机构，其成员由海地公民直接选举产生。参议院议员由各省直接选出，每省作为一个选区分配3个名额，任期6年，每两年改选1/3成员。参议员必须是本国出生、从未放弃过国籍的海地公民；年满30岁；选举日前在所代表的省区内至少连续居住满4年；在代表省份拥有至少1处房产，从事正当职业或贸易。众议院议员由各市直接选出，每个市作为一个选区产生1名众议员，规模大的选区可以选出3名众议员。众议院成员按规定要多于70人，任期4年，每4年全部换届重新选举。众议员须是年满25周岁从未放弃过国籍的海地公民；选举前至少在所代表选区连续居住满2年；在选区内拥有至少1处不动产，并从事正当职业或贸易。海地宪法对议员出任次数未做任何限制，参、众议员均可连选连任。宪法特别规定以下人员不得出任议员：政府项目的承包商或特许经营权的代理人；选举前6个月内未解除职务的法官和检察院官员；选举前1年内未解除职务的政府机构人员。若两院有议员因辞职、被取消资格、离世等原因不能满任，则选举委员会应在一个月内组织选举大会，在离职议员所在选区内补选议员以填补其剩余任期。

海地地方主要公职人员也通过选举产生，候选人须是年满25岁具有完全政治权利和民事权利的海地公民，且没有被判处监禁、拘留、剥夺公民权利等刑罚。地方公职人员可以无限次连任。省级行政单位省委员会（Departmental Council）由3名成员组成，每届任期4年。候选人需满足选举前在该省居住年满3年以上的条件，并在接下来的任期内继续留居省内。当省委员会有滥用职权或管理不当的行为时，上级法院有权决定解散委员会。中央政府应任命一个临时委员会接替其职责，并委托选举委员会在解散之日起60天内选出一个新的省委员会。城镇一级的行政单位市政委员会（Municipal Council）由3名成员组成，经人民普选产生，每届任期4年。候选人需满足选举前在该市镇居住满3年以上的条件，并在接下来的任期内继续留居该市。当市政委员会有滥用职权或管理不当的行为时，上级法院有权决定将其解散。选举委员会应在其解散之日起60天内选出一个新的市政委员会。海地最小一级行政区划是乡村，由乡村行政委员会（Administrative Council of the Communal Section）管理。委员会由3名成员组成，经人民普选产生，任期4年。候选人需在选举前于该村镇居住满两年以上，并在接下来的任期内继续留居此地。

历史上海地的总统选举经常受军方和独裁者的干涉，有时还会在政权交接空档爆发动乱和暴力活动，经过多年的规划和努力，1987年宪法规定成立常设选举委员会（Permanent Electoral Council）。它是一个完全独立的机构，在政权交接期间拥有足够的自治权主持国家和地方选举，不受任何权力机构或暴力机关的影响。该委员会负责组织和管理海地共和国的各级选举，处理选举期间产生的所有纠纷，维护选举法，必要时可对违背或妨害选举法的行为进行起诉。其办事单位设在首都，管辖范围覆盖共和国所有领土。常设选举委员会由 9 名成员组成，分别从行政部门、最高法院、议会各选 3 名。候选人需是年满 40 岁的海地公民，任期 9 年，每三年改选 1/3 的成员，具体做法是将选举委员会委员分为 3 组，1 组 3 年后改选，1 组 6 年后改选，1 组任满 9 年改选。委员会成员在任期间不可担任其他公职或候选人。

自 1990 年第一位民选总统阿里斯蒂德上台以来，海地基本上建立了总统和议会的选举体系。但是，海地的民主选举体系并不稳定和完善，历史上多次出现总统任期未满而被迫下台的情况，很多时候总统大选不能如期举行，政局也曾因议会空缺而陷入僵局。1991 年，执政仅 8 个月的阿里斯蒂德在军事政变后辞职；1999 年，普雷瓦尔解散议会；2001 年，第二次执政的阿里斯蒂德一上台，其总统职位的合法性便受到反对党的质疑；2004 年，反政府武装攻占太子港，阿里斯蒂德再次辞职；2015 年海地政局因参议院 2/3 的席位和众议院的全部席位空缺而再度陷入僵局；2015 年末开始举行的总统大选因反对党的指控和飓风灾害而一再反复和推迟，直到 2017 年新总统莫伊兹宣誓就职。不过，海地的选举制度也产生了一些积极作用，近 30 年里历任海地总统均由民主选举产生，有效规避了独裁者的出现。

第三节　行政

一　国家元首

海地共和国的总统是国家元首。总统官邸位于首都太子港市中心战神广场的总统府。总统按规定应于 2 月 7 日任职。上任前在国民议会宣誓：“我在上帝和国家面前忠诚地宣誓，遵守和执行共和国宪法和法律，尊重并引导海地人民的权利得到尊重，为国家的伟大而努力，维护国家的独立和领土完整。”

共和国总统有责任监督宪法的遵守和执行情况，确保公共机构的正常运作和国家秩序的稳定。宪法赋予总统处理各种国家事务和政府工作的职责。行政方面：总统有权从议会多数党成员中挑选一名总理，若多数党空缺则应与参众两院议长协商挑选总理人选（无论何种情况，总理人选都需经议会批准）；主持部长会议，在部长会议上任命行政机构的负责人员。立法和司法方面：依法监督司法裁决的实施；在规定的截止日期之前使用反对权；按照法律规定对特定的政治事件予以赦免。军事方面：经参议院批准，在部长会议上任命武装部队总司令、警察部队总司令；总统是武装部队名义上的统帅，但从不亲自指挥武装部队。外交方面：任命驻外大使、总领事；派遣特使；接受外国大使递交的国书；颁发领事许可证；经国民议会批准后，宣布战争、进行谈判、签署国际协约。海地历任国家元首见表3-1。

表3-1 历任海地国家元首

<table>
<tr><th>姓名</th><th colspan="2">头衔</th><th>任期</th></tr>
<tr><td rowspan="3">杜桑·卢维杜尔
(Toussaint Louverture)</td><td colspan="2">军事领导人</td><td>1791年1月至1802年5月</td></tr>
<tr><td colspan="2">圣多明各总督</td><td>1797年至1801年7月</td></tr>
<tr><td colspan="2">伊斯帕尼奥拉岛终身总督</td><td>1801年7月至1802年5月</td></tr>
<tr><td rowspan="2">让-雅克·德萨林
(Jean-Jacques Dessalines)</td><td colspan="2">海地总督</td><td>1804年1月至1804年9月</td></tr>
<tr><td colspan="2">海地皇帝(雅克一世,Jacques Ⅰ)</td><td>1804年8月至1806年10月</td></tr>
<tr><td rowspan="2">亨利·克里斯托夫
(Henri Christophe)</td><td rowspan="2">北部王国</td><td>总统</td><td>1806年10月至1811年3月</td></tr>
<tr><td>皇帝</td><td>1811年3月至1820年10月</td></tr>
<tr><td>亚历山大·佩蒂翁
(Alexandre Pétion)</td><td>南部共和国</td><td>总统/终身总统</td><td>1806年10月至1818年3月</td></tr>
<tr><td rowspan="2">让-皮埃尔·布瓦耶
(Jean-Pierre Boyer)</td><td colspan="2">南部共和国终身总统</td><td>1818年3月至1822年2月</td></tr>
<tr><td colspan="2">海地终身总统</td><td>1822年2月至1843年2月</td></tr>
<tr><td>查理·赫拉德
(Charles Hérard)</td><td colspan="2">总统</td><td>1843年4月至1844年5月</td></tr>
<tr><td>菲利普·格里尔
(Philippe Guerrier)</td><td colspan="2">总统</td><td>1844年5月至1845年4月</td></tr>
<tr><td>让-路易·皮埃罗
(Jean-Louis Pierrot)</td><td colspan="2">总统</td><td>1845年4月至1846年3月</td></tr>
</table>

续表

姓名	头衔	任期
让 - 巴蒂斯特·里奇 (Jean - Baptiste Riché)	总统	1846 年 3 月至 1847 年 2 月
福斯坦·苏鲁克 (Faustin Soulouque)	总统	1847 年 3 月至 1849 年 8 月
	海地皇帝	1849 年 8 月至 1859 年 1 月
法布尔·热弗拉尔 (Fabre Geffrard)	总统	1859 年 1 月至 1867 年 3 月
西尔维昂·萨尔纳夫 (Sylvain Salnave)	总统	1867 年 5 月至 1869 年 12 月
尼萨热·萨热 (Nissage Saget)	总统 (党派:自由党)	1869 年 12 月至 1874 年 4 月
米歇尔·多明格 (Michel Domingue)	总统	1874 年 6 月至 1876 年 4 月
皮埃尔·卡纳尔 (Pierre Canal)	临时总统	1876 年 3 月至 1876 年 7 月
	总统 (党派:自由党)	1876 年 7 月至 1879 年 7 月
利西乌斯·萨洛蒙 (Lysius Salomon)	总统 (党派:国家党)	1879 年 10 月至 1888 年 8 月
弗朗索瓦·莱吉提默 (François Légitime)	总统 (党派:自由党)	1888 年 10 月至 1889 年 8 月
弗洛维尔·伊波利特 (Florvil Hyppolite)	总统 (党派:国家党)	1889 年 10 月至 1896 年 3 月
提雷济阿·西蒙·桑 (Tirésias Simon Sam)	总统 (党派:国家党)	1896 年 3 月至 1902 年 5 月
皮埃尔·阿列克西 (Pierre Alexis)	总统	1902 年 12 月至 1908 年 12 月
弗朗索瓦·安托万·西蒙 (François Antoine Simon)	总统 (党派:自由党)	1908 年 12 月至 1911 年 8 月
辛辛纳图斯·勒孔特 (Cincinnatus Leconte)	总统 (党派:国家党)	1911 年 8 月至 1912 年 8 月
坦克德雷·奥古斯特 (Tancrède Auguste)	总统 (党派:国家党)	1912 年 8 月至 1913 年 5 月
米歇尔·奥雷斯特 (Michel Oreste)	总统	1913 年 5 月至 1914 年 1 月

续表

姓名	头衔	任期
奥雷斯特·扎莫尔 (Oreste Zamor)	总统	1914 年 2 月至 1914 年 10 月
约瑟夫·泰奥多尔 (Joseph Théodore)	总统	1914 年 11 月至 1915 年 2 月
维布伦·纪尧姆·桑 (Vilbrun Guillaume Sam)	总统	1915 年 2 月至 1915 年 7 月
菲利普·达蒂格纳夫 (Philippe Dartiguenave)	总统 (美国军事占领期)	1915 年 8 月至 1922 年 5 月
路易·博尔诺 (Louis Borno)	总统 (美国军事占领期)	1922 年 5 月至 1930 年 5 月
斯泰尼奥·文森特 (Sténio Vincent)	总统	1930 年 11 月至 1941 年 5 月
埃利·莱斯科 (Élie Lescot)	总统 (党派:自由党)	1941 年 5 月至 1946 年 1 月
迪马瑟·埃斯蒂梅 (Dumarsais Estimé)	总统	1946 年 8 月至 1950 年 5 月
保罗·马格卢瓦尔 (Paul Magloire)	总统 (党派:农工运动党)	1950 年 12 月至 1956 年 12 月
弗朗索瓦·杜瓦利埃 (François Duvalier)	总统/终身总统 (党派:民族团结党)	1957 年 10 月至 1971 年 4 月
让-克洛德·杜瓦利埃 (Jean - Claude Duvalier)	终身总统 (党派:民族团结党)	1971 年 4 月至 1986 年 2 月
亨利·南菲 (Henri Namphy)	执政委员会主席	1986 年 2 月至 1988 年 2 月
莱斯利·马尼加特 (Leslie Manigat)	总统	1988 年 2 月至 1988 年 6 月
亨利·南菲	总统	1988 年 6 月至 1988 年 9 月
普罗佩·阿夫里尔 (Prosper Avril)	总统	1988 年 9 月至 1990 年 3 月
让-贝特朗·阿里斯蒂德 (Jean - Bertrand Aristide)	总统 (党派:拉瓦拉斯政治组织)(1991 ~ 1994 年流亡国外,其间海地由临时政府统治)	1991 年 2 月至 1991 年 9 月 1994 年 10 月至 1996 年 2 月

续表

姓名	头衔	任期
勒内・普雷瓦尔 (René Préval)	总统 (党派:拉瓦拉斯之家)	1996 年 2 月至 2001 年 2 月
让－贝特朗・ 阿里斯蒂德	总统 (党派:拉瓦拉斯之家)	2001 年 2 月至 2004 年 2 月
勒内・普雷瓦尔	总统 希望党(至 2009 年)/团结党	2006 年 5 月至 2011 年 5 月
米歇尔・马尔泰利 (Michel Martelly)	总统 (党派:光头党)	2011 年 5 月至 2016 年 2 月
若弗内尔・莫伊兹 (Jovenel Moïse)	总统 (党派:光头党)	2017 年 2 月至 2021 年 7 月

二　政府首脑

总理是政府首脑，其人选必须是在海地出生且从未放弃过国籍的年满 30 岁的本国公民。总理的职权主要包括以下几方面。①经总统批准后，选出内阁部长成员；去议会宣布政府的大政方针并获取参、众两院绝大多数的信任投票。②下令执行法律；总理有权发布规章制度，但无权中止、干预或强制执行法律法规。③与总统协力负责国防。④根据宪法和政府行政总则等相关规定，直接或间接任免政府官员。⑤必要时，部长可以对总理的法案进行副署以推动其实施；总理有可能承担一个部长级职位。⑥总理和部长对他们签署的以及其职权范围内实行的法令负责。

三　行政机构

海地宪法开篇序言中提出，要通过有效的分权，建立一个以自由为根基，尊重人权、社会和平、经济平等、人人能够参与国家重大决策的政府体制。海地通过立法、司法、行政三权分立来限制总统和政府的权力。行政权由总统和以总理为首的政府内阁分享。中央政府由总理、部长和国务秘书领导。政府执行国家政策，并向议会负责。政府不得违反法律规定随意征税。

部长会议是进行影响人民生活的国家重大决策的重要机构，由共和国总统主持，每届内阁部长不得少于10名。在总统缺位或暂时无法履行职责时，由总理主持部长会议，总理可根据实际情况酌情增减国务秘书。部长会议的一项重要职能是任命各级官员，包括中央政府机构的司长和专员，省、市等地方行政机构的要员，以及自治机构的委员会成员等。部长不能兼任除高等教育领域以外的其他公职，其职责包括为其副署的法令负责，并对法案的实施负有连带责任。此外，根据公务员法规，部长可代表总理任命某些级别的政府公务员。当议会的任意一院对部长进行追责时，若在质询中绝对多数议员通过不信任投票，政府应免除该部长职务，而总统或总理在任何情况下不得为其开脱。

海地的行政事务主要由各部分管，政府下设经济及财政部，工商部，国防部，农业、自然资源及农村发展部，内政及国土部，环境部，教育及职业培训部，外交和宗教事务部，文化及新闻部，计划与对外合作部，侨务部，司法及公共安全部，社会事务及劳动部，旅游部，卫生及人口部，妇女状况及权益部，青年、体育和社会活动部等。此外，海地还设立了若干特殊机关和自治机构，如常设选举委员会负责组织监督全国范围内的选举活动，调解委员会（The Conciliation Comission）负责调解行政机构和立法机构、参议院和众议院间的纠纷。此外，还有公民保护办公室（Office of Citizen Protection）、海地大学（University of the Haitian State）、海地科学院（Haitian Academy）、国家农业改革研究院（National Institute of Agrarian Reform）等。

海地的地方政府主要由立法机关和行政机关组成，立法机关是各级议会，行政机关是各级行政委员会，前者有协助和监督后者的权力和责任。海地各省具有自治权，省委员会负责一省的行政工作。省议会成员由该省行政范围内的市议会各推举一名人员组成。省议会还负责挑选跨省委员会（Interdepartmental Council）成员，其成员有资格出席中央政府的部长会议，协助行政部门的工作，共同研究规划社会、经济、商业、农业、工业的发展。一个城镇具有行政和财务自主权，每个城镇的行政机关是市政委员会，立法机关是市议会。市政委员会管理其辖区范围内的城镇资源和私人不动产，并对市议会负责。乡村作为最小一级的行政单位，其政府同样由乡村行政委员会和乡村议会构成。国家有义务为每个乡村建立必要的社会、经济、文化机构。

宪法规定，海地公共行政部门是国家实现其目标和任务的工具，政府公职人员应为国家服务。公务员需在符合宪法和法律规定的条件下竞聘上岗，并在就职后30天内向民事法庭申报资产状况。公职人员没有享受政府就业服务的资格，特别是部长、国务秘书、检察厅官员、专员、副专员、大使、总统私人秘书、内阁成员、部委或自治机构的司长、行政委员会的理事等人员。

第四节　立法与司法

一　立法

海地的立法机构是议会，实行包括众议院和参议院的两院制，由两院联合召开的国民议会领导。

参议院　参议院成员由人民普选产生，与众议院共同代表人民的利益，行使国家的立法权。参议院设有30个席位，从海地的10个省中各选3名议员（2003年尼普省设立前参议院有27个席位）。除行使立法机构的职能外，参议院还有根据宪法条款向行政部门提交最高法院法官名单的权力，以及宪法和法律授予的其他权力。海地参议院并没有严格地执行定期选举和换届的程序，2004年，阿里斯蒂德政府被反对派推翻，他领导的拉瓦拉斯之家也受到重创，因该党当时是参议院的多数党，这一政变导致参议院被迫中止运行，直到2006年才得以恢复选举，组建新一届参议院。2015年，参议院仅剩10名成员，本应于2012年举行的议会换届选举不断推迟，导致参议院2/3的席位空缺。

众议院　众议院议员由普选产生，代表广大人民的利益行使立法机关的职能。每届众议院于1月的第二个星期一开始履行职责。每年举行两期立法会议，第一期会议从 1 月的第二个星期一持续至 5 月的第二个星期一，第二期会议从 6 月的第二个星期一持续至 9 月的第二个星期一。众议院除了拥有宪法赋予的作为立法机构的职能外，还有权在经 2/3 多数议员同意后，向高等法院提出对国家元首、部长和国务秘书的指控。众议院还拥有宪法和法律赋予的其他权力。2004～2006 年，众议院随同参议院一起被迫停止运行。2015 年众议院因全部人员空缺而陷入瘫痪。

国民议会 国民议会是由参、众两院联合召开的高规格大会，必须在两院各有半数以上议员出席的情况下方可召开和通过决议。参议长兼任国民议会议长，任期 2 年。众议长兼任国民议会副议长，任期 1 年。紧急情况下，行政部门可召开国民议会特殊会议。国民议会权力受到法律的限制，不能行使超越宪法赋予的权力。国民议会的主要权力有：接受共和国总统的遵宪宣誓；在一切和解努力挫败后，批准宣战决定；批准或拒绝国际条约、协定；根据宪法规定程序修改宪法；根据宪法第一条规定的情况批准政府关于迁都的决定；确定全国何时宣布处于戒严状态；帮助遴选常设选举委员会成员；在每届会议开幕式上听取政府工作报告。

二 司法

海地的法律体系受法国的《拿破仑法典》影响颇深，独立后又根据本国需要自立法令。1987 年宪法对海地的司法权和司法制度做了原则性的规定。海地司法系统的主要特点有：贯彻三权分立的原则，实行司法独立；司法机关由最高法院、上诉法院、初审法庭、治安法院和特殊法庭组成。最高法院的法官实行终身制。只有经过他们本人同意才能对其职位进行调动，只有在受到起诉时才可中止法官的职务，只有在认定有违反法律规定滥用职权的行为时方可对其进行免职，当法官被认定出于永久性身体或精神原因而不具备工作能力时，方可终止其职业生涯。1996 年，在太子港建立了一所法官学校，以培养、培训司法人员。

每个城镇都设有治安法院，法官候选人名单由市议会提供。治安法院负责审理民事案件，其判决权限不得超过监禁 6 个月的有期徒刑。治

安法院的上级是初审法庭，设在海地的各大城市，负责审理民事案件和刑事案件，以及国家警察系统的探员提供的案件。上诉法院是初审法庭的上级法院，设在太子港市、莱凯市、戈纳夫市和海地角市等主要城市，审理民事案件和刑事案件。上诉法院还受理初审法庭的上诉和治安法院的刑事上诉。上诉法院和初审法庭的法官从省议会提供的候选人名单中任命。

最高法院是海地法院系统的最高审级，其判决为终审判决。当受理的诉讼涉及违宪问题时，应召集全体法官出席进行审判。最高法院在事实和法律上管理军事法庭所有案件的裁决。最高法院法官由总统从参议院提交的候选人名单中任命，每个席位有 3 名候选人。最高法院法官应年满 30 岁以上，并具有 7 年担任法官或公共律师的经验。除上述法院外，还有一些特别法院处理青少年犯罪、财产权争端和劳动纠纷等案件。审计和行政纠纷高级法院（Superior Court of Auditors and Administrative Disputes）负责监督预算和公共账目的执行情况。

参议院同时还具备高等法院（The High Court of Justice）的职能，主要审理涉嫌贪污、渎职、滥用职权和犯有叛国罪的高级政府官员。该法院由参议院议长主持，最高法院院长、副院长分别以高等法院副院长、秘书的身份协助其工作，按规定须在 2/3 以上成员出席的情况下开庭。高等法院审理众议院以 2/3 多数提出的指控，审理对象主要包括：①在履行职能中犯有叛国罪或其他罪行的总统；②在履行职能中犯有叛国罪、贪污罪、滥用职权罪或其他罪行的总理、部长、国务秘书；③在任职期间犯有严重错误的常设选举委员会委员，以及审计和行政纠纷高级法院的成员；④犯滥用职权罪的最高法院法官和驻最高法院的检察部官员。对于审理的案件，高等法院只能判处撤职、降职、剥夺至少 5 年至多 10 年政治权利的刑罚，如果被告人还涉及其他罪行或民事诉讼，则应按法律规定将其解送到其他法院。高等法院还以不记名投票的方式和多数原则，从其成员中选出一个调查委员会，以审查高等法院以法令形式下达的决定。宪法规定，不论议会是否处于休会期，案件一旦被高等法院接收，就不得中止审理，直到做出最终判决为止。

第五节 21世纪以来的政治概况

一 民主道路的曲折探索

1990年，革新与民主国家阵线候选人让－贝特朗·阿里斯蒂德神父高票当选为海地历史上第一位真正意义上的民选总统，迈出了该国民主政治的第一步。但他执政仅8个月便被军事政变推翻，直到1994年才在国际社会的多方斡旋下回国重新执政。1996年，海地政权和平交接给第二位民选总统勒内·普雷瓦尔。普雷瓦尔制定了一系列有利于国家发展的政策，但未能协调好与议会中反对党的关系，1999年被迫解散议会，海地政治陷入僵局。进入新世纪，海地政局依然动荡不安，民选总统多在政变、内乱和人民的抗议声中下台，海地政治在民主和稳定的道路上艰难探索。

（一）让－贝特朗·阿里斯蒂德第二次当选总统

2000年11月，海地举行了新一轮的总统选举，阿里斯蒂德以拉瓦拉斯之家候选人的身份取得了压倒性的胜利，再次当选为海地总统，并于2001年2月宣誓就职。然而，此次大选使海地经历了一次政治震荡，15个小党派组成民主联盟（Convergence Démocratique）对选举进行了联合抵制，此后一直拒绝承认阿里斯蒂德政府的合法性。政府采取了一些退让措施，同意就议会选举中7个有争议的席位进行重新选举，但双方始终未能达成和解。这种局面导致美国、欧盟、美洲开发银行等多个国家和国际组织拒付对海地的援助资金。

阿里斯蒂德上台后采取优先发展教育和医疗的政策，建设学校、修缮医院、建立新的艾滋病毒测试中心、设立专项资金补贴中小学教材和学生午餐。但由于资金匮乏及政府行政力量软弱等，上述项目艰难而缓慢地推进。在缺乏反对党派和国际社会支持的情况下，海地的政治局势继续恶化，反政府人员活动日益频繁，各地暴力冲突不断。2004年，反对派武装“戈纳夫抵抗阵线”和“解放全国抵抗阵线”发动叛乱，意图推翻阿里斯蒂德政府。“解放全国抵抗阵线”由前陆军中尉盖伊·菲利普（Guy Philippe）领导，该组织成员从前多为海地军人。2月5日，“戈纳夫抵抗阵线”在海地第四大城市戈纳夫挑起暴乱并占领该城市。暴力活动迅速蔓延、持续升级，反对派武装控制区域不断扩大，逼近首都太子港，海地局势面临失控。与此同时，太子港也发生了反对阿里斯蒂德的示威游行。2月29日，阿里斯蒂德被迫宣布辞职，前往国外避难。

阿里斯蒂德辞职后，最高法院院长波尼法斯·亚历山大（Boniface Alexandre）接任成为临时总统。为了稳定局势，以美国为主的多国临时部队进驻海地维持治安，而后由联合国海地稳定特派团接替。2004年5月，一场洪水席卷海地，导致数千人丧生，许多民众无家可归，食物和饮用水严重缺乏，濒临破产的海地临时政府因救援不力而饱受质疑。数千名阿里斯蒂德的支持者在太子港举行游行，要求阿里斯蒂德回国执政，游行引发流血冲突，造成数人死亡。由于社会动荡不安，治安持续混乱，海地暴力活动进一步升级，暴力犯罪呈直线上升趋势。受政局动荡、政府部门效率低下、资金缺乏等因素的影响，新的总统选举筹备工作进展缓慢。当时海地最大的政党拉瓦拉斯之家因大批成员被捕，宣布抵制竞选。海地前总统勒内·普雷瓦尔以希望党候选人的身份参选。

（二）勒内·加西亚·普雷瓦尔第二次当选总统

在经过四次推迟之后，海地终于在2006年2月7日举行了总统和议会选举。经过一周的计票，普雷瓦尔最终第二次当选总统，他所领导的希望党成为议会中的最大党派。普雷瓦尔本人于5月14日宣誓就职，他的政府采取了一系列措施稳定国内政局、发展经济，提高人民生活水平，海地民众与国际社会普遍对普雷瓦尔表示支持并给予他很高的期待。政治方面，普雷瓦尔呼吁团结与和平，努力推动各方和解，促成希望党与议会中的其他党派组成联合政府。新内阁的18名部长分别来自6个党派，其中5名来自反对党。他敦促武装分子交出武器，宣布交出武器的人可领取到抚恤津贴，政府还会为其提供技能培训，帮助他们更快融入社会。经济方面，普雷瓦尔政府向国际社会多方争取援助，这些资金对于难以为继的海地经济而言无疑是雪中送炭。

2010 年 1 月 12 日海地发生强烈地震，给首都太子港地区造成毁灭性打击，政府因救援不力和腐败无能而受到人们的批评。此次灾难还引发了政局动荡，使原定于 2010 年 2 月举行的议会、总统和市政选举出现了中断。

（三）米歇尔·马尔泰利执政时期

在 2010 ~ 2011 年举行的大选中，饱受地震和疫病折磨的海地人民推选毫无政治经验的著名音乐家米歇尔·马尔泰利担任总统。马尔泰利上台后一再强调要进行改革，打击腐败，一改行政机构无能的现状，并承诺尽快进行灾后重建工作。马尔泰利没能扭转海地的政治腐败和经济颓势，大地震过去 5 年，仍然有 8 万多人流离失所，大片废墟没有得到清理。原定于 2012 年 5 月举行的议会中期选举也一再推迟，导致议会最终因参议院 2/3 的席位和众议院的全部席位空缺而于 2015 年陷入瘫痪。2012 ~ 2015 年，海地人民发起了持续性的抗议活动，要求总统下台，抗议活动多次升级为暴力冲突。2016 年 2 月，马尔泰利总统期满离任，参议院议长若瑟莱姆·普利韦尔（Jocelerme Privert）就任临时总统，领导过渡政府治理国家。

二 若弗内尔·莫伊兹政府执政时期

2015 年 10 月 25 日，海地举行了总统选举，光头党候选人若弗内尔·莫伊兹和海地进步与解放党候选人袭德·塞莱斯坦（Jude Célestin）进入第二轮总统选举，但反对派指控选举中存在舞弊行为，海地因此爆发了大规模的示威和暴力事件。就在第二轮选举即将举行之际，飓风“马修”又于 2016 年 10 月过境，造成了巨大的人员伤亡和经济损失。经过多次推迟和反复，2016 年 12 月 20 日，莫伊兹当选为海地总统，并于 2017 年 2 月 7 日宣誓就职。海地最终按照法定程序选出了新总统，并获得国际社会的认可。

莫伊兹政府面临的首要任务是使国家从 2010 年大地震和 2016 年飓风“马修”造成的沉重打击中恢复过来。他启动了重新修建总统府的项目，

时隔 7 年，在大地震中被毁的总统府依然是一片废墟，他希望此举能够成为 2010 年灾后重建工作的良好开局。莫伊兹政府提出以生态农业作为海地经济发展的引擎，同时兼顾发展医疗、教育，努力创造可持续性的就业机会。鉴于联合国海地稳定特派团于 2017 年 10 月撤离该国，莫伊兹政府考虑重建 1995 年解散的军队，新军队的主要职能将是保卫国家安全和抢险救灾。

莫伊兹政府依然面临严峻的社会动荡和政治对立问题。2017 年，海地前政府陷入“加勒比石油计划”腐败丑闻。加勒比石油计划 2005 年在时任委内瑞拉总统乌戈·查韦斯（Hugo Chávez）倡议下创立，以优惠价格和贸易条件向海地等十多个加勒比地区国家提供石油。海地前政府涉嫌滥用加勒比石油计划资金，触发民愤，引发多起大规模抗议活动。虽然莫伊兹总统承诺立即对该事件进行全面调查，但依然未能平息骚乱。2018 年 7 月，海地政府试图削减政府燃料补贴，引发全国性游行示威和罢工潮。在接下来的几年内，因民众不满物价上涨、燃料短缺和政府腐败，社会抗议活动频发。海地政坛各党派之间的分歧对立十分严重，议会是其相互博弈的主要场所。虽然光头党及其结盟党在众议院占据微弱优势，但没有党派获得参议院或众议院多数席位。政府制定的各项政策无法在议会及时通过并实施，莫伊兹政府陷入处处掣肘的尴尬境地。2021 年 7 月 7 日，莫伊兹总统遇刺身亡。

第六节　主要政党与重要政治力量

自 19 世纪起，海地政坛上就出现了名义上的政党，当时主要的政党是代表黑人的国家党和代表穆拉托精英的自由党。1915～1934 年美国军事占领期间，涌现出一批反美的民族主义政党。1946 年，包括人民社会党、农工运动党、海地共产党在内的许多政党参与到总统竞选中。到了杜瓦利埃统治时期，大部分反对党派被打压驱逐，民族团结党一党独大。直到 20 世纪 80 年代以后，各种政党和政治组织才得以恢复或重建。1986 年 8 月海地全国委员会颁布法令规定，合法政党的创建者应不少于 20 人、支持者不少于2000人。2007年海地合法登记的政党逾百个。[①] 但这些政党在政治领域的影响力十分有限。大多数政党都规模较小，没有明确的意识形态信仰和政治主张，缺乏严密的组织架构和充分的民众基础。政党一般是在某一位领袖的号召下临时组建的，为总统竞选而服务，更多的是政治家实现政治抱负的个人工具。

一 主要政党

拉瓦拉斯之家（Fanmi Lavalas，拉瓦拉斯源于海地克里奥尔语，意为瀑布）：海地左翼政党，领导人是前海地总统阿里斯蒂德，其口号是“发展与平等”，强调优先发展教育和医疗卫生。

20世纪80年代末，杜瓦利埃家族倒台后，海地涌现出许多新政党。当时拉瓦拉斯运动还只是一个要求政治和社会变革的松散组织，但成为一支重要的政治力量，那时还是神父的阿里斯蒂德是该组织的核心领导人之一。1990年，一些中左党派和民众党派组成革新与民主国家阵线，其候选人阿里斯蒂德当选为总统。1994年，拉瓦拉斯运动的一些知识分子和社会活动家从阵线中分裂出来成立了人民斗争组织。1996年，阿里斯蒂德因与人民斗争组织产生分歧，于当年11月成立了拉瓦拉斯之家。2000年，阿里斯蒂德再度当选为总统，拉瓦拉斯之家随之迎来巅峰期，赢得了参议院19个议席中的18个议席，下议院83个议席中的72个议席，同时在地方选举中也取得了压倒性的胜利。拉瓦拉斯之家成为执政党后，其成员贪污腐化现象日益严重，支持率迅速下跌。2004年海地发生武装叛乱，阿里斯蒂德和党内一些领袖流亡海外。2006年，拉瓦拉斯之家抵制大选，内部分歧越来越大，许多党员将选票投给了希望党候选人普雷瓦尔。如今，拉瓦拉斯之家在海地政坛处于边缘地位。

人民斗争组织（Òganizasyon Pèp Kap Lité）：20世纪末从拉瓦拉斯政治运动中发展出来的一个政党。1995年成立之初名为拉瓦拉斯政治组织，1996年更名为人民斗争组织，同年该组织中较为保守的一派分离出去成

① 高树茂主编《世界知识年鉴（2007/2008）》，世界知识出版社，2008，第874页。

立了拉瓦拉斯之家。1996～1997年，人民斗争组织成员罗斯尼·斯马斯（Rosny Smarth）出任海地总理，该党成为议会的多数党。人民斗争组织支持经济领域的私有化，一度严重依赖外国政府的资助。

民主团结联盟（Konvansyon Inite Demokratik）：亲政府党派，2005年5月成立，实力雄厚。

海地行动党（Haiti in Action）：成立于2005年，是信仰国家主义和保守主义的右翼政党。

希望党（Lespwa）：勒内·普雷瓦尔为参加2006年总统选举而创建的政党。上一届阿里斯蒂德政府和拉瓦拉斯之家的很多成员也加入了该党。2006年，普雷瓦尔以希望党候选人的身份成功当选总统。2009年，希望党解散。

团结党（Inite）：2009年9月由前总统普雷瓦尔联合其之前领导的希望党中亲普政治团体组建而成的政党联盟。

团结爱国党（Inite Patriyotik）：海地中左派政党，由普雷瓦尔领导创建。前身是团结党。2015年，团结党更名为团结爱国党（Inite Patriyotik）。

进步与解放党（Ligue Alternative pour le Progrès et l'Emancipation Haïtienne）：重要反对党，成立于2011年7月20日。该党候选人裘德·赛莱斯坦是2015年总统大选的有力竞争者。

光头党（Parti Haïtien Tèt Kalé）：2012年8月由前总统马尔泰利组建。自称代表海地最广大民众利益，在青年中颇受欢迎。2015～2016年，若弗内尔·莫伊兹以光头党候选人的身份获得了海地总统大选的胜利。光头党是2016年组建的议会的第一大党。

真理党（Vérité）：2015年由勒内·普雷瓦尔领导创建的一个新的政党，并从当年开始参加海地的议会选举。是2016年组建的议会中的第二大党。

海地其他主要政党还有统一民主委员会（Unified Democratic Committee）、小德萨林党（Pitit Dessalines）、庞特党（Pou nou tout）、社会进步与解放替代联盟（Alternative League for the Progress and Emancipation of Haiti）、海地社会民主融合党（Haitian Social-Democratic Fusion Party）、海地国家

运动党（Haitian National Movement）、社会主义行动党（Socialist Action Movement）等。

二　重要政治力量

（一）前军人

虽然海地的军队已于1995年被阿里斯蒂德政府解散，但前军人依然是一个重要的政治力量，他们一直以取缔军队违反宪法为由要求重建军队。2004年，一伙前军队官兵组织的反政府武装力量“解放全国抵抗阵线”攻占了大半个国家以及首都太子港，直接导致了阿里斯蒂德总统的下台。2005年，该反政府武装头目盖伊·菲利普领导的解放全国抵抗阵线正式注册成为合法政党，盖伊还试图以该党候选人的身份竞选总统。2015年，在他的准军事部队继续进行游击战并造成严重破坏的情况下，盖伊仍然成功当选为大湾省的议员。直到2017年，他才因涉嫌向毒贩索取贿赂而被美国逮捕。2011年以后，随着联合国海地稳定特派团的撤离，马尔泰利和莫伊兹总统也将重建海地军队提上了日程。

（二）宗教团体

海地独立以后，天主教会一直独立于政治风云之外，这种状态持续到杜瓦利埃统治时期。由于杜瓦利埃在任时取缔了所有的政治党派和社会团体，一些反对派成员转而向天主教会寻求庇护，在此期间天主教会逐渐成长为海地政坛上一支不容忽视的政治力量。20世纪90年代初，以阿里斯蒂德为首的一些激进派教会人员成为拉瓦拉斯运动的领导人，从而与天主教保守派产生了分歧，直接导致了天主教势力的分裂，在此之后的大部分天主教政治领袖淡出了政坛。与中央不同，在地方上仍有许多天主教牧师参与社会公益活动、监督人权状况，积极地扩大着自己的影响。

虽然天主教是海地人的主要宗教信仰，但基督教新教的影响力也日渐增大，特别是来自美国的新教团体和传教士积极在海地建立代表处。经过近几十年的努力，新教教堂数量有了可观的增长，各种新教教会和新教团体渗透到海地各省市以及边远农村。新教教派还活跃于海地政坛，它们组建的新教联盟（the Protestant Federation）曾积极参与反对阿里斯蒂德的运动。2000 年，新海地基督教运动（Mouvement Chrétien pour une Nouvelle Ayiti）加入了民主联盟，与其他 14 个反对党团组成了最大的反对派。2004 年阿里斯蒂德下台后，在过渡政府成立的临时选举委员会中，就有美国圣公会在海地的分支机构和新教联盟的代表。

进入 21 世纪以来，天灾、内战、示威和暴力层出不穷，海地政府在风雨飘摇中举步维艰。莫伊兹的遇刺，昭示着持续数十年的政局混乱远未平息。通过对话协商达成政治解决方案、提高政府治理能力，对海地当局来说至关重要。未来充满疑云，海地在追求繁荣稳定的道路上还有很长一段路要走。

第四章

经　济

第一节　概述

海地是全世界最贫困的国家之一。造成这种局面的原因是多方面的，除了自然环境恶化、资源匮乏等客观因素外，长期的政局动荡、腐败和失败的经济政策都使海地经济雪上加霜。

一　经济发展简史

1492 年哥伦布发现伊斯帕尼奥拉岛后，该岛便成为西班牙的殖民地。殖民者将猪、牛、羊等原先新大陆没有的牲畜带到岛上，丰富了人们的食物来源。无花果、柑橘、柠檬、香蕉等水果也随后传入，至 16 世纪 20 年代，这些果树已在岛上遍地栽培，生长茂盛。17 世纪中叶，法国人取得了对海地的实际控制权后，大力发展种植园经济。1783 ~ 1789 年，圣多明各的农产品产量达到前所未有的水平，创造的财富多于西印度群岛其他地区的总和。至 18 世纪末，该地区已建有约 800 个甘蔗园、3000 个咖啡园、近 800 个棉花园和 290 个靛蓝园，生产足以供应半个欧洲的热带产品。圣多明各最主要的经济作物是甘蔗，甘蔗被引进海地后得到了迅速的发展，产糖作坊也随之建立起来，产出的蔗糖开始运往欧洲市场。产糖时代开始于 17 世纪末期，兴盛于整个 18 世纪。制糖业由法国种植园主经营，到 18 世纪末，圣多明各的蔗糖年出口量达 10 万吨，法国进口的蔗糖中有 40% 产自这里。圣多明各成为当时西半球最为富庶的殖民地之一。

独立战争中海地经济受到重创，独立后，为解决废除奴隶制的情况下国家经济的恢复和发展问题，早期领导人佩蒂翁和布瓦耶实行将小块土地分配给农民的土地政策。这一政策带来的直接后果是，作为国家主要财政收入来源的出口作物生产日趋萎缩。因为从前海地的主要出口作物甘蔗、可可、靛蓝、咖啡等，需要大面积的种植和复杂的加工、销售，但是随着许多大种植园蜕变为小土地所有者的私产，这些土地转而种植供家庭所需的粮食作物。甘蔗种植业遭受了巨大损失，大量蔗糖厂被迫关闭。此外，靛蓝基本上停止种植，棉花产量也大幅下降。只有咖啡尚能勉强维持一定的产量，使共和国免于完全破产。

19 世纪中期以后，海地的经济愈发艰难。分配给农民的小块土地因子女继承变得更为零碎，农业生产勉强维持自给自足，传统的农产品出口难以为继。向法国支付的巨额赔款给海地带来了沉重的负担，使其难以拿出足够资金进行国家建设。1915 ~ 1934 年美国军事占领期间，海地经济完全被美国垄断。第二次世界大战结束后，世界市场上咖啡价格上涨，作为咖啡出口国的海地经济才有所好转。

20 世纪 60 ~ 80 年代，海地处于杜瓦利埃家族的统治下。1958 ~ 1971 年老杜瓦利埃统治时期，海地经济持续衰退。农业生产受到土壤侵蚀、飓风、干旱等问题的长期困扰。60 年代国际咖啡价格下降，海地的外汇来源受到重创。1962 年美国外援中断时，海地发生了严重的财政危机，几乎没有钱可以用来支付政府公务员的薪资，不过此时海地的工业有所发展，美国利用其低廉的劳动成本，修建了劳动密集型轻工制造业工厂和装配厂，此外，铝矾土和铜也成为重要出口产品。

小杜瓦利埃上台后发起“经济革命”，咖啡和蔗糖的产量显著增加，旅游业开始恢复，在美国和法国的援助下道路交通建设有了重大进展。政府在寻求外国援助方面取得很大成果，外援资金从 1970 年的 900 万美元增长到 1980 年的 1.06 亿美元。在外国投资的拉动下，轻工业部门进一步扩张。小杜瓦利埃统治的前 10 年中，国民经济的平均增长率达到 4%，大大超过 50 年代和 60 年代的经济增长速度。但海地本质上依然是一个落后的农业国，进入 80 年代，海地经济再次陷入停滞和下滑的困境。1982

年，飓风“艾伦”摧毁了大批咖啡种植园，咖啡这一主要出口农作物产量骤降。1983 年，洪水接踵而至，农业生产遭受重创。艾滋病的传播导致该国游客数量大幅下降，一些外资装配工厂也开始撤离海地。

1986 年杜瓦利埃家族倒台以后，海地社会陷入动荡，经济继续恶化。1991 年 9 月，军方发动政变推翻了于 1990 年 12 月上台的阿里斯蒂德民选政府。联合国、美洲国家组织、美国对海地实施禁运，与此同时，多个国际援助方冻结了援助资金。在国际社会的制裁下，海地国内燃料、食品奇缺，物价飞涨，失业率居高不下，公共设施处于瘫痪状态。

1994 年 10 月，在国际社会的制裁和调解下，军政府下台，阿里斯蒂德重返海地执政。国际货币基金组织和其他国际援助方答应为海地的经济建设提供资金支持，但前提是海地严格执行经济改革的各项计划，包括贸易关税自由化、国有企业私有化等。海地政府采取一系列措施配合经济改革，包括实行稳健的货币和财政政策、开放贸易、促进国有企业现代化、恢复公共部门的行政能力等。这些措施的最初收效是显著的，表现为通货膨胀率下降、汇率稳定、外汇储备和税收恢复。但是，改革在实施过程中因受到不同利益方的抵制而处处受到掣肘。

1996 年 2 月普雷瓦尔上台后，制订了“紧急恢复经济计划”以稳定经济形势，并着手对经济进行结构性整顿。他与国际货币基金组织展开磋商，并于同年 10 月签署了“加强结构调整机制”（Enhanced Structural Adjustment Facility）的协议。普雷瓦尔政府采取缩减政府开支、裁撤“幽灵员工”等措施减少财政赤字。由于海地税收系统不完善，以往税收只占政府收入的很小一部分，政府开始建立健全税收体系，推广纳税人注册制度。此外，普雷瓦尔还不得不解决前总统阿里斯蒂德遗留下来的国有企业私有化的难题。政府部门成立了“公共企业现代化委员会”（Conseil de Modernisation des Entreprises Publiques），规划在电话公司、电力公司、机场和商业银行等领域推进私有化。然而，私有化的政策受到了民众的广泛抵制，除海地面粉厂和海地水泥厂实现了私有化外，其他领域并未达到预期目标。

自 1996 年经济改革开始至 1999 年，海地经济经历了一个稳定增长期。但这一良好局面在2000年后随着政局的动荡而被打破。政府财政赤字增加，民间金融机构破产，美洲开发银行等多家国际组织中断对海地的贷款。特别是在2004年反政府武装叛乱期间，海地国内生产总值一度呈现负增长的态势，2004年的GDP增长率为-3.5%。2006年，普雷瓦尔再次当选为总统，继续实行经济改革。他推进农业改革，加大对农业的投入以提高农作物产量。积极与国际援助方展开磋商，以争取更多援助。2006年7月，由美国、欧盟、世界银行等援助方参加的国际援助会议在太子港举行，会议决定2006~2007财政年度向海地提供7.5亿美元的援助。这些资金对于难以为继的海地经济而言无疑是雪中送炭。海地经济得到了暂时的稳定，并有了小幅上涨。然而，2010年的大地震使海地经济再次陷入瘫痪，当年的经济增长率为-5.5%。

二　经济发展水平及主要问题

（一）经济发展水平

海地实行自由市场经济，经济发展水平落后，严重依赖外援，是美洲最贫困的国家，也是全世界最贫困的国家之一。2018年，海地的GDP为81.2亿美元，人均GDP仅为730.3美元。农林渔业、工业（含建筑业）、服务业的增加值总额分别为17亿美元、40.8亿美元、15亿美元。就业方面，农业、工业和服务业分别提供了49.8%、12.6%和40.6%的工作机会。海地劳动力价格低廉，就业人口主要集中在农业和服务业。农业虽然吸纳了近1/2的就业人口，但实际只占国民经济总增加值的不到1/5，说明农业的生产效率非常低下；工业尽管有小幅发展，但对GDP的贡献依然有限；只有第三产业多年来一直占据海地经济的主导地位。贫困、腐败、抵御自然灾害能力差、教育水平低是阻碍海地经济发展的重要因素。从国外汇入的侨汇是普通海地人的主要经济来源之一，每年还产生占GDP近30%的二次收入盈余。

2010年大地震过后，海地宏观经济处于缓慢增长状态，但一直未能恢复元气，经济依然具有很大脆弱性，易受自然灾害、政治波动等不确定因素左右。2012年，8月强热带风暴“艾萨克”和10月飓风“桑迪”的侵袭造成巨大经济损失，两次风灾几乎摧毁了海地全部的农作物，造成食品价格上涨。2013 年海地未受大的自然灾害侵扰，宏观经济保持稳定，GDP 增长率达 4.2%。农业产量增加，工业生产中的纺织业和建筑业有较为显著的发展，国家加大对公路、港口等公共基础设施的投资和灾后建设。2014 年受政局动荡影响，海地 GDP 增速下滑（见图 4－1），虽然制造业、建筑业和商业等部门有所发展，但经济发展总体上未能达到预期目标。2015 年，受政局持续动荡及不利天气因素的影响，海地经济处于停滞状态。当年因厄尔尼诺现象，海地发生大面积干旱，东北部、中部和东南部等地灾情严重，基本作物（豆类、玉米、高粱和块茎类作物）大幅减产。2016 年 10 月，飓风“马修”过境，成为 2010 年大地震以来破坏性最强的一次自然灾害。据估计，飓风“马修”造成 19 亿美元的损失。农、牧、渔业损失达 5.8 亿美元，农村地区灾民受到长期的影响。2010～2018 年，海地经济增速呈下降态势，通货膨胀率上升、货币古德（gourde）大幅贬值。自然灾害、政局不稳将长期对海地经济发展产生负面影响。

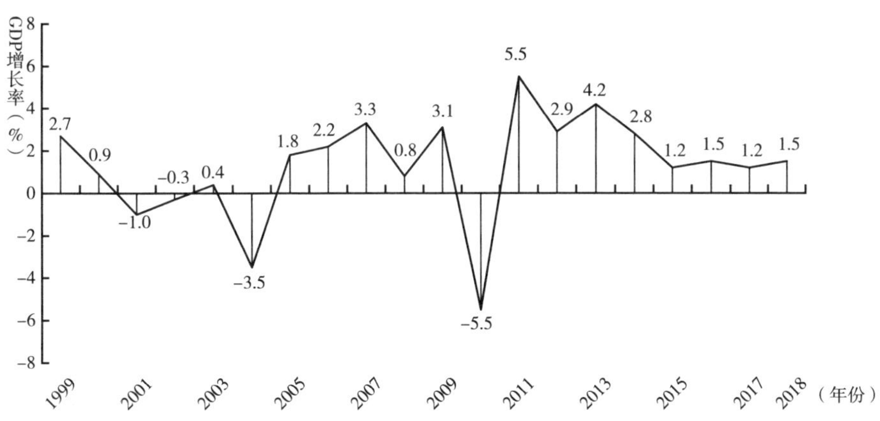

图 4－1　1999～2018 年海地 GDP 增长率

资料来源：世界银行数据库 2019 年发布的数据。

农业、建筑业、纺织业和出口加工制造业是海地的支柱产业，并提供了大量的就业机会。过去的几年里，海地政府重点扶持旅游业，加大投资

并完善配套设施，与美国、西班牙等国的企业展开合作，修建了若干家连锁酒店。为疏解首都太子港的经济压力和人口压力，促进北部和农村地区的发展，2012 年 10 月，北部的卡拉科尔工业园（Caracol Industrial Park）建成并投入使用。2014 年，海地角市的乌戈·查韦斯国际机场建成，对于北部经济具有一定的带动作用。

（二）经济政策

海地震后经济政策以重建公共管理、发展基础设施建设、扩大就业、促进农业生产和吸引外国投资为重心。2011 年 10 月，马尔泰利政府制订了一份为期 5 年的工作计划，其首要目标是重建经济。该计划有两个重心：一是吸引外国援助和投资，改善国内基础设施状况，引进技术，创建开发区和工业制造园区以增加就业岗位；二是积极开展灾后重建工作，妥善安置首都太子港难民营中的数十万灾民，在全国范围内开展住房建设，改善民众居住条件。2015 年，世界银行集团（World Bank Group，WBG）和海地政府达成共识，从以下三个方面帮助海地走出经济困境。第一，通过扩大能源获取规模和开发可再生能源，在太子港以外地区创造更多的经济发展机会；改善融资渠道；加强基础设施建设，增强私营部门的竞争力和生产力。第二，提高人力资本和小学入学率；改善孕产妇和儿童的医疗保健服务；做好对霍乱的防治工作，在疫区完善饮用水和卫生设施。第三，增强海地应对自然灾害的能力，修建防洪设施，加固桥梁和道路。世界银行集团着重强调在外国援助和优惠贷款急剧减少的情况下，海地政府要提高对公共财政的管理能力。

为扩大就业，吸引外资，2012 年海地政府在北部地区建设了大型的卡拉科尔工业园。该工业园是海地政府、美国政府和美洲开发银行共同开发的项目，建设费用 2.24 亿美元，最终规划雇用 6.5 万名工人。海地政府十分重视该工业园，希望它能实现以下几个目标：一是促进北部和长期受忽视的农村地区的发展，并使海地的经济活动从太子港向其他地区分散；二是扩大就业，如果真能实现雇用 6.5 万名工人的目标，将可直接支持 30 余万海地人的生计；三是使当地人口由当前的 3 万人增加到 30 万人，减轻太子港地区的人口压力；四是希望其能吸引更多外国投资者到海地投资办厂。

2017 年 2 月，若弗内尔·莫伊兹就任海地总统，他提出从四个方面促进海地经济发展：①发展农业，修建灌溉排水系统，重点扶植出口农作物的生产；②恢复旅游业；③促进基础设施建设；④扩大就业，通过完善法律法规、改善投资环境等措施吸引投资。莫伊兹政府的当务之急是稳定宏观经济、提高政府效能、改善投资环境，以尽快使经济得到恢复。

（三）主要问题

长期以来，海地受政局动荡、自然灾害侵袭、贫困问题、教育落后等诸多因素的影响，在加快经济发展和消除贫困上面临巨大的挑战。2012 年家庭调查结果显示，海地 1000 余万人口中，有超过 600 万人（59%）生活在每日 2.42 美元的国家贫困线以下，超过 240 万人（24%）生活在每日 1.23 美元的国家极端贫困线以下。海地经济过度依赖美国，其出口主要针对美国市场，若美国经济放缓，海地经济也会受到不良影响，同时在美国工作的海地移民向国内汇款的数额也会减少。海地缺乏良好的投资环境，在商业环境、土地的可利用性及所有权、基础设施、物流、金融服务、技术支持等方面存在的问题使其对投资者的吸引力一直在下降。诸多不利因素也影响了国际援助方的信心，很多国际援助方减少或中止了对海地的援助，一些已经拨付的援助款又因政府效率低下而未能得到妥善使用。总之，在经历了漫长的重建之后，海地经济正在艰难复苏，未来仍然充满变数。

第二节　农业

一　概况

海地有 40% 以上的人口生活在农村，农业在国民经济中扮演着重要角色。但海地发展农业的自然资源禀赋较差，全国有 3/4 的国土是山区，可耕地少，土壤贫瘠。联合国粮食及农业组织 2016 年的统计数据显示，当年海地农业总产值为 15.4 亿美元，粮食作物产值为 12.8 亿美元，畜牧业产值为2.6亿美元。海地共有农业用地184万公顷，占国土总面积的66.8%；林业用地9.6万公顷，占国土总面积的3.5%。农业用地中，可耕地面积为107万公顷，永久农田面积为28万公顷，永久草地和牧场面积为49万公顷。2010~2017年海地农业发展情况见表4-1。

表4-1　2010~2017年海地农业发展情况

	2010年	2011年	2012年	2013年	2014年	2015年	2016年	2017年
农林渔业增加值年增长率(%)	-0.1	-1.1	-1.3	4.5	-1.6	-5.4	3.0	0.9
农村人口占总人口的比例(%)	52.5	51.5	50.5	49.5	48.6	47.6	46.6	45.7
农业用地占土地总量的比例(%)	67.9	66.4	64.2	66.8	66.8	66.8	66.8	—
可耕地占土地总量的比例(%)	39.9	38.5	36.3	38.8	38.8	38.8	38.8	—
可灌溉土地占农业用地的比例(%)	—	—	—	4.30	—	—	—	—
人均可耕地面积(公顷)	0.1	0.1	0.1	0.1	0.1	0.1	0.1	0.1
谷物产量(万吨)	62.7	61.5	44.2	61.3	58.7	52.9	53.6	48.4
粮食生产指数(2004~2006年=100)	141.46	150.88	152.09	167	171.97	177.47	171.66	—
畜牧业生产指数(2004~2006年=100)	102.46	105.63	106.6	106.61	104.47	104.23	104.25	—
食品生产指数(2004~2006年=100)	133.21	141.47	143.36	152.55	158.18	162	157.13	—
森林覆盖率(%)	3.7	3.6	3.6	3.6	3.5	3.5	3.5	—

资料来源：世界银行数据库2019年发布的数据，https://data.worldbank.org/country/haiti。

长期以来海地的农业生产部门一直停滞不前。受自然资源枯竭、自然灾害破坏、耕种技术落后、政治动荡、社会不安等因素的影响，海地农作物增产困难，农业对经济增长的贡献率不断下降。农林渔业在国民经济总增加值中所占的比重，由2005年的30%下降到2018年的24%。然而，海地依然是一个农业国，农村人口比重较大，农业部门的发展对国计民生具有重大影响。大部分农村人口生活在国家贫困线以下，粮食安全成为困扰海地的一大难题，发展农业对于缓解贫困具有决定性的意义。

海地地处热带，时常爆发强降雨引发的洪灾，一些沿海半干旱地区又会定期遭受干旱。因处于加勒比飓风带中央，每年6～10月易受热带风暴侵袭。再加上海地的森林被砍伐殆尽，环境恶化加剧了洪水和干旱等自然灾害的破坏性。因此，气象条件对海地农业具有重大的影响，2015～2016年，干旱和飓风先后给农业部门带来了灾难性后果，导致这两年GDP增速大幅下降。防洪设施和灌溉系统的不完善是海地农业在旱涝灾害中损失巨大的重要原因。有灌溉设施的土地仅占农业用地的4.3%，主要分布在阿蒂博尼特河谷、库尔德萨克平原等地，绝大多数山区的农田只能靠雨水和溪水灌溉。海地政府在应对自然灾害和农产品价格波动上耗费了大量资金，对农业基础设施投资不足，农村地区公共管理机构也不完善，致使海地抵御自然灾害和控制灾情的能力差，薄弱的财政还制约了灾后救援活动的展开。

绝大多数海地家庭都拥有自己的小块土地，小型的自给自足农业占主导地位。这一局面确立于19世纪独立初期，海地前几任统治者实行将土地分配给农民的政策。进入20世纪，随着人口的增长，农民手里的土地碎片化日益严重。到2016年，海地人均拥有的可耕地面积不足0.1公顷。虽然面临着土壤退化、可耕地少等一系列日益严重的土地问题，但其土地分配基本结构依然十分稳定，一般农村家庭拥有一到两块份地。然而，农村地区土地产权并不清晰，许多土地所有者没有正式的法律文书或财产证明。1961～2016年海地土地分配情况和农业用地分配情况见图4－2、图4－3。

除环境恶化和基础设施落后外，海地农业发展还存在诸多制约因素。第一，耕种技术原始、装备落后，大多数农民使用的还是锄头、镰刀等小型手工农具，施肥多使用动物粪便、秸秆覆盖等方法。大部分化肥需要从荷兰、美国进口，由于价格昂贵，无法满足农民实际需求。杀虫剂也主要依赖进口，且使用面积相当小。第二，农业科研和技术培训严重不足，国际组织提供的农业技术援助要多于本国政府所提供的。第三，农产品销售

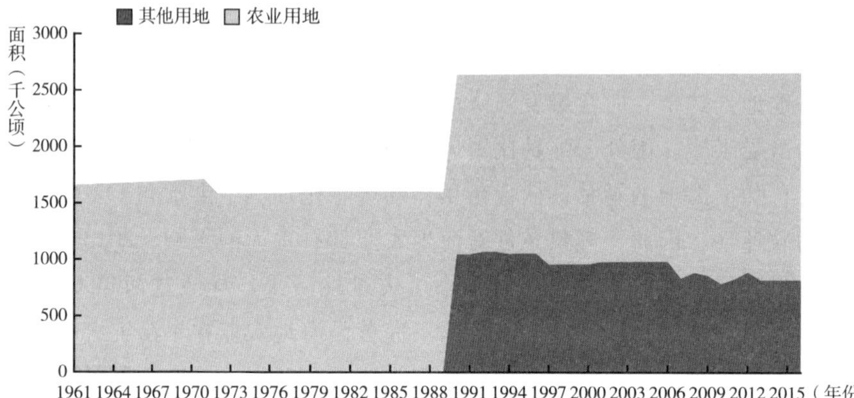

图 4－2　1961～2016 年海地土地分配情况

资料来源：联合国粮食及农业组织 2019 年发布的数据，http：//www.fao.org/faostat/en/#country/93。

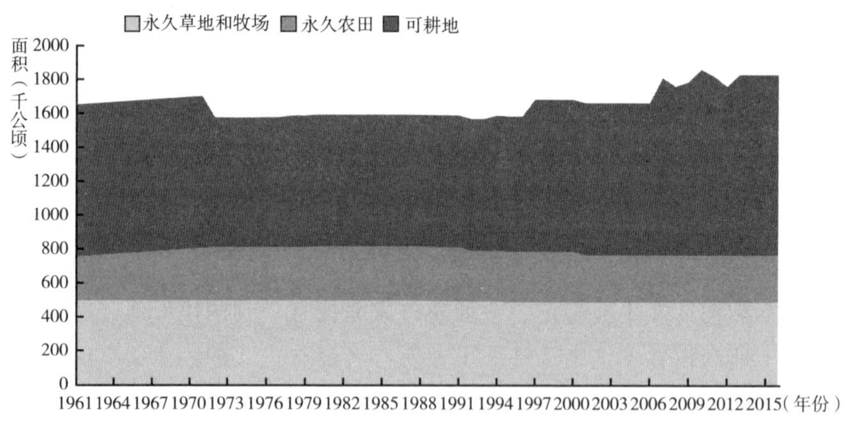

图 4－3　1961～2016 年海地农业用地分配情况

资料来源：联合国粮食及农业组织 2019 年发布的数据。

渠道不畅，农村道路状况恶化，严重影响农产品外运。市场分散，整合程度低下，仓储能力不足，造成粮食、蔬菜、水果和肉食的大量损失。第四，农村人口大量外流，劳动力不足。第五，资金短缺，农业投入严重不足。农业贷款主要由农业部农业信贷办公室和农、工开发银行负责，资金通过各项农业计划贷给农民。由于贷款规模不大，受益人口十分有限。第六，进口食品大量充斥市场，本国农产品保护措施缺失。

二 种植业

海地有多种类型的农业生态区，农产品种类较为丰富。其中经济作物主要有咖啡、甘蔗、可可、剑麻等，粮食作物主要有谷类、豆类、块茎类作物等。根据不同的土壤气候条件，海地的农业生态区可分为以下三大类：湿润高地、灌溉地区和湿润低地、干旱半干旱地区。湿润高地多分布于南、北两个半岛的迎风坡，占海地国土面积的36%，主要生产咖啡、水果、豆类及粮食作物。灌溉地区和湿润低地主要分布在阿蒂博尼特河流域和北部省，占国土面积的12%，生产水稻、甘蔗、蔬菜及粮食作物。干旱半干旱地区主要分布在北部山脉，以及南部半岛奥特山脉的背风坡，占国土面积的22%，主要生产杧果及粮食作物。[①] 南部半岛平原年降水量为4000毫米，是海地农作物产量最高的地区。2017年，海地共生产谷物约48.4万吨，水果约155.3万吨，块茎类作物约166.6万吨，蔬菜（包括瓜类）约15.2万吨。2010~2017年海地主要农作物产量见图4-4。

（一）粮食作物

由于自给自足的小农经济占主导地位，大规模的现代化种植园稀缺，海地农作物以满足人们生存需求的粮食作物为主。受天气和自然环境等因素的影响，海地谷物年产量波动很大，如因飓风影响，2012年谷物产量比2011年减少30%。

谷物 海地的谷类作物品种多样，人们日常食用的谷物主要是玉米、高粱和水稻。玉米是最主要的粮食作物，2017年其种植面积为27.1万公顷，产量达到22.5万吨。玉米种植区广泛分布于全国各地，除南部半岛

① "Diagnostic and Proposals for Agriculture and Rural Development Policies and Strategies," 2005, Ministry of Agriculture, Natural Resources and Rural Development and the World Bank, pp. 35-37.

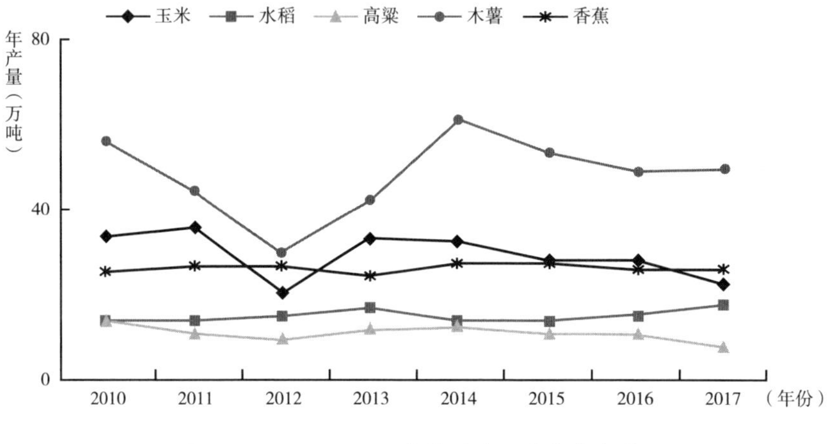

图 4－4　2010～2017 年海地主要农作物产量

资料来源：联合国粮食及农业组织 2019 年发布的数据。

外，其他地区农民多采用玉米与豆类混种的耕作方式。高粱是耐旱作物，多种植于干旱半干旱地区，在旱季往往取代玉米成为主要的栽培作物。2017 年其种植面积为 8.8 万公顷，产量达 8 万吨。水稻的种植主要集中在阿蒂博尼特河谷地带，20 世纪 60 年代以来，这一地区的灌溉系统得到了一定发展，水稻产量有所提升，但直到今天，水稻的生产规模依然受到灌溉设施及土壤条件的限制。90 年代中期，由于海地大幅降低农作物进口关税，廉价的美国大米大量涌入，进口米价一度大大低于本土大米价格，严重冲击了海地的水稻种植业。2017 年，水稻的种植面积仅为 7.1 万公顷，产量只有 17.9 万吨。时至今日，海地的粮食供给仍存在巨大的缺口，2016 年进口谷物 67 万吨，比当年国内谷物总产量还要多 14 万吨，水稻为主要进口粮食作物，约合 44 万吨。

块茎类　块茎类作物在海地也得到广泛种植，是人们日常生活所需热量的重要食物来源之一。2017 年，块茎类作物的种植面积约为 29.9 万公顷。海地农民种植的块茎类作物有木薯、马铃薯、甘薯、芋头等。其中木薯是种植最为广泛的块茎类作物，种植面积达 11.1 万公顷，产量为 49.8 万吨。甘薯单位产量高，种植面积为 10.5 万公顷，产量达 63 万吨。因大多数农田不具备灌溉排水设施，马铃薯的种植面积十分有限，仅有3044公顷，产量仅有约3.9万吨。

豆类 红豆、黑豆及其他豆类的种植非常普遍，是大多数海地人的主食之一，也是他们所需蛋白质的主要来源。2017年，海地豆类作物的种植面积为17.2万公顷，产量为11.1万吨。

（二）经济作物

在法国殖民时期，海地以大种植园经济为主，生产的蔗糖、咖啡等农产品远销欧洲各国，成为海地经济的支柱。然而独立以后，政府将大种植园分割为零散的小块土地分配给民众，维持大种植园生存的土地制度土崩瓦解，从此以出口为导向的经济作物种植业一蹶不振。时至今日，虽然有少数种植园仍在生产传统经济作物，但其产量再难达到昔日的水平。

甘蔗 哥伦布第二次探险伊斯帕尼奥拉岛时将甘蔗引入当地，在此之后的整个殖民地时期，甘蔗都是海地最重要的经济作物，一度出现繁荣的蔗糖经济时代。1804年独立以后，原先的甘蔗种植园和蔗糖加工厂消失殆尽，甘蔗产量大幅下降，再也没有恢复到独立以前的水平。20世纪60年代以来，甘蔗年产量基本维持在不到300万吨的水平。70年代末世界市场上蔗糖价格较高，甘蔗产量略微有所回升。但1982年以后甘蔗产量急剧下跌，直到2004年以后才开始缓慢回升。2005～2017年，海地甘蔗的平均年产量约为129.4万吨。与其他加勒比地区国家的大规模种植园不同，海地的甘蔗主要由小土地所有者种植。海地的蔗糖工业未能跟上世界制糖业升级换代的进程，70年代中期以后开始进口价格更为便宜的外国食糖，海地制糖业面临巨大的压力，1996年3个主要糖厂停产，1992年以后蔗糖出口量几乎为零。2016年，海地的进口食糖量达6950吨。1961～2017年海地甘蔗种植面积和产量见图4－5。

咖啡 1726年，咖啡被法国人从马提尼克岛（Martinique）引入海地，很快便成为海地重要的出口经济作物之一。咖啡园遍布当时的法属圣多明各殖民地，产量在1790年达到顶峰。但独立后海地的咖啡种植业迅速衰落，20世纪60年代，国际咖啡价格下跌，海地的咖啡产量进一步下滑。70年代上半期，国际咖啡价格回暖，海地的咖啡出口业有所复

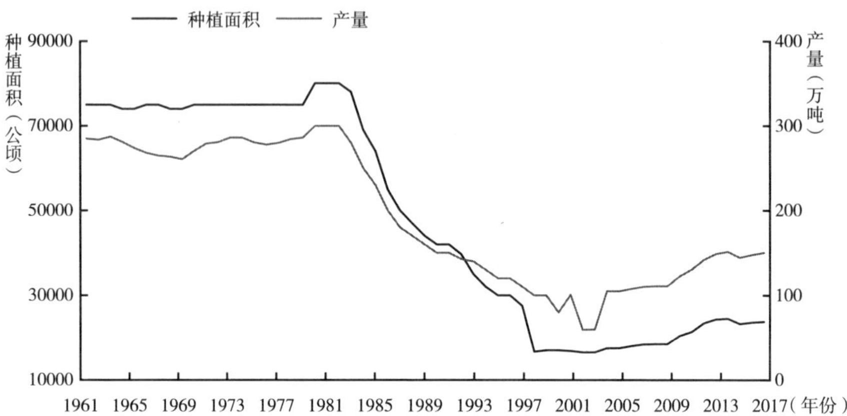

图 4－5　1961～2017 年海地甘蔗种植面积和产量

资料来源：联合国粮食及农业组织 2019 年发布的数据。

苏。90 年代初，为敦促军政府下台，国际社会对海地采取禁运措施，咖啡出口困难，许多咖啡种植者将咖啡树砍掉，烧成木炭去市场出售，造成难以挽回的损失。1996～2004 年，咖啡种植业陷入低谷，平均年产量仅为 2.9 万吨。2005 年以后，咖啡产量开始增长，但受世界咖啡价格影响波动较大，2013 年其产量达到 5.9 万吨，是 50 年内的最高值，但 2017 年即下跌到 4.0 万吨（见图 4－6）。海地的咖啡园主要分布在山区，由小土地所有者种植，其出口额持续下跌，2016 年仅出口咖啡豆 73 吨，价值 58 万美元。

可可　随着咖啡和甘蔗生产的衰落，可可成为海地的主要经济作物和出口农产品。2017 年，海地可可树种植面积为 2.9 万公顷，可可豆产量为 1.4 万吨。可可加工业主要集中在南部，特别是大湾省一带。20 世纪 60 年代以后，海地的可可出口量有显著的增长，2016 年，可可豆的出口量为 4635 吨，出口额约为 1260 万美元。

剑麻　剑麻也是海地的主要经济作物之一。20 世纪初，海地人将剑麻制成麻线出口，其产量在 50 年代达到顶峰，产品主要出口到美国，用于朝鲜战争。

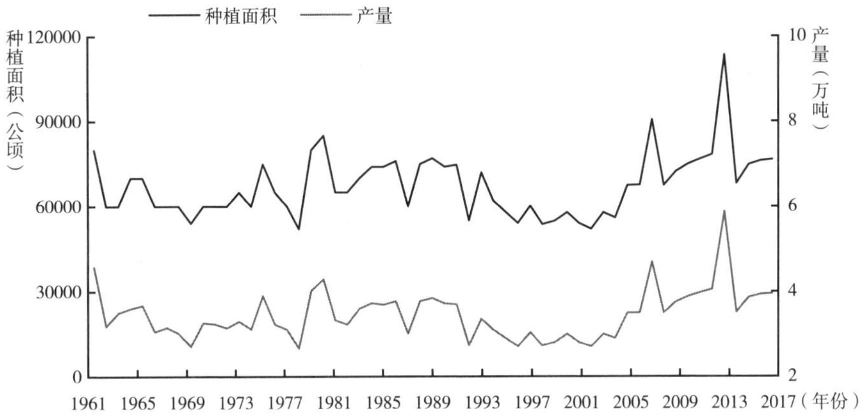

图 4－6 1961～2017 年海地咖啡种植面积和产量

资料来源：联合国粮食及农业组织 2019 年发布的数据。

随着人造纤维的普及，剑麻生产日益萎缩，1965 年，海地剑麻产量为 2.7 万吨，之后该作物产量迅速下降，2017 年产量仅为 1.1 万吨。不过现在海地农民仍然用天然剑麻纤维编制帽子、鞋子、地毯和手提袋。

棉花 20 世纪 30 年代，海地的棉花种植业一度兴旺，随后因虫灾而导致产量下降。60 年代，海地引进了优良的棉花品种，并将加工后的棉花出口到欧洲。这种繁荣一直持续到 80 年代国际棉花价格下跌。1984 年，海地的棉绒产量为 1996 吨，之后棉绒产量骤降，这种低迷情况一直持续到今天。2017 年，海地棉绒产量仅为 330 吨。

香根草 香根草原产于印度，因其根香而得名，是一种多年生草本植物，具有适应能力强、生长繁殖快、根系发达、耐旱耐瘠等特性，是理想的保持水土植物。许多西方香水里含有香根草。海地产的香根草被专家广泛认为是全球最高品质的香根草。香根草加工在 20 世纪 40 年代被引入海地，今天，海地是世界领先的香根草精油生产国，占世界市场份额的 80%。

海地的其他农作物还包括杧果、鳄梨、椰子、柠檬、菠萝、秋葵、番茄、面包果树等。此外，海地还种植种类繁多的香料作物，如百里香、茴芹、墨角兰、苦艾、牛至、黑胡椒、肉桂、丁香、肉豆蔻、大蒜和山葵等。

香蕉和大蕉 香蕉（banana）和大蕉（plantain）是在海地广泛种植的农作物，它们生长速度快，虽然易受飓风和干旱的影响，但灾后可以迅速再种植。2006年以后，海地的香蕉种植业较为稳定，虽然期间曾遭受地震、飓风、干旱等自然灾害的冲击，但香蕉的产量未见明显下降，2017年香蕉产量约为25.9万吨。大蕉是加勒比地区人民用于烹饪的一种食物，其淀粉含量高，可经油炸后食用。2017年，海地的大蕉产量约为24.3万吨。

三 林业

海地一度被热带雨林所覆盖，举目皆为加勒比松（Caribbean Pine），后由于农民大规模开垦土地、砍伐树木，造成森林面积迅速减少。如今海地的森林覆盖率仅为3.5%，林业用地不到10万公顷，有商业价值的树林几乎绝迹，土壤退化现象十分严重。

海地的沿海地区，特别是东北部沿海地区有红树林。北部半岛的南部沿岸、中央平原、阿蒂博尼特平原以及库尔德萨克平原较为干旱的地区，主要植被为灌木林和草原。南部半岛东部的塞勒山脉上零星散布着一些松林，主要分布在拉维西特国家公园（Parc National la Visite）和松树林国家公园（Parc National Forêt des Pins）。面积为5500公顷的马卡亚国家公园（Parc National Macaya）坐落于南部半岛西端的奥特山脉，这里存在海地最大的一片云杉林。马卡亚国家公园里聚集了海地最为丰富的生物和大量特有物种，特别是各种鸟类和两栖类动物，这里还有1/10的植物是该公园所特有的，其中最具代表性的是几种兰花。在一些山区偶尔还能见到桃花心木（mahogany）。在一些非常陡峭而无法开垦的山崖上还生长着橡树、雪松、花梨木（rosewood）。除了在高山和自然保护区内，海地的大部分地区很少能见到树林。农村地区有一些果树，如鳄梨树、柑橘树、酸橙树、樱桃树等，海拔较低、温暖潮湿的沿海地区有椰子树，有些地方还可见到高大的蕨类植物。

海地的能源主要靠燃烧木材和木炭提供。20世纪50年代以后，农村人口开始涌入太子港等大城市，随着人口的增长和城市的扩张，木炭的需求量大增，一些人被特许从事伐木业。60年代，由于咖啡价格下跌，农民开始放弃种植咖啡，转而将咖啡树烧成木炭作为自己的收入来源。到80年代，一些公共森林也被砍伐以提供燃烧原料。90年代，国际社会实施的经济制裁又使农民种植的水果无法出口，一些果树也成为砍伐对象。对森林的过度采伐严重威胁到海地林业的可持续发展，加剧了土壤的退化，使森林资源难以恢复再生。为满足对能源的需求，木炭成为海地林业的主要产品，60年代以后木炭产量逐年上升，2018年利用有限的森林资源生产了3.6万吨木炭，同年还生产木质燃料约211万立方米。今后，海地需采取植树造林、减少木炭生产、开发可替代性能源等措施修复生态系统，实现可持续性发展。

四 畜牧业

海地农民大都饲养少量家禽家畜，但养殖业未能成为农民的主要经济来源。由于农村地区信贷系统不完善，许多农民将其饲养的牲畜作为一种储蓄和财产保障以备不时之需，在遇到婚礼、生病、子女上学、购买种子或农具的时候，可以出售牲畜以换取所需资金。

猪是海地农村地区自殖民时代起就普遍饲养的一种家畜。海地原产猪叫克里奥尔猪，是西班牙和法国殖民者引入的欧洲猪种经本土化后形成的品种，这种猪适应热带环境，养殖难度小，在海地农民的经济生活中扮演着重要角色。1978年，岛上暴发了非洲猪瘟（African swine fever），在美国专家的强烈建议下，到1984年海地清除了绝大部分本土猪，猪农损失惨重，人民主要肉食来源短缺。与此同时，海地又在美国政府的要求下从美国进口爱荷华猪，这种猪不适应热带环境，需要喂养富含蛋白质和维生素的饲料，并需经常对其进行清洗。由于政府承诺的宰杀赔偿一直未能兑现，再加上新猪种的饲养成本高，许多农民破产，畜牧业遭受重创。20世纪90年代在阿里斯蒂德政府执政时期，又重新引进了数万头克里奥尔猪。如今，猪依然是海地农村地区饲养较多的家畜，也是海地人民主要的肉食来源。

在海地，家畜养殖以山羊、牛和猪为主。2017年，海地上述三种家畜的饲养量分别为199万只、150万头和103万头。海地农民普遍饲养山羊，因为山羊对这里崎岖的山地和稀少的植被有较强的适应能力。还有一些农民饲养绵羊，但绵羊不太适应当地的气候。牛在海地畜牧业中也占有重要地位，许多农村家庭至少饲养一头牛。海地的家禽养殖以鸡为主，2017 年鸡的饲养量为 573 万只，此外，一些农民还饲养鸭子和火鸡。猪、山羊和牛是海地人民的主要肉食来源，但从宰杀量来看，2000 年以后，海地的畜牧业发展十分缓慢（见图 4－7），海地人民的膳食结构并未有明显改善。不过，在经历了非洲猪瘟后，20 世纪 90 年代以来，猪的宰杀数量在海地居第一位。

图 4－7　1961～2017 年海地主要牲畜宰杀数量

资料来源：联合国粮食及农业组织 2019 年发布的数据。

五　渔业

渔业是人类重要的食物和收入来源，水产品是世界贸易中的大宗商品之一，其出口有一半以上源自发展中国家。海地属于北美洲大西洋中西部捕鱼区，拥有 1771 千米长的海岸线及 27560 平方千米的内陆水域，大陆架面积近 5000 平方千米，宽度大多不超过 1 千米。虽然是一个岛国，但因大陆架狭窄，海地的捕捞渔业规模很小，主要集中在近海水域。中上层海域鱼类资源受季节因素影响大，因而海地渔业产量不稳定。河口地带红树林的退化使海地渔业面临进一步危机。受资金、设备和技术的限制，特别是渔民缺少出海船只，远海捕捞业发展滞后。2017 年海地渔业捕捞量约为 1.65 万吨（见图 4－8）。海地拥有近 2 万公顷的天然和人造水体，以及近 800 公顷的临时池塘，这些池塘在雨季水量充沛。海地水产养殖业规模小，水产品主要有鲤鱼、鲇鱼、罗非鱼等，2017 年水产养殖产量约为 1200 吨。海地渔业进出口规模也很小，2017 年分别进口、出口水产品 1 吨、30 吨。[①] 鱼类在海地人的饮食中占比很少，根据联合国粮食及农业组织发布的《2018 年世界渔业和水产养殖状况》，2011～2013 年，海地每人每日鱼类蛋白质摄入量低于 2 克，人均鱼品年供应量在 2～5 千克，是世界上消费量最低的国家之一。

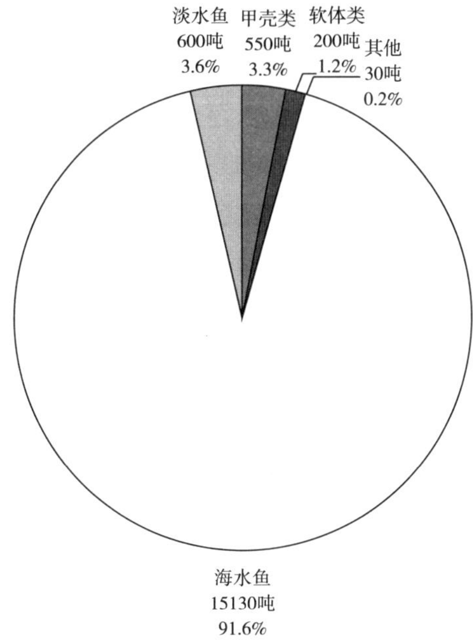

图 4－8　2017 年海地渔业捕捞量

资料来源：拉美经委会（Economic Commission for Latin America and the Caribbean，ECLAC）2019 年发布的数据，https：//estadisticas. cepal. org/cepalstat/Perfil_Nacional_Ambiental. html? pais = HTI&idioma = english。

① 联合国粮食及农业组织渔业和水产养殖部网站，http：//www. fao. org/fishery/topic/16140/。

第三节　工业

一　概况

原材料匮乏、能源短缺、政局动荡、基础设施和技术落后等一系列不利条件，致使海地工业发展非常缓慢。海地的工业种类稀少，依托美国市场，服装业和装配制造业相对发达，这些劳动密集型产业吸纳的劳动力较多，有助于提高就业率、增加居民收入。除服装业和装配制造业外，海地还有少量的饮料、黄油、水泥、洗涤剂、食用油、面粉、制糖、肥皂工业。自 20 世纪 80 年代以来，海地工业产值连年下降，直到 21 世纪才开始略有好转。建筑业特别是私人住宅建设是近年来具有良好前景的一个部门。但受限于教育水平低下和基础设施不足，海地工业的发展前景仍不容乐观。2000 ~ 2018 年海地工业增加值（含建筑业）增长情况见图 4 - 9。

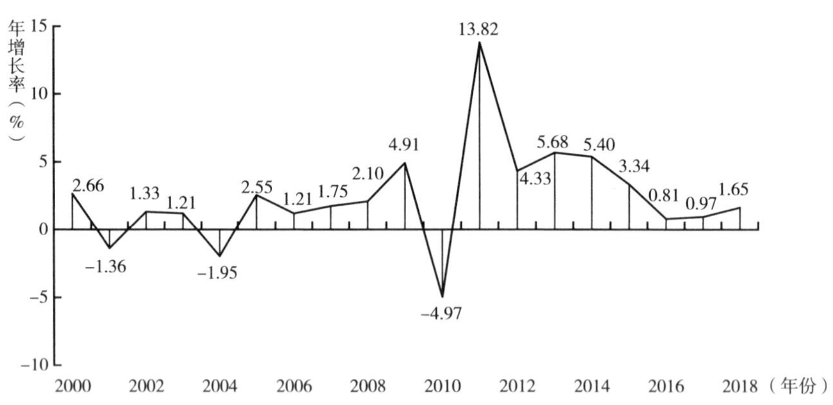

图 4 - 9　2000 ~ 2018 年海地工业增加值（含建筑业）增长情况

资料来源：世界银行数据库 2019 年发布的数据。

二 矿业

海地的矿产资源无论在种类还是储量上都非常有限。20 世纪 70 年代初至 90 年代，海地在联合国开发计划署的赞助下进行了矿产资源勘查。海地的矿产资源主要包括铝矾土、金、银、铜、铁、石灰岩、褐煤等，其他矿产如锑、锌、镍、硫黄等由于储量太少而无法进行商业开采。铝矾土储量较大，约 1200 万吨，在南部半岛和北部半岛均有分布。中央平原的褐煤储量较大。黄金矿藏位于北部和东北部地区。现已查明最有开采前景的矿产资源是铝矾土、褐煤、黄金和火山灰。为了满足当地消费的需求，海地很多地区还断断续续地进行一些石灰石、沙子、沙砾、黏土、石料、碳酸钙的开采加工。迄今为止，海地并没有探测到石油和天然气。总之，同在伊斯帕尼奥拉岛上，海地的矿产资源要比多米尼加贫乏得多。

矿业在海地属于边缘行业，矿产资源的开发和利用率很低。采矿业大都规模很小，雇用的工人还不及全部劳动力的 1%。铝矾土是海地的主要矿产，20 世纪 80 年代早期海地矾土矿年产量达 50 万吨，一度成为第二大出口产品，但是后来由于可开采的矿藏日益减少以及生产成本过高等因素，矾土开采业未能得到进一步的发展。

三 能源

海地的能源资源非常有限，没有石油和天然气，只有少量可开发的水电资源，全国大部分能源依靠急剧减少的木材和木炭充当燃料供应，2014 年海地使用的能源中有 22% 需要进口。海地的能源结构主要包括木材、石油和电力，2016 年，海地生产的一级能源折合为原油共计约 2500 万桶（见图 4 - 10），二级能源折合为原油共计约 700 万桶（见图 4 - 11）。海地是世界上人均能源消耗率最低的国家之一，2014 年人均使用的能源折合为石油约等于 393.7 千克。

木材和木炭 长期以来，木材和木炭一直都是海地的主要能源来源。2016 年，一级能源生产中木材占比约为 98%，二级能源生产中木炭占比

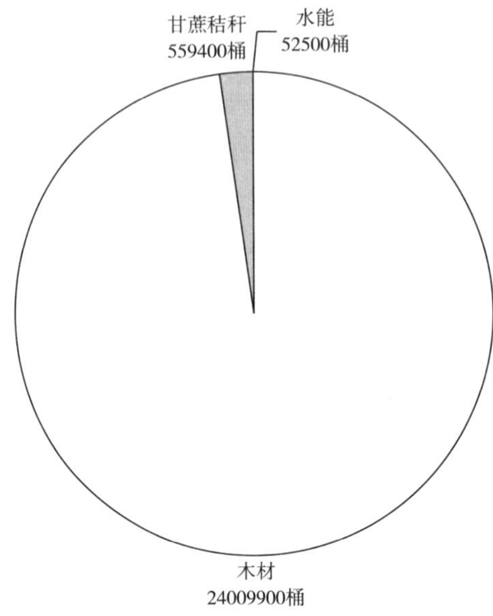

图 4－10　2016 年海地一级能源产量

注：数值相当于各能源折合的原油桶数。

资料来源：拉美经委会 2019 年发布的数据。

约为 90%。虽然对木材原料的依赖造成了巨大的生态环境破坏，严重威胁到海地的可持续发展，但这种不合理的能源生产和消耗结构短时期内难以改变。

石油　海地没有石油资源，自 20 世纪 40 年代末开始就有许多国际石油公司在阿蒂博尼特平原等地区进行石油勘探，但都以失败而告终。未来通过钻探更深的油井或海上石油勘探找到石油资源的希望也很渺茫。海地消耗的石油全部依靠进口，2006 年，海地加入了委内瑞拉倡议的“加勒比石油计划”，该计划以优惠的价格和贸易条件向缔约国提供石油及石油制品，海地约 2/3 的石油进口通过该计划获得。2014 年，海地化石燃料能耗在所有能源消耗中所占的比重为 22%。由于绝大部分电力的生产都依赖石油，购买石油的资金巨大，这使得海地经济易受国际油价波动的影响。

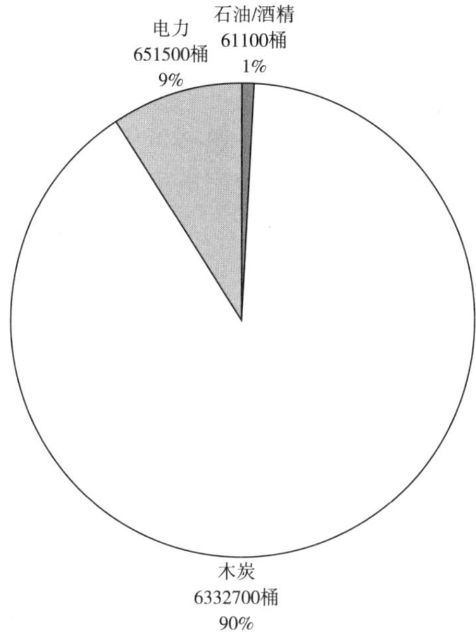

图 4－11 2016 年海地二级能源产量

注：图中数值相当于各能源折合的原油桶数。
资料来源：拉美经委会 2019 年发布的数据。

电力 海地的电力基础设施建设非常落后，电能在全国能量消耗中占比不足 10%。根据世界经济论坛发布的《2018 年全球竞争力报告》，海地的电气化普及率在所调查的 140 个国家中列第 126 位。海地的电能主要靠水力和热能（燃料为进口石油）生产，2015 年，通过石油生产的电力占 92%，水电占 8%。[①] 由于缺乏外汇，提供给热电厂的进口石油数量很不稳定，热力发电量得不到保证，而旱季缺水等情况又对水力发电造成严重影响。2017 年，海地只有 44% 的人口能够用上电，电力供应极不平衡，集中在首都太子港以及其他几个主要城市，有 78% 的城市人口能够用上电，农村地区只有不到 3% 的人口能够用上电。海地最大的

① 世界银行数据库，http：//data. worldbank. org/。

水电站是位于阿蒂博尼特河的佩利格尔水电站，位于阿蒂博尼特河的佩利格尔混凝土重力坝建于20世纪30年代，用于防洪和灌溉。佩利格尔水电站完工于1971年，装机54兆瓦，受水库泥沙和设备老化的影响，水电站的实际出力远低于额定出力。佩利格尔水电站的所有权归海地国家电力公司拥有并负责运营。海地国家电力公司是国有企业，除佩利格尔水电站外，还运营若干大型热电厂、一系列小型水力发电站，并生产小型发电机及配电系统。由于管理不当、供电不稳定、收费过高，该公司运营状况很差。

海地的电压为110伏，插头为美式三插插头。电力系统非常混乱，首都和各省间的电网建设严重不足，电力供应不稳定，即使在太子港地区，停电的情况也时有发生。由于电力供应毫无保证，宾馆、饭店及大部分规模较大的企业都配备备用发电机，此外，由于电费过高，非法私接电线的现象也十分严重。2009年，美洲开发银行通过了一项1250万美元的拨款计划，目的在于改善太子港的供电状况。2010年的地震使海地的供电系统进一步受损，为恢复和提高供电能力，海地政府开始采取修复措施，国际社会也陆续提供了一系列的援助。2012年，马尔泰利政府加强了对电力部门和海地电力公司的扶持力度。6月，美洲开发银行提供1200万美元援助款用于海地电力公司的管理升级，还有4600万美元援助款用于恢复佩利格尔水电站的总发电能力、升级向太子港及周边地区的输电线路和电力分配网络。9月，世界银行提供了9000万美元贷款，帮助海地改善和扩大电力服务。11月，海地政府颁布新法令，改革电力部门，允许更多私人资本进入该部门，以提高电力服务水平。

一些国际机构曾试图帮助海地开发其他能源，如风能、太阳能、从高粱中提取甲醇、利用有机废料生产能量等，但都没有太大成效。

四　制造业

海地的制造业主要集中在装配业和服装业，此外还包括食品饮料、日用品以及建筑材料的生产。20世纪70年代，海地政府尝试发展进口替代，对本土制造业有一定的政策保护，使其免受国外竞争的冲击，因此在这一时期本土工厂发展相对较快。这些中小企业生产纸张、火柴、鞋类、食品、饮料、纺织品、香烟、肥皂等生活必需品，少数生产朗姆酒、油漆、手工艺品的厂家还能通过出口拓展业务。但是，狭小的国内市场规模和民众低下的购买力严重制约了这些企业的发展，地方保护政策使大部分企业的生产效率很低，难以应对公平的市场竞争。1986 年，海地开始施行进口自由化政策，取消了进口保护措施，迫使本土制造业参与全球竞争，外来产品的冲击使国内制造业受到沉重打击，大量工厂倒闭，这种不景气的境况一直持续到今天。

海地的制造业有三大特点：受国际市场影响大、劳动力成本低、产业相对集中，而这三大特点都是基于外向型出口经济产生的。

海地的制造业与国际（特别是美国）市场紧密相连，它的兴衰与国际贸易环境休戚与共。20 世纪 70 ~ 80 年代，制造业和装配业依靠美国市场发展态势良好，棒球和服装加工成为海地的特色产业，而同期亚洲地区向海地的投资也有所增长。到 80 年代后期，海地约有 500 家从事制造业生产的公司，其中绝大多数都是中小规模的家族企业，主要从事食品、电气设备、纺织品和服装的生产。80 年代以后，由于政局不稳、国际制裁以及世界制造业领域竞争加剧，海地的制造业一度陷入低谷，太子港工业区内大部分装配厂被迫关闭，1994 年的联合国禁运导致许多装配业的工人失业。直到 90 年代后期，服装业和装配业才开始恢复。

依托于出口外向型经济，很多制造业工厂建立起来，其中有很大一部分要归功于廉价的劳动力。海地制造业工人工资水平较低，在拉美地区乃至世界范围内都具有较大竞争优势。2016 年海地最低日工资为 300 古德，约合 5 美元。不仅如此，大多数工人在被雇用的头几个月里都只能领到最低工资的 60%，许多工人只能得到短期合同和季节性临时岗位，每年都有数千名工人被解雇，且拿不到任何补偿。由于服装业和装配业的工资要略高于其他行业，且工作岗位更为稳定，因此更多的技术性工人希望在这两个行业中找到工作机会。

凭借廉价的劳动力，服装业成了海地出口制造业的支柱，这一劳动密

集型产业可以吸纳众多劳动力，提高就业率，增加居民收入。海地服装制造业的产品主要出口北美市场。2013 年，海地纺织品出口额增长 14%。这主要归因于海地纺织品的主要出口市场——美国经济的强劲复苏。2016 年服装业出口总额达 3.45 亿美元，占当年海地出口总额的 20.9%。海地约有一半的服装厂是外商独资或合资企业，这些外国资本多来自美国、韩国、多米尼加等国。服装公司不仅会生产 T 恤和内衣，还可以生产各种时尚服装和工作制服。这些衣物的原料多为 100% 棉织物，也有一些羊毛和人造纤维织物。工厂可承担剪裁、分包或全包服务，有些还拥有计算机辅助裁切设备。然而，海地服装制造业的生产率依然很低，为发挥其对经济的拉动作用，需进一步提高生产率。

五　建筑业

建筑业是海地的支柱产业之一，也是创造就业机会的重要行业。20 世纪 60 年代在老杜瓦利埃统治时期，得益于国内形势的稳定，建筑业经历了一个较长时段的平稳发展期。70 年代，建筑业进一步发展，成为装配制造业以外发展最快的产业。进入 80 年代，海地的建筑业继续快速增长。1986 年杜瓦利埃家族统治结束以后，因政局动荡和经济不景气，建筑业停滞不前。直到 1994 年阿里斯蒂德重返政坛，国内局势开始稳定后，公共工程、建筑及其他相关产业部门才呈现上升趋势。海地利用外国援助资金，大力开展公路等基础设施建设，直接促进了建筑业的发展。

进入 21 世纪，建筑业依然是对海地经济具有重要影响的产业。由于经常受到飓风、地震等自然灾害以及反政府武装叛乱等人为因素的破坏，海地的基础设施很不完善。首都太子港市内缺少公交车、轨道交通等公共交通系统，极大限制了当地人的出行，机场、港口、道路、公共建筑设施都亟须改善。海地基础设施建设主要依赖政府的扶持和外国资金的援助。2013 年建筑业增长 11%，这主要是因为国家继续展开震后重建工作，加大了对公路、港口和机场等公共基础设施的投资。2014 年建筑业增长 9.2%，较 2013 年有所下降，这主要是因为政治僵局导致公共投资计划延迟，国家财政拨付的用于工程项目的投资大幅减少。2015 年建筑业增长率只有 3.8%，国家对公共基础设施建设和一些社会项目的投资继续减少，建筑业的持续下滑给海地经济带来了负面影响。2016 年建筑业有所恢复，增长率为 6.9%。2017 年新上台的莫伊兹政府继续支持海地的基础设施建设。

近些年来，私人领域的房地产业呈现上升势头，建房资金的主要来源是国外汇款和毒品走私收入。不过这一领域的发展并未给穷人带来实惠，他们仍然住在自己用各种废弃材料搭建的棚屋里。特别是在 2010 年大地震以后，难民住房重建工作迟迟未能展开，甚至连总统府在地震过后多年都没有得到修复，太子港街头仍然有大片废墟，许多贫民一直居住在首都郊区的难民营里。建筑业仍是海地急需发展的产业。

第四节 商业与服务业

一 商业

海地是一个实行自由贸易的市场经济国家，商业活动在国家生活中占有重要地位。20 世纪 90 年代以来，商品贸易在海地 GDP 中所占的比重显著增加，从 1991 年的 16.3% 增长到 2017 年的 58%。近年来海地商业活动发展较快，主要是因为随着侨汇的增加及部分正规经济部门实际工资的增长，海地国内消费有所上升，内需扩大从而带动商业获得了一定的增长。

海地的商业领域包括国有企业和私营企业两大部分。国有企业主要经营电力、通信、能源、交通、金融等关系国家经济命脉的部门。私营企业大多规模较小，主要经营成衣加工业、服务业、农业、轻工业、手工业等部门。1996 年海地通过《私有化法》，要求扩大私人参股，出让经营权改善管理，分出部分利润投资地方发展。除电力、港口和机场外，绝大部分经济领域向个人和内外资本开放。私有化的方式包括转让管理权和对外租赁，或者组建合资企业。《私有化法》规定，转让管理权给私营企业，国家根据管理成效支付管理费。租赁国有企业，受租方要根据租赁合同支付租赁费，并提供新的投资。国家以国有企业作股本与私营企业共同组建合资公司，私营企业以现金进行投资。国有股5年之后逐步出让给小股东。

然而，海地的商业领域存在一系列非常严重的问题。根据世界银行2017年对海地营商环境的报告，海地营商难易程度排名位列受评估的190个国家中的第181位。世界银行对开始商业活动、办理施工许可证、电力支撑、财产注册、获取信贷、保护中小投资者、缴纳税款、跨境贸易、执行合同、解决破产十项指标进行了考察，海地各指标的表现情况均不容乐观。因相关政府机构办事效率低下且权责不明晰、各种商业活动注册程序繁杂、信贷机制不完善，导致在海地进行商业活动会遇到准备周期长、资金匮乏、成本高等诸多问题。只有在跨境贸易一项上排名较为靠前，列第76位（见图4－12），这主要是因为海地政府鼓励外国投资和进出口贸易，并获得了美国、加拿大等国家及一些地区组织的优惠政策。

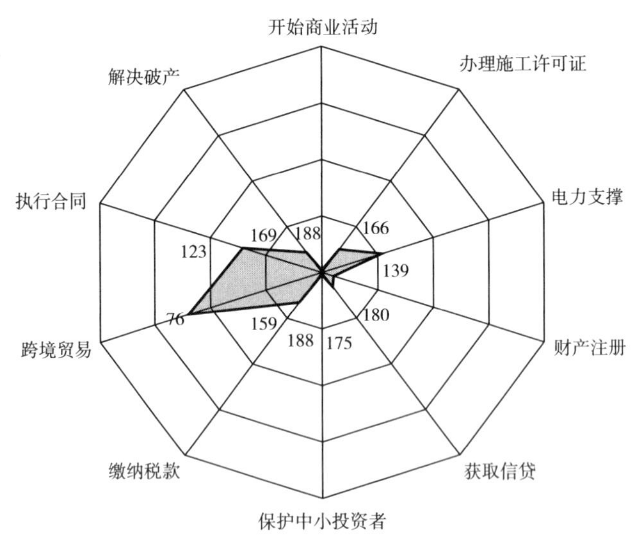

图4－12　2017年海地主要营商指标世界排名

注：数值表示海地营商指标在世界银行考察的190个国家中的排名，中心排名为190，最外侧为1。

资料来源：世界银行发布的《2017年海地营商环境》（“Doing Business 2017—Haiti”）。

二 服务业

2016年，服务业解决了一半海地人的就业问题。服务业是海地为数不多的自20世纪90年代以来稳定发展的产业。带动和支撑服务业发展的主要因素是国家和非政府组织以及非营利机构的大量投入，另外就是非正规部门（街头自由市场）和手工业（传统工艺画）的低速扩张。这两个行业也是海地增加就业的重要途径。旅游业是海地服务业的最重要部门。海地气候温和，文化独特，是个旅游资源较为丰富的热带岛国。海地的主要旅游资源是海滩、无人岛、历史遗迹和特色文化。

海地旅游业兴起于20世纪初期，特别是1915年美国实施军事占领以后，来自北美的游客开始增多。“二战”以后的四五十年代，海地旅游业出现了早期繁荣，但1957年老杜瓦利埃上台后，旅游业的繁荣被国内的高压恐怖氛围所中断，直到70年代，海地的旅游业才得以恢复。得益于1965年太子港杜桑·卢维杜尔国际机场的建成，同美国关系的改善，再加上小杜瓦利埃对旅游业的扶植，海地旅游业在整个70年代得到快速发展，一度成为加勒比海地区很受欢迎的旅行目的地之一。此后，因反对杜瓦利埃家族独裁统治的活动日益频繁，海地社会陷入了长时期的动荡，与此同时，艾滋病也开始扩大其传播范围，海地旅游业遭受重创，游客人数的下降迫使许多旅馆闭门歇业。为促进海地旅游业的复苏，加勒比旅游组织（Caribbean Tourism Organization）帮助海地政府制订重振旅游业的计划与措施。但由于海地缺乏发展国际旅游业所必需的基础设施，又没有稳定的社会环境，使得人们仍然不敢轻易前去旅游。

2006年以后，海地旅游业有所恢复，2007年接待的外国游客人数是2006年的3.6倍。2011年马尔泰利上台后，政府开始重点扶持旅游业。酒店建设取得较大进展。2012年，有两家豪华国际酒店在太子港开业，它们分别是由美国“最佳西方国际集团”投资1500万美元建造的“最佳西方国际酒店”和由西班牙公司“西方酒店和度假村”开办的“皇家绿洲酒店”。2014年海地角市的乌戈·查韦斯国际机场建成，有助于促进北部地区旅游业的发展。2017年上台的莫伊兹总统继续将发展旅游业作为政府工作的重点，努力促进生态旅游，加大建设宾馆等配套设施的力度。不过，基础设施建设落后、政局不稳和社会治安差依然是制约海地旅游业发展的重要因素。1995～2017年海地接待外国游客情况见图4－13。

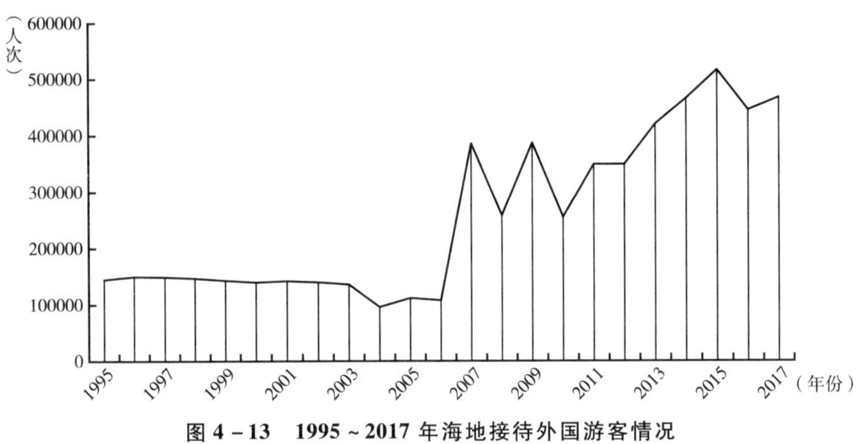

图4－13　1995～2017年海地接待外国游客情况

资料来源：世界银行数据库2019年发布的数据。

第五节　交通运输与通信

一　交通运输

海地交通网由公路、航运和航空组成。尽管自20世纪70年代以来基础设施建设取得一定进展，但其交通网络和运输系统仍然十分落后。海地的交通基础设施发展极不平衡，道路网、港口、机场主要集中在首都太子港地区，戈纳夫、海地角、雅克梅勒等主要城市之间也有国道相连，然而小城市和广大农村地区则难以接通现代交通设施。国内交通不畅严重阻碍了经济特别是农业经济的发展。海地的交通运输业主要由国有企业运营，但也有部分业务对私人放开。

公路　公路是海地交通运输系统的重要组成部分，承载了国内主要的客、货运输。海地的公路质量差，大多数路段在雨季难以通行，有时飓风和地震等灾害还会给全国公路网造成毁灭性破坏。海地政府在修建和维护公路上的投资非常少，大部分公路的改良和修复都是在国际组织的援助下实施的。2015 年，美洲开发银行投资 6500 万美元帮助海地改善一级和二级公路网，恢复 1 号国道上的损毁路段。该项目旨在提高海地运输系统的效率和安全性、降低运输成本、加强区域间联系。

海地的公路主要有国道、省道、乡道三级，其中绝大多数公路交通流量集中在太子港及其周边地区。国道网络基本上连接了首都和各省首府，其中 1 号国道和 2 号国道是南北和东西两个方向的主干线。汽车是海地最便宜的一种出行方式，但由于道路和车辆条件差、交通标识不完善、管理不到位，公路交通安全没有保障。

铁路 今天的海地没有在运营的铁路。但是在 1876 年至 20 世纪 70 年代间，海地曾发展出小规模的轨道交通运输系统。当时海地的铁路网主要包括以下几条线路：太子港—莱奥甘（Léogâne）线，长 36 千米；太子港—曼尼维里（Manneville）线，长 43 千米；太子港—圣马克—韦雷特线，长 130 千米；海地角—巴翁（Bahon）线。除上述客运铁路外，还有一些帮助咖啡和甘蔗种植园运送农产品的专线。1879～1932 年，太子港市发展出了有轨电车公交系统。海地所有的轨道交通在 20 世纪 70 年代停止运营。

航运 海地是美洲航海历史最为悠久的国家之一，航运在今天的交通运输系统中扮演着重要角色，是落后的公路交通的重要补充。然而，一些较小的港口与多米尼加和美国迈阿密间的非法贸易猖獗，使海地每年损失大量关税。

海地共有 19 个港口，其中比较主要的有海地角、戈纳夫、热雷米、莱凯、米腊关、太子港、和平港、圣马克、利贝泰堡等。太子港是一个国际港口，也是海地最大、最主要的商业港口。太子港水深 8～10 米，拥有起重机、机械搬运设备、集装箱装卸设备、大型泊位和仓库，但由于费用远高于多米尼加的港口，太子港并没有被充分使用。海地角也是一个国际港口，水深 10 米左右，拥有电力冷冻集装箱、巡航平台、大型仓库等设施，许多客船和国内外商船停靠在这里。目前，圣马克港是海地的一大热门港口，这主要得益于其有利的地理位置。它不在太子港的辐射范围之内，且处于海地角、卡勒富尔、贝琼城、利贝泰堡、戈纳夫、安什、和平港、韦雷特等主要城市的相对中心位置。海地沿海地区的许多城镇都能通过小型帆船到达，与陆上运输相比，这种交通方式更加便宜和灵活。沿岸的戈纳夫岛、托尔蒂岛、阿瓦克岛、大卡耶米特岛等岛屿只能乘渡轮或小型帆船到达。

20 世纪 90 年代初，联合国实行的禁运严重削弱了海地国际航运业务。为提高各港口的竞争力，国家港务局采取了修缮港口仓库、疏通航道、添置装卸设备等措施，海地的航运业开始有了起色。

航空 海地有两个国际机场，分别是首都太子港的杜桑·卢维杜尔国际机场和海地角市的乌戈·查韦斯国际机场。雅克梅勒、热雷米、莱凯、和平港等城市也有小型机场运营国内航班。杜桑·卢维杜尔国际机场距太子港市区 10 千米，是海地最为繁忙的客运机场，同时也是该国主要的对外门户。该机场前身是 20 世纪五六十年代美国在海地的空军基地。1965 年成为一个现代化的民用机场，以当时总统的名字命名为“弗朗索瓦·杜瓦利埃国际机场”。1986 年更名为太子港国际机场。2003 年，时任总统阿里斯蒂德将其更名为“杜桑·卢维杜尔国际机场”，以纪念海地独立运动的领袖杜桑·卢维杜尔。杜桑·卢维杜尔国际机场主营国内、地区和国际的客货运输业务，加勒比航空、加拿大航空、美国航空、法国航空等多家国际航空公司在该机场提供定期航班，通航巴拿马城、圣地亚哥、圣多明各、蒙特利尔、迈阿密、纽约、巴黎等城市。以委内瑞拉已故总统查韦斯命名的乌戈·查韦斯国际机场是海地的第二大机场，位于海地角市，于 2014 年建成，由加勒比石油计划出资修建。该机场经营大部分国内航班，也有通往美国迈阿密及加勒比地区其他国家主要城市的航班。

市内交通 包括首都太子港在内的城市公共交通主要依靠一种叫作“嗒嗒”（Tap - Tap）的公共汽车，“嗒嗒车”由皮卡改装而成，车斗上支帐篷，内放长条凳，车身涂有五颜六色的图案，通常车况差且十分拥挤。出租车多由废旧车改造而成，没有统一的车型，一般通过挂在后视镜上的红色布条来辨认。

二　通信

海地的通信业以固定和移动电话、广播、电视、互联网为主，该国通信基础设施非常落后。

1998年以前，海地国家电信公司（Télécommunication d'Haïti，Teleco）是海地唯一的电信公司。该公司为国有企业，负责电话和其他电信业务，曾在太子港地区引入数字拨号系统。之后，海地移动通信（Communication Cellulaire d'Haïti，Comcel）、加勒比电信（Digicel）、海地国际电信（Haiti Telecommunication International，Haitel）和国家通信中心（Natcom）四大运营商进入海地电信领域。海地国际电信公司采用的是CDMA技术，2004年其服务范围已覆盖全国大部分地区。2005年，中国的中兴通讯股份有限公司同海地国际电信公司签署了金额为3900万美元的项目合同，由中兴公司提供50万线CDMA系统设备。加勒比电信是加勒比地区最大的GSM营运商，2006年正式推出GSM移动通信系统，海地从此步入了全球移动通信GSM时代。2012年，加勒比电信公司收购了其主要竞争者海地移动通信公司。Natcom公司垄断了固定电话业务，它是海地国家电信公司私有化的产物，越南军用电子电信公司（Viettel）和海地国际电信公司分别持有该公司60%和40%的股权。2017年，海地拥有固定电话用户5922户，占总人口数的5.4%。固定电话发展的巅峰期在2006年，当年全国有15万用户，之后开始迅速衰落。移动电话业在最近20年内得到了迅猛发展，全国移动电话用户从1998年的1万户增长到2017年的超过630万户，占总人口的57.4%。值得注意的是，受经济衰退的影响，2017年移动电话使用率较2016年降低了2.5个百分点。海地的移动通信业总体来说比较落后。目前，移动信号已覆盖大部分地区，开通国际漫游服务的中国手机用户可以在海地当地使用。

2003年初，美国休斯网络系统公司（Hughes Network System）和海地国际电信公司达成协议，开始进入海地市场，提供宽带互联网服务。进入21世纪，海地的互联网逐渐发展起来，上网人数占总人口的比例从2000

年的2.3%提升至2017年的12.3%。但总体来说海地的互联网普及率很低，列世界第119位。2018年，海地仅有59台安全的互联网服务器，平均每100万人拥有5.3台。海地通（Access Haiti）是全国最大的互联网服务提供商，提供4G和光纤到户等业务。海地互联网网速良好，但服务偶有中断现象。

第六节　财政与金融

一　财政

海地宏观经济不稳定，通货膨胀率高、汇率波动幅度大，对债务特别是外债依赖程度高，财政负担沉重，这些因素加剧了海地经济的脆弱性和不确定性。

海地政府财政赤字率居高不下，一是因为经济发展乏力导致税收不足，二是由于自然灾害破坏使政府的一次性投资增加，三是能源部门效率低下加剧了政府的财政失衡。因技术落后、输电量大等，海地电力系统中的国有企业积累了巨额赤字。2010年以后，海地电力企业的赤字加上政府的燃料补贴在GDP中的占比一直徘徊在3%～4%，甚至多于教育、医疗、农业等社会支出。1990～2017年海地中央政府收入和支出在GDP中的比重见图4－14。

在整个20世纪80年代，海地的外汇储备一直处于极低的水平。1990年底，海地的外汇储备只有1016万美元。1991年，也就是阿里斯蒂德执政的第一年，海地的外汇储备增加至4149万美元。之后在军政府执政时期外汇储备没有太大突破。1994年阿里斯蒂德政府重新执政以后，外汇储备开始有了显著增长。2018年，海地外汇储备有23.7亿美元。

海地的法定货币是古德，但市面上通用美元。20世纪60～90年代，海地汇率长期固定在5古德兑换1美元的水平。1991年，当几乎所有的交易都转用市场汇率时，海地开始实行自由汇率制，此后古德持续贬值，从1991年的5古德兑换1美元暴跌至2003年的42.4古德兑换1美元。

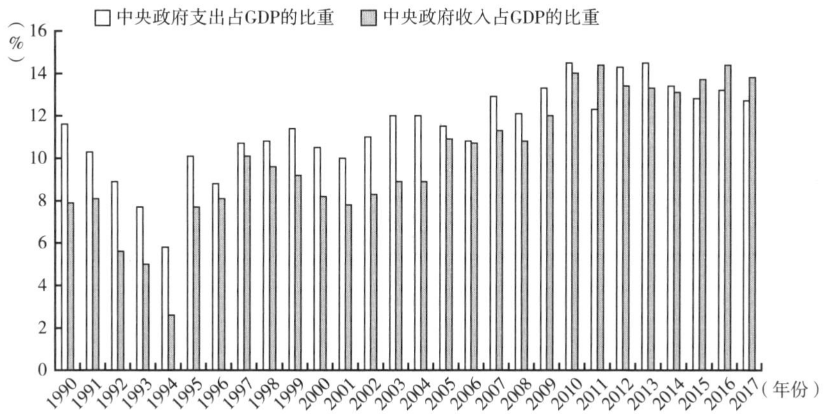

图 4－14　1990～2017 年海地中央政府收入和支出占 GDP 的比重

资料来源：拉美经委会 2019 年发布的数据。

2003～2013 年，因美元总体疲软以及侨汇和外国援助的大量进入，古德基本处于稳定状态。2013 年以后，因外援资金大量减少以及经济增速放缓，古德再次大幅贬值，到 2018 年已跌至 68 古德兑换 1 美元，比 2013 年贬值 56%。由于海地中央银行在很长一段时期内采取紧缩性的货币政策，海地的通货膨胀率在 2009～2015 年一直稳定在中等水平，保持在 8%以下。不过，从 2015 年起海地的通货膨胀率居高不下，2018 年，海地的通货膨胀率为 12.8%（见表 4－2）。海地财政严重依赖外债，然而近年来外国援助资金呈减少的态势，这给海地经济带来了巨大的下行压力。在经济长期低迷的情况下，来自国外的个人侨汇成为普通海地家庭的重要收入来源，也成为海地经济的一大支柱。

表 4－2　2010～2018 年海地主要经济数据

	2010 年	2011 年	2012 年	2013 年	2014 年	2015 年	2016 年	2017 年	2018 年
国内生产总值（亿美元，以 2010 年的美元为基准）	66.2	69.9	71.9	74.9	77.1	78	79.1	80	81.2

续表

	2010 年	2011 年	2012 年	2013 年	2014 年	2015 年	2016 年	2017 年	2018 年
人均国内生产总值(美元,以 2010 年的美元为基准)	665.6	691.9	701.4	720.6	730.4	729.1	729.9	728.8	730.3
国际储备资产(亿美元,包括黄金和美元)	18.9	18.8	21.7	25.2	20.3	19.8	21.7	24.1	23.7
通货膨胀率(%,GDP 平减指数)	5.5	7.5	5.3	6.6	4.5	6.9	12.0	13.4	12.8
汇率(1 美元兑换的古德)	39.8	40.5	41.9	43.5	45.2	50.7	63.3	64.8	68

资料来源：世界银行 2019 年发布的数据。

二　金融

20 世纪 70 年代，随着装配制造业、建筑业和旅游业的发展，海地金融业获得了平稳增长。80 年代以后，由于政治不稳定，以及由此而引发的投资环境恶化，金融业受到沉重打击。长期以来，海地的金融业缺乏规范管理，市场安全性得不到保障，大多数海地人缺乏获取贷款的渠道。2000 年阿里斯蒂德再次当选总统后，曾希望通过发展合作社来推进小企业的融资，但因管理经营不善引发了灾难性后果。2001 年，不规范的储蓄合作社数量激增，其允诺的月储蓄利率竟然高达 10% ~20%。很快这些合作社开始纷纷倒闭，储户的存款无法兑现，造成极大的经济损失。此后，政府开始加强对金融系统的监管。

海地银行业以大型银行为主导，2011 ~2013 年海地前三大银行的资产和存款两项估值均占全国银行业资产和存款总额的 80% 以上，虽然 2014 年以后其比重略微有所下降，但这几家银行的垄断地位短时期内不会改变。海地储蓄水平较低，2017 年总储蓄占 GDP 的比重仅为 25.6%。银行信贷业务集中在服务业，特别是商业、交通运输和房地产业。大部分银行设在太子港地区和其他主要城市，商业银行网点覆盖范围小，2017 年平均每 10 万个成年人拥有约 2.6 个商业银行分支机构。虽然海地的银行业在现代化和规范化方向上有所进步，但依然存在很大的问题，例如储蓄率低、私营领域信贷业务匮乏、信贷记录系统缺失等，一个稳定且信誉度高的银行系统还有待建立。

海地共和国银行（Banque de la République d'Haïti，BRH）是海地的中央银行，成立于独立后不久。该银行负责发行货币、保持国际收支平衡和汇率稳定、对储备资产进行经营和管理。因海地长期面临从外部融资减少到贸易条件逆转等各种风险，保持满足5个月进口需求的缓冲储备金是央行工作的重中之重。2018年，包括黄金在内的准备金总值为23.69亿美元。海地的另外两大国有银行是国家信贷银行（Banque Nationale de Crédit）和海地人民银行（Banque Populaire Haïtienne）。外国银行主要有美国花旗银行（Citibank）、加拿大丰业银行（The Bank of Nova Scotia），加纳的UniBank在海地设有分行。

海地其他金融机构主要包括小型信用合作社、保险公司、基金等。信贷协会成立于20世纪40年代，主要向各农业合作社提供资金。20世纪80年代，几十家公司参与制定了保险行业规范，但只有为数很少的几家是本地公司。海地发展基金会（The Haitian Development Foundation）和海地援助妇女基金会（The Haitian Fund for Assistance to Women）成立于20世纪80年代末，向无法得到商业银行贷款的小型企业提供贷款。此外，海地还有一个分布广泛的“地下”信贷系统。目前，海地没有证券交易所。联合国和国际货币基金组织曾努力推进海地金融业的多样化发展，扩大金融部门，增加农村人口获得信贷的渠道，但成效不大。今天，海地的非银行金融部门还有待进一步正规化发展。

第七节 对外经济关系

一 对外贸易

对外贸易在海地经济中扮演着重要角色，是获得粮食、能源及生活必需品的重要渠道，也是外汇的重要来源之一。海地出口项目主要包括加工成衣、咖啡、杧果、精油、可可，因农业长期凋敝、矿产资源贫乏，劳动密集型产品成为最主要的出口商品。主要进口品包括食品、燃油（成品油）、工业制成品、机械设备、运输设备和日用消费品等。

长期以来，海地政府实行的进口许可制度和关税政策很容易形成进出口垄断。20 世纪 80 年代，基本消费品的进口被大约 20 个家族垄断，出口也被一小群商人控制，特别是他们在咖啡出口中获利不菲。同时也造成大量消费品因能够低关税进入国内而价格低廉，国内消费品价格却普遍过高。海地的出口额在 20 世纪 80 年代总体有所上升，但政局动荡使其在 80 年代末的时候开始下降。在这一时期，海地的出口结构发生了巨大变化，制造业产品代替农产品成为主要出口品。农产品在总出口额中所占的比重由 1980 年的 52% 降至 1987 年的 24%，蔗糖、剑麻和肉类等传统出口农产品的出口量也大幅下降。1987 年，制造业产品在总出口额中所占的比重上升至 53%。为推动传统出口贸易的发展，政府于 1986 年取消了长期征收的咖啡、可可、剑麻等农产品的出口税。在进口方面，1986 年海地执政委员会提出进口自由化政策，大大突破了商品的进口限制。这一时期主要进口品为食品、制造业产品和石油。1991 ~ 1994 年军事政变发生后，国际社会对海地实行的禁运严重削弱了进出口贸易，商品出口额从 1990 年的 1.6 亿美元下降至 1994 年的 8200 万美元，商品进口额从 1990 年的 3.32 亿美元下降至 1994 年的 2.51 亿美元。

1994 年恢复民选政府以后，国际禁运开始解除，进出口贸易逐渐恢复。90 年代末，随着外国投资的装配工厂的发展，制造业产品出口持续增长。2000 ~ 2004 年，外商投资的来料加工组装业商品出口额增长了约 1/4。在进口方面，民选政府开始实行贸易自由化改革，降低关税，再加上更多的外资和侨汇涌入国内，海地的进口额猛增。1995 年商品进口额为 6.53 亿美元，是 1994 年的 2.6 倍。1995 年以后，随着外国援助的流入、物价上涨以及经济开始恢复，海地的进口额继续增长。2000 ~ 2015 年，商品进、出口额年均增长率分别为 9.2% 和 8%。

2017 年，海地的商品出口额为 9.99 亿美元，进口额为 38.77 亿美元，受自然灾害影响，进出口额较上一年有所波动（见图 4 - 15）。其中，商业服务出口额为 4.89 亿美元，进口额为 9.91 亿美元。加工服装和农产品（如精油、杧果、可可和咖啡）仍然是海地最具代表性的出口产品（见图 4－16）。食品和农产品是海地最重要的进口商品，约占商品进口总额的一半（见图 4－17）。海地最大的出口对象是美国和多米尼加，2017 年这两国在出口中的占比分别为 80.6% 和 4.9%。主要的进口对象是美国、中国、印度尼西亚，2017 年这几个国家在进口中的占比分别为 20.7%、18.8%、8.5%。美国是海地最大的出口国和贸易伙伴，海地的对外贸易非常依赖美国。随着中拉关系的发展，中国成为海地的第二大进口来源国及重要贸易伙伴。

国际社会对海地实施了一系列贸易优惠政策。海地系 WTO 成员、加勒比共同体（CARICOM）会员国及加勒比石油组织成员，亦为欧盟《科托努协定》（Cotonou Agreement）缔约方，出口至欧盟的产品享有缔约国优惠待遇。美国接连于 2006 年、2008 年、2010 年通过《海地机会伙伴促进法案》（Haitian Hemispheric Opportunity through Partnership Encouragement Act）、《海地机会伙伴促进法案Ⅱ》（HOPEⅡ）及美国《海地经济复苏法案》（Haiti Economic Lift Program Act），扩大海地纺织品销美的优惠措施。2006 年实施的《海地机会伙伴促进法案》规定，海地使用美国及与美国签署自由贸易协议国家的原料所制造的成衣，依照附加值比例逐年给予零关税或优惠关税待遇。《海地机会伙伴促进法案Ⅱ》的有效期为 2008 年 10 月 1 日至 2018 年 9 月 30 日，该法案大幅放宽优惠内容：零关税期限延长为 10 年；来自任何国家的原料所制成衣均可享受优惠；来自任何国家的原料所制的布料、纱线或附属产品的配额均给予扩大；享受零关税的总产值提高为 70%；取消胸罩、睡衣、行李箱、帽子等产品的配额限制。2010 年通过的《海地经济复苏法案》进一步扩大了海地成衣制品关税优惠，其中包括美国从海地进口的针织及梭织服装的关税优惠额由 7000 万平方米提高至 2 亿平方米，关税优惠有效期延长至 2020 年 9 月 30 日，特定纺织品和成衣可免关税进入美国市场。[①]

① 中国海地贸易发展办事处网站，http：//ht.chinacommercialoffice.org/chn/tzzn/t1252835.htm。

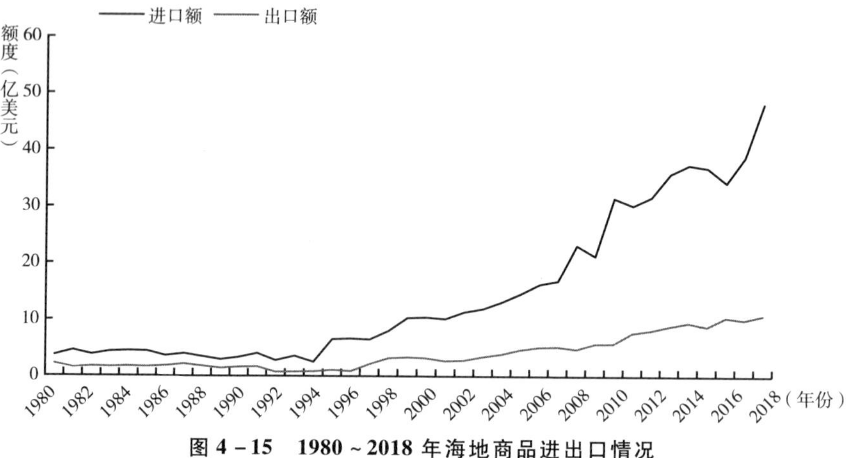

图 4－15　1980～2018 年海地商品进出口情况

资料来源：世界银行数据库 2019 年发布的数据。

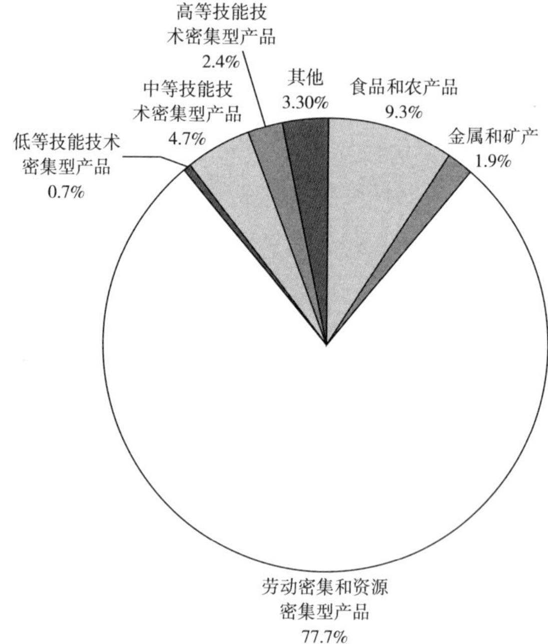

图 4－16　2013～2015 年海地出口商品构成

资料来源：《最不发达国家数据表（2016）》，联合国贸易和发展会议（United Nations Conference on Trade and Development）。

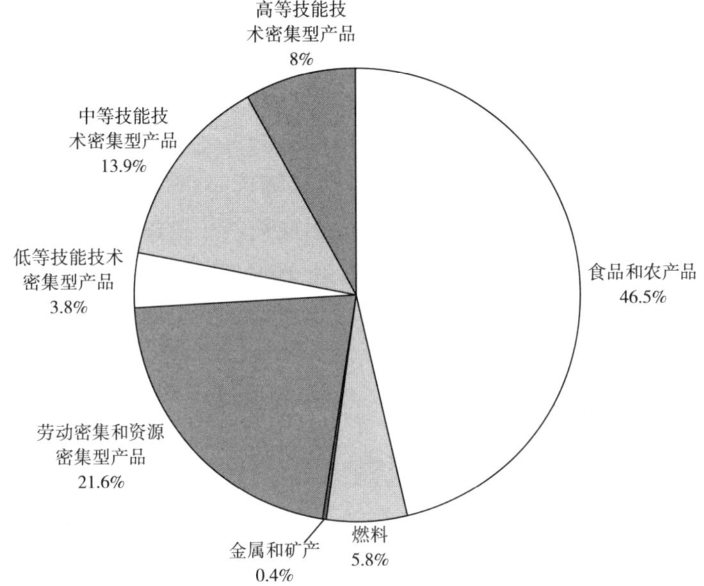

图 4 - 17 2013 ~ 2015 年海地进口商品构成

资料来源：《最不发达国家数据表（2016）》，联合国贸易和发展会议。

二 外国援助和侨汇

外国援助 外国援助对海地经济起着至关重要的作用。因国内社会动荡、劳动力受教育程度偏低，海地的外国投资很少，2017 年外商直接投资净流入仅为 3.75 亿美元。海地政府严重依赖国际组织及援助国的官方资助来平衡赤字，非政府组织的支援对海地来说也是雪中送炭。然而，由于政府行政效率低下以及长期延续下来的腐败等问题，导致援助资金利用不充分，在实际的经济恢复和社会发展中成效不大。

20 世纪杜瓦利埃家族统治期间“盗窃政治”盛行，大量外国援助资金进入杜瓦利埃家族和政府高官的私囊，1980 年国际货币基金组织预支 2000 万美元以解决海地的财政危机，但一笔相同数目的款项几乎立刻从国库转移到总统府。1991 年军事政变发生以后，除少数人道主义项目外，大量国际发展援助被中断。1994 年阿里斯蒂德民选政府恢复执政后，大多数国际援助方重启支援。世界银行提供了 4 亿美元的紧急贷款。1995 年在巴黎举行的一次会议上，14 个国家和 19 个国际组织达成了一项 12 亿美元的援助计划。不过，由于行政措施不到位，援助项目进展缓慢，原定的援助金到位率低。2000 年以后，因总统选举引发的争端迟迟得不到解决，国内陷入政治僵局，国际援助方因此缩减了对海地援助资金，2002 年获得的官方援助净额为 1.6 亿美元，比 1999 年减少了约 40%。2002 年以后，援助资金开始逐渐增加，但是由于议会经常否决关于如何使用外国援助的提案，极大限制了政府对援助资金的利用。而国际援助方对海地官方的行政能力和廉洁度有所顾虑，遂将拨付款项的速度放缓。与此同时，大量资金被用于支付到期的国际贷款，使得海地依然长期处于资金短缺的状况。

2010 年太子港地区发生的大地震给海地造成毁灭性打击，国际社会纷纷给予人道主义援助。2010 年收到国际社会官方提供的赠款和优惠贷款金额为 30.4 亿美元；收到发展援助委员会（Development Assistance Committee，DAC）成员国的双边援助资金总额为 25.9 亿美元。大地震后到 2012 年，各援助方提供的资金总额达 81 亿美元。世界银行联合美洲开发银行、联合国和 19 个援助国成立了海地重建基金（Haiti Reconstruction Fund），至 2016 年 6 月共筹集了 4 亿美元。2014 ~ 2017 年，世界银行帮助 43.8 万名小学困难儿童垫付了学费，资助 2824 所学校灾后复课，为超过 300 万人提供霍乱的防治和预防教育，还帮助进行灾后的瓦砾清理和基础设施建设。2016 年 11 月国际货币基金组织向海地提供了 4160 万美元的应急援助资金，用以满足飓风“马修”袭击后海地的资金需求。此次款项是在快速信贷融资（Rapid Credit Facility）框架内拨付的，具有零利率的优惠。

世界银行是向海地提供援助的主要多边国际组织，致力于改善海地贫困的社会状况。世界银行在海地的援助主要涉及下列项目：自然灾害风险管理、住房、电力、交通基础设施、饮用水和卫生、农业、教育、医疗、区域发展、公共财政管理等。国际货币基金组织也是对海地有重大影响的多边国际组织，它主要的任务是通过提供资金技术支援帮助海地实现宏观经济稳定和规划发展目标。2010 年国际货币基金组织将海地纳入扩展信贷融资（Extended Credit Facility）项目，为海地提供了 4090 万元特别提款权（Special Drawing Right，SDR，约合 6000 万美元），以增加海地的国际储备，帮助央行应对本地货币的价值波动。这部分贷款在 2011 年以前实行零利率，之后利率为 0.5%，10 年到期，并有 5 年半的宽限期。海地获得的双边经济援助主要来自 DAC 成员，包括美国、加拿大、澳大利亚以及欧盟国家，其中美国是最大的援助国，2015 年援助净额约 4 亿美元，占 DAC 成员援助总额的 54.8%。

2006 年，海地加入了加勒比石油计划。该计划以优惠的价格和贸易条件向缔约国供应石油和石油制品。具体办法是：参照原油价格支付，并可获得 1～2 年的付款宽限期；如每桶原油价格超过 40 美元，付款期限可延长为 17～25 年，年利率为 1%；还可用产品或服务偿还部分油款。海地的绝大多数石油都是在加勒比石油计划框架内购买的。2013 年，该计划对缔约国的石油供应量较 2012 年减少了 15%。国际货币基金组织警告称，委内瑞拉经济下行压力加大，加勒比石油计划终止的可能性上升。一旦该计划终止，将造成参与该计划的加勒比国家经济平均下降 1.6%。

国际开发协会（International Development Association，IDA）出资帮助促进海地北部旅游业的发展以及中部和阿蒂博尼特地区的交通和市场基础设施建设。国际金融公司（The International Finance Corporation，IFC）资助了海地私营部门中的许多重要项目，涵盖能源、水利、运输、制造业、金融市场和服务业等领域。这些投资有助于创造更多的工作岗位，帮助更多人用上清洁的水和能源。国际金融公司还致力于提高海地中小企业的活力，为海地政府和私营部门提供咨询服务、资金支持，改善公私关系，为企业家和管理者提供商业培训。1980～2017 年海地接收的援助资金净额见图 4－18。

侨汇 有大量海地移民居住在美国、加拿大、多米尼加等国，海外移民寄回国内的侨汇是国家外汇收入的重要来源，其数额远高于外国援助资

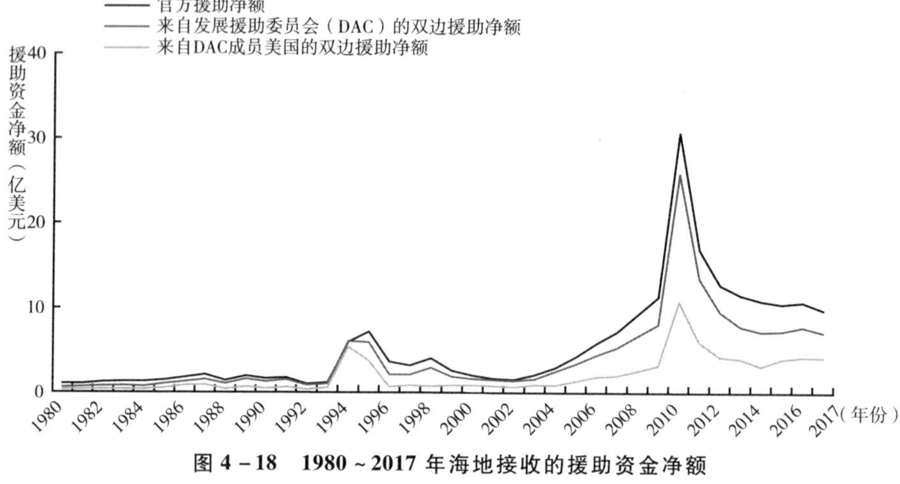

图 4－18　1980～2017 年海地接收的援助资金净额

资料来源：世界银行数据库 2019 年发布的数据。

金，对于拉动居民消费、促进国内建设具有重要作用。随着海外移民数量日渐增多，侨汇数额也逐年攀升。

侨汇对海地经济的关键部门，如劳动力市场、农业、教育、投资及金融服务等部门有积极和消极的影响。一般来说，职业培训会增加个人在当地的就业机会，减少移民意愿。但是在海地情况恰恰相反，接受过职业训练的个人更倾向于移民海外，这主要是因为他们的技能更适用于国际劳工市场。海地还缺乏官方职业介绍机构，技术型劳动力缺少找到合适工作的机会。这样导致了技术型人才的大量流失，不利于劳动力资源质量的提高。海地家庭收入的个人侨汇优先投入教育领域，特别是在支付私立学校的学费上，所以侨汇的回流有利于提高居民的受教育水平。侨汇带来稳定的外汇流入可以缓解海地的财政压力和外债负担。然而，大部分侨汇更多地进入消费领域而不是投资领域，对生产性投资很少发挥直接促进作用。

三　外债

1970 年，海地应付未付的外债总额不到 1200 万美元，之后未偿还的外债数额逐渐增加，不过在整个 20 世纪 70 年代，海地的外债额度适中，并在可偿还的范围内。80年代以后，海地借多边国际组织的外债占其外债总额的比重迅速上升，从1970年的8.77%增长到1989年的55.5%。不过，到80年代中期，海地政府基本上履行了偿还到期债务的义务。杜瓦利埃家族统治被推翻以后，海地陷入动乱，1987年应付未付外债激增，达2.6亿美元。90年代以后，虽然国际组织曾多次减免债务，但累积的外债总额一直居高不下。1994年阿里斯蒂德恢复执政，美国和其他9个国家同意免除其欠款。1995年，由债权国组成的巴黎俱乐部[①]也同意将海地对其成员国的债务进行重组，放宽还款期限。1995~1999年，随着海地获得的国际援助款项的增多，外债总额存量从1995年的8.4亿美元增加到1999年的12.2亿美元。2000年出现政治危机后，对海地的援助被冻结，因此2000~2002年的外债总额存量维持在12亿美元的水平。自2003年开始，海地外债总额又有所增加。海地政府对外部筹资的过度依赖，引起人们对海地可承受外债水平的关注。

为了帮助海地减轻贫困，维持宏观经济稳定，国际多边组织采取了一系列减免债务的措施。2006年，海地被世界银行和国际货币基金组织纳入“重债穷国计划”（The Heavily Indebted Poor Countries，HIPC）。2009年成为“多边债务减免倡议”（Multilateral Debt Relief Initiative）的受惠方。2009年7月，世界银行与国际货币基金组织等伙伴合作，共同免除了海地12亿美元的债务。2010年大地震发生后，国际货币基金组织宣布全额减免海地的债务，并免除了1.78亿元的特别提款权，相当于2.68亿美元。2010年5月世界银行宣布免除海地3600万美元的余留欠款，至此，海地欠世界银行的债务已全部被免除。2010年和2011年外债分别下降到GDP的5.3%和9.8%。但是此后外债继续逐年增加，2014年，海地欠国际货币基金组织的债款为5700万美元，欠国际农业发展基金（International Fund for Agricultural Development）的债款为6100万美元，

① 巴黎俱乐部（Paris Club）成立于1956年，是一个由官方债权人组成的国际性非正式组织，专门为负债国和债权国提供债务安排，例如债务重组、债务宽免甚至债务撤销。现由全球最富裕的22个国家组成。

欠石油输出国组织（OPEC）的债款为1700亿美元，欠委内瑞拉的债款为16亿美元。因2010年世界银行和国际货币基金组织等机构免除了海地的全部债务，海地外债中国际多边组织的欠款所占比重显著下降。1994～2007年，国际多边组织债务比重长期占到70%以上，到2015年仅占外债总额的3.9%。2017年，海地外债存量总额为22.1亿美元，应付未付的外债总额为1.81亿美元，外债占GDP的比重攀升至24.7%（见图4－19），虽然外债中很大一部分是对委内瑞拉加勒比石油计划的优惠融资，然而海地的外债压力和债务风险依然有恢复到债务赦免前的趋势。

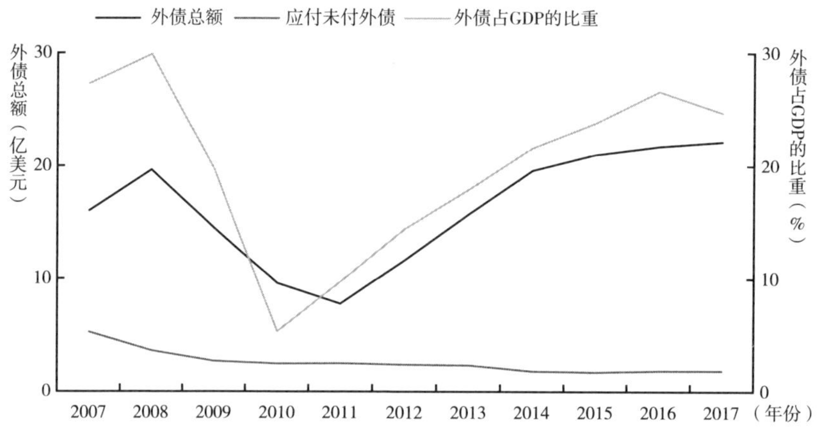

图4－19　2007～2017年海地外债情况

资料来源：世界银行和拉美经委会2019年发布的数据。

第五章

军　　事

第一节　概述

海地 1987 年宪法规定：国家的武装力量由军队和警察两部分组成；军队包括陆、海、空军和技术兵种；军队统帅是海地武装部队总司令，从现役军官中选出；实行军政分离制度，军事人员要严格遵守中立原则，不可参加任何的政治党派或团体；年满 18 岁的海地公民需服兵役。

军队一直在海地政治领域扮演重要角色，历史上发生的 30 余次政变绝大多数都是军人干政的结果。虽然 1987 年宪法对军人参政做出了种种限制，但在 1991 年出任总统不久的阿里斯蒂德很快便被军队推翻。1994 年，流亡美国 3 年之久的阿里斯蒂德总统重新回国执政，为防止再次出现军人干政的情况，他于 1995 年宣布解散军队。与此同时，联合国海地稳定特派团进驻海地负责维持当地的治安，并帮助海地训练了一支独立的警察部队。在这之后的 20 余年中，联合国海地稳定特派团和警察部队成为海地的主要武装力量。军队被解散以后，前军人和国内反对党派认为此举违反了宪法，一直要求恢复军队。前军人也一直没有放弃干涉政局，并在 2004 年发动了武装叛乱。由于 2017 年 10 月联合国海地稳定特派团开始撤离海地，海地政府倡议重组已经解散 20 余年的军队。

一　军事简史

海地军队起源于独立运动，经过 10 余年的武装革命斗争，起义军的战争经验逐步累积，最终打败法国远征军。1804 年独立以后，之前独立运动中的军队将领成为早期国家领导人。但是海地没能建立一支独立于政治之外的职业化军队，曾经团结一致反抗法国殖民统治的起义军分裂为互相敌对的地方派系。1806 ~ 1808 年南北分裂时期，克里斯托夫在北部建立了一个军事王国，修建了庞大的拉费里耶尔城堡以防御可能会卷土重来的法国军队。虽然名义上海地建立了共和国，但最高权力在很长一段时期内一直掌握在军人手中，且最初的宪法没有对军队做出约束，政治权力的独立性没有得到保护，海地政局总是被武力支配，因此军事政变也就屡见不鲜了。

19 世纪后半期至 20 世纪初，海地政局混乱，战乱与军事政变轮番上演，军队并没有履行保护国家安全的职能，反而加剧了社会的动荡。由于缺乏正规的训练和管理，海地军队军纪涣散、装备落后、待遇低下，看起来更像是一支民兵武装而非正规军，军事力量十分薄弱。美国为了加强对加勒比地区的军事控制，于 1915 年派海军陆战队占领了海地，之后不久便遣散了海地军队。1916 年，海地宪兵队（Gendarmerie d'Haïti）成立，以代替原有的陆军和警察。宪兵队由美国海军陆战队负责训练，成为美国统治海地的工具，曾残酷迫害海地的民主爱国人士。在地方，宪兵队军官在他们管辖的范围内不仅掌握军事和警备力量，还干预税收、财政等行政事务。1916 ~ 1928 年，宪兵队是海地唯一的军事力量，宪兵队中只有 40% 的军官是海地人，其余的都是美国海军陆战队的士兵。1928 年，海地宪兵队改编为海地卫队（Garde d'Haïti），其组织结构、训练和装备都比占领前的军队有所改善。1934 年美军从海地撤离后，海地卫队演变为海地军事力量的核心——海地武装部队（Forces Armées d'Haïti）。美国军事占领以前，海地的 26 位总统中有 25 位是军官或反叛队伍领导人出身。美国占领后对海地卫队的训练并没有促其形成一支现代化的、独立于政治之外的武装力量，军人干政仍然长期困扰海地政局。

1957 年，杜瓦利埃当选为海地总统，他在统治期间对军队进行了清洗，海地军事力量受到大幅削弱。1958 年，流亡海外的军官登陆海地，发动了一场意图推翻杜瓦利埃的军事政变，杜瓦利埃很快便以残酷的手段将政变镇压下去。但从此以后他变本加厉地着手建立完全听命于自己的武装力量。杜瓦利埃将一些高级陆军军官调到农村地区，频繁地更换军队将领，罢免有政治野心的军官，提拔忠于他本人的年轻黑人士兵。杜瓦利埃还将军队的武器弹药装备转移到总统府，由自己直接控制。1961 年，他关闭了有可能产生反对派的精英机构——军事科学院。杜瓦利埃建立了一支独立于军队的武装力量——由总统直接控制的总统卫队。为了进一步制衡军队，他还组建了准军事组织“国家安全志愿军”，又称“通顿马库特”，“通顿马库特”在杜瓦利埃的扶植下迅速发展，对军队形成了全面的压制。

1971 年小杜瓦利埃上台执政，为建立听命于自己的武装，他对军队和“通顿马库特”进行了重组，此外还组建了另外一支忠于自己的军事力量——“美洲豹军团”。小杜瓦利埃对军队的管控有所放松，1972 年军事科学院复课。然而，海地武装力量很少履行对外保护国家安全的职能，尽管和多米尼加多有冲突，但在两国边境上布置的兵力依然十分有限。1984 年爆发了广泛的反对当局独裁统治的运动，杜瓦利埃父子经营的“通顿马库特”和“美洲豹军团”也未能阻止政权的倾覆。1986 年杜瓦利埃家族统治终结前夕，海地军队约有 7000 人。

1986～1990 年，海地政权再次落入军方手中，军政府没有清算“通顿马库特”残余势力，反而继续使用武力镇压反对派，1988 年上台的政府首脑普罗佩·阿夫里尔曾是老杜瓦利埃总统卫队的亲信。军政府的做法引起了海地人民的反对和国际社会的不满。1991 年阿里斯蒂德上台执政，采取了削减军队预算开支、终止军人在政府中担任部长的传统、对涉嫌侵犯人权的犯罪行为进行审查等措施，激起了军方的强烈不满。阿里斯蒂德在执政不满 8 个月时便被军事政变推翻。1994 年，阿里斯蒂德重新回国执政，以美国为首的多国部队同时进驻海地。为彻底解决军队对海地政局的影响和威胁，1995 年阿里斯蒂德下令解散了海地军队，只保留了一支几千人的警察部队。大约 3300 名现役军人被收编在过渡公共安全部队（Interim Public Security Force），此外还有不少前军人成为失业者。多国部队协助政府收回被遣散军队人员的武器，但仍然有一部分武器被藏匿起来，这为日后海地社会的动乱埋下了隐患。

2002年，一伙前军队官兵组成的小型游击队向海地多个城市发起攻击，宣称要推翻阿里斯蒂德的统治。他们拒不接受美国、法国和一些国际组织提出的和解方案。2004年2月，反政府武装迅速攻下了戈纳夫、海地角等重要城市，进而控制了整个北方地区，26日开始围攻首都太子港。这场叛乱最终导致阿里斯蒂德总统的辞职。此后，一伙前军人私下对年轻志愿者进行军事作战训练，到2012年已招募了数千人。同年，一队退伍军人强行占领了几处退役的陆军哨所，向政府施压重建军队。2011年，马尔泰利总统提议成立一个委员会以考虑重建武装部队相关事宜，但历史上海地军队的暴力犯罪行为使得这一提案备受争议。2015年，马尔泰利总统签署法令，宣布重建军队，并将未来新成立的军队命名为海地国防军（Force de Défense d'Haïti）。

回顾过去，海地内部的动荡总是一波未平一波又起，武装部队成为影响国家机器运转的关键力量。军队在组织和行动上将重心放在国内安全方面，对外防务的能力十分薄弱。海地武装部队主要分为北部军区、南部军区和首都太子港军区。南部军区和北部军区下设9个军分区。

二　1995年以前军队的结构和军力

北部军区和南部军区下辖的9个军分区主要充当的是地方警察的角色，只有首都军区的部队具备作战能力：1300人编制的总统卫队拥有最强的战斗力，训练有素、纪律严明；驻扎在总统府后面的德萨林营是一支拥有750人编制的轻步兵部队；“美洲豹军团”是配备美式装备的700人安全部队。“美洲豹军团”和德萨林营在1989年的军队内斗中被解散。1995年前后，海地军队配备的主要小型武器是“二战”时期的M1加兰德步枪，少数精英部队配备德国G3步枪、美国M16步枪和以色列的乌兹冲锋枪。总统卫队配备了几辆装甲运兵车、75毫米和105毫米的牵引榴弹炮。陆军还装备了少量60毫米和81毫米的迫击炮、37毫米和57毫米的反坦克炮、20毫米和40毫米的高射炮以及57毫米和106毫米的火箭筒。军队控制着太子港的警察和监狱系统，管理首都的消防、海关、移民和毒品控制等项目。尽管1987年宪法规定年满18岁的成年男子有服兵役的义务，但入伍实际上是自愿的。军事科学院的学生在毕业后有机会成为军官，但军官的选拔和晋升主要还是靠家族背景和关系。

海地的海军创建于1860年，最初只有一艘铁甲舰，到19世纪末又陆续从英、法两国购买了另外几艘铁甲舰。1902年，在争夺总统之位的内战中，海军军官哈默顿·基利克（Hammerton Killick）不愿向敌方投降，将克里特奥皮洛特（Crête – à – Pierrot）铁甲舰炸毁后与舰共沉于戈纳夫湾。20世纪初，海地海军拥有2艘巡洋舰和6艘铁甲舰，是加勒比地区实力雄厚的海军力量。1915年美国军事占领以后，海地海军被解散。

1943年海地空军成立，由美国海军陆战队的航空队训练，最初只有几架训练机。第二次世界大战结束后，海地空军装备了包括3架道格拉斯C－47在内的多架运输机。1950年，在美国空军的帮助下，海地建立了一个由6架F－51“野马”式战斗机组成的战斗单位。到1994年，海地空军装备入列的有4架赛斯纳337、2架轻型运输机和12架训练机。空军仅有一个基地，位于太子港。

1995年海地军队解散前夕，军费开支占GDP的百分比约为9.2%。

三 “通顿马库特”

1958年，杜瓦利埃将海外流亡军人发动的军事政变镇压下去后，建立了直接听命于自己的准军事组织——国家安全志愿军，海地人一般称之为“通顿马库特”。起初，杜瓦利埃从贫民窟招募“民兵”，1962年以后定名为“国家安全志愿军”。“通顿马库特”一词起源于海地民间传说中的一个妖怪的名字，它会在夜间将顽童绑入麻袋中带走。在出现一些人莫名失踪的情况后，海地人开始称这个组织为“通顿马库特”。

“通顿马库特”在20世纪60～80年代中扮演了臭名昭著的秘密警察和特务机构的角色，采取恐怖手段维持杜瓦利埃的独裁统治。“通顿马库特”成员主要由杜瓦利埃的忠实支持者、地痞流氓、地主恶霸组成，他们没有固定薪水，靠敲诈勒索为生。还有一些伏都教领袖在该组织中起到了重要作用。“通顿马库特”成员通常头戴草帽，身着蓝色牛仔服，脖子上系红色领巾，佩戴墨镜。在杜瓦利埃的默许下，“通顿马库特”成员实施了一系列暴力和反人类的行径，他们以残忍的手段拷打反对派人士，并使持不同政见者失踪，他们还在农村地区扩展自己的势力，杀害不顺从的普通民众。1964 年在热雷米市，“通顿马库特”屠杀了数百名起义者，很多起义者家中上至老人下至幼童全部被枪杀。杜瓦利埃还命令将起义者的尸体空运至太子港，展示于众，以恐吓人民，削弱人们反抗的勇气。卢克纳尔·坎布罗讷（Luckner Cambronne）在整个 60 年代和 70 年代初是“通顿马库特”的首领，因行事残忍获得了“加勒比吸血鬼”的绰号。

杜瓦利埃政权覆灭后，“通顿马库特”组织虽然被解散，但其残余势力一时并没有退出海地政坛，其成员也没有受到应有的法律审判。

四　海地国家警察

海地国家警察建立于 1995 年，是军队解散后海地武装力量的主要组成部分，承担了维护社会秩序和国家安全的职责，需应对绑架、毒品走私、帮派团伙等诸多问题。1987 年宪法规定海地警察隶属司法部，其总司令任期 3 年，可以连任。

海地国家警察建立之初，由于政局长期动荡和国际社会的制裁，政府缺乏资金加强警力建设，再加上美国在 1991 ~ 1994 年对海地实行武器禁运政策，导致当时警察部队装备很差，无法起到维护社会秩序的作用。1997 年 7 月，应时任总统普雷瓦尔的请求，联合国安理会成立了为期 4 个月的联合国海地过渡时期特派团（United Nations Transition Mission in Haiti），之后又于当年 11 月成立了联合国海地民警特派团，帮助海地训练一支适当规模、能独立行动的专业国家警察部队，以巩固该国的民主，重建司法秩序。在国际社会的帮助下，海地国家警察的建设取得了很大进步，但在与犯罪活动做斗争方面仍缺乏经验，距专业化部队还有一定距离，并且时刻有受某些政治集团操控的风险。

到 20 世纪 90 年代末，海地国家警察出现了管理不善、资金匮乏、腐败等一系列问题。此外，人权组织开始频繁指责警察在国家和地方政要的指使下做出滥用职权和违反人权的事情。除滥用酷刑外，海地警察还卷入了大宗毒品的走私活动。在此情况下，国际社会提供的支援越来越少，致使海地国家警察的装备越来越差，人员大量流失，到2003年底只剩下大约4000人。从2000年开始，海地政局再次陷入危机，社会动荡，犯罪事件增多，武器走私也愈发严重。海地实行不禁枪支的政策，民间轻武器的数量越来越多。在这种情况下，海地警力难以维持一个有800多万人口的国家的社会治安，无法提供最低限度的法律和秩序保障。当2004年前军人发动叛乱时，警察根本无法与反政府武装抗衡，导致警署沦陷、警察遭到枪杀、大量枪支流入民间。这次叛乱使海地警察力量遭受重创，人数下降到2000人左右，更加无力维护社会秩序。有鉴于此，2004年上台的临时政府宣布将扩大警察规模，重振警察力量，联合国也派驻了海地稳定特派团以帮助海地维持社会治安并训练警备力量。2006年新总统普雷瓦尔上台后，也表示将加大海地的警备建设力度。

海地国家警察系统包括行政警察、司法警察、地方警察、准军事部队和海地海岸警卫队。行政警察负责维护国内的治安、稳定和秩序，下设交通和公路警察局、民防救援局、公共安全和秩序保障局、陆海空边防局等。司法警察的任务是收集犯罪线索和证据，打击犯罪，主要在有组织的重大犯罪活动中发挥其作用，此外还有责任配合国际刑警组织打击跨国犯罪，下设刑事局、司法情报局、毒品贩运管制旅、警察科学和技术局、反绑架局等。地方警察负责维持各省、市及广大农村地区的治安，海地的各省、市、镇均设有警察局。若干准军事部队负责保卫国家安全。

海地海岸警卫队（Commissariat des Gardes - Côtes d'Haïti）是国家警察的重要组成部分。海岸警卫队建立于20世纪30年代，“二战”期间及战后收到了几艘美国海岸警卫队赠予的快艇和猎潜艇。1970年，海岸警卫队的3支队伍叛变，炮击总统府，随后逃往古巴，在关塔那摩美军基地被解除武装遣返回国。为庆祝平叛胜利，杜瓦利埃将海岸警卫队命名为海地海军（La Marine Haitienne）。1995年海地军队解散后，残留的海军被重新命名为海岸警卫队。现在的海地海岸警卫队是隶属国家警察的专门部队，负责海岸线上的警戒、巡逻、执法等任务。它的主要基地有基利克基地、海地角基地、雅克梅勒基地，其中位于太子港的基利克基地是主基地，其名称以1902年因不愿投降而与船共沉的海军军官哈默顿·基利克命名。

第二节　对外军事关系

一　与美国的军事关系

从19世纪后半期开始，美国就企图在海地西北部的圣尼古拉角（Saint - Nicolas）建立军事基地，但遭到了海地民众的抵制。20世纪初，为维护巴拿马运河的主导权，美国不断加强在加勒比地区的军事存在，而控制海地逐渐成为美国区域战略的一部分。1849～1915年，为防止德、法、英在海地的势力渗透，美军战舰曾26次驶往海地。1915～1934年，美国对海地实行了为期20年的军事占领，为了代替海地原有的陆军和警察，美国海军陆战队武装了一支3000人的宪兵队，受益于美国的训练，海地军队的战斗力得到了一定的增强。1941年12月太平洋战争爆发以后，海地追随美国向轴心国宣战，首都太子港成为美国的军事基地。“二战”结束以后，美国继续向海地派驻军队，1959年卡斯特罗建立古巴共和国后，海地在美国的区域安全体系中显得愈加重要，美国曾多次给予海地军事援助以遏制古巴。因担心现代化军队威胁其统治，杜瓦利埃在1963年遣返了美国军事顾问团，清洗了大批受训的海地军官，但他依然对美式装备青睐有加，1964～1970年，海地从美国购买了相当数量的老式轻武器、巡逻艇、飞机等，并对在空军服役的F－51“野马”式战斗机进行了全面维护。小杜瓦利埃上台后更是从美国购买武器装备用于组建新成立的“美洲豹军团”。美国还曾为610名在美的海地学生提供了约340万美元的军事援助和训练费用。

20世纪80年代，美国继续通过贷款、军火贸易等方式向海地提供军事装备，并派遣军事顾问帮助海地进行军事训练。美国的军事援助成为海地维持国家安全的重要条件。在小杜瓦利埃统治后期，海地在同美国的军火贸易中购买的主要是防暴装备，1985年用于购买此类装备的资金达320万美元。小杜瓦利埃下台后，以海地为中转站从哥伦比亚走私至美国的毒品有增无减，还有不少军方人员牵涉其中，虽然1987年美国缉毒局在太子港设立了一个打击毒品走私的办公室，但成效不大。1991 年海地武装部队总司令塞德拉斯发动军事政变后，美国对海地实行武器禁运以制裁临时军政府。随着逃往美国的海地难民不断增多，南部海岸特别是佛罗里达州一带变得日益混乱，对此 1994 年美国总统比尔·克林顿向海地派兵，在美军的武力威慑下临时军政府被迫下台。之后，美国对 1995 年开始组建的海地国家警察给予了大力支持。但是到了 90 年代末，国家警察中的前军人势力深厚，甚至部分人员还牵涉毒品走私，此外美国还认为海地政府意图操控警察力量，因此于 1999 年终止了对海地警察的援助项目。2004 年海地过渡政府成立以后，美国才恢复对海地警察的资金援助。2006 年海地新政府上台执政以后，美国解除了对海地长达 15 年的武器禁运，允许其从美国购买轻武器、防暴装备等。

2010 年海地大地震后，美国派遣第 82 空降师部分单位与美国海军在第一时间投入救灾，截至 1 月 18 日，美军累计向海地派出超过 1.1 万名军事人员、C－17 运输机、“卡尔·文森”号航空母舰和多艘军舰。不过由于过去美国占领海地 20 年的“敏感历史”，一些国家批评美国在海地建立军事存在是为了重新控制这个国家和附近的岛屿。

二 与联合国的军事关系

1990 年，军政府在人民的抗议声中倒台，海地举行了历史上第一次民主选举，联合国派出了由美国前总统卡特率领的选举观察团监督大选的筹备和进行情况，最终阿里斯蒂德较为顺利地当选为海地第一位真正意义上的民选总统。1991 年合法总统在政变中被推翻，海地局势进一步恶化，联合国对军政府采取了武器禁运和经济制裁等惩罚措施，并于 1993 年 2 月部署了联合国—美洲组织驻海地国际文职人员特派团。迫于国际社会的压力，1993 年 7 月军政府承诺将政权交还给阿里斯蒂德，并允许联合国向海地派驻维和部队。9 月，联合国安全理事会在海地实施了第一个联合国维持和平行动——联合国海地特派团（United Nations Mission in Haiti）（以下视情简称“联海特派团”），但由于军事当局拒绝兑现承诺，联海特派团未能充分部署和执行任务。在多方调解均告失败的情况下，1994 年 7

月，联合国安全理事会授权部署一支2万人的多国部队，帮助海地人民摆脱军事独裁统治，协助恢复合法政府，维护安全稳定的社会环境。

多国部队进驻后，1993～2000年在海地部署了一系列联合国维持和平特派团。

联合国海地特派团：部署期为1993年9月至1996年6月。1995年6月部署兵力达最大规模，包括士兵和军事人员6065人，民警847人。派遣人员的国家包括阿尔及利亚、安提瓜和巴布达、阿根廷、奥地利、巴哈马、孟加拉国、巴巴多斯、伯利兹、贝宁、加拿大、吉布提、法国、危地马拉、几内亚比绍、圭亚那、洪都拉斯、印度、爱尔兰、牙买加、约旦、马里、尼泊尔、西班牙、巴基斯坦、菲律宾、俄罗斯、圣基茨和尼维斯、圣卢西亚、苏里南、多哥、特立尼达和多巴哥、突尼斯、美国。主要任务是维持海地在多国干预阶段建立的安全和稳定环境；帮助海地建立一支独立的专业化警察部队；协助海地政府建立一个自由公正的选举机制。尽管面临诸多困难和挑战，联海特派团仍然履行了其职责，1995年12月海地总统选举成功举行，1996年2月7日国家最高权力顺利交接到新总统普雷瓦尔手中。

联合国海地支助团（United Nations Support Mission in Haiti）：部署期为1996年7月至1997年7月。1996年11月部署兵力达最大规模，包括1297名军人和291名民警。派遣人员的国家包括阿尔及利亚、孟加拉国、贝宁、加拿大、吉布提、法国、印度、马里、巴基斯坦、俄罗斯、多哥、特立尼达和多巴哥、美国。主要任务是促进海地国家警察的专业化建设，维护社会秩序与稳定，帮助海地推进制度建设和经济复兴。

联合国海地过渡时期特派团：部署期为1997年8～12月。授权兵力包括250名民警和50名军事人员。派遣人员的国家有阿根廷、贝宁、加拿大、法国、印度、马里、尼日尔、塞内加尔、多哥、突尼斯、美国、加拿大、巴基斯坦。主要任务是向海地国家警察提供执法专门知识培训，就密集人群的秩序维持、突发事件的快速应对和总统府的安保等重要项目进行特训。

联合国海地警察特派团（United Nations Civilian Police Mission in

Haiti)：部署期为1997年12月至2000年3月。授权兵力为300名警察。派遣人员的国家包括阿根廷、贝宁、加拿大、法国、印度、马里、尼日尔、塞内加尔、多哥、突尼斯、美国。主要任务是继续帮助推进海地国家警察部队的专业化建设，协助政府对国家警察进行监督管理；对特警部队展开专业化培训。

1993～2000年，在联合国特派团的协助下，海地的社会环境趋向稳定，政治民主化进程初步发展，经民主选举产生的两位总统间实现了首次和平权力交接。但海地国内矛盾未能根除，社会依然危机四伏。2004年，由前军人发动的反政府武装叛乱迅速蔓延，对海地的和平与稳定造成严重破坏，2月，联合国安理会通过决议授权部署多国临时部队，以协助海地继续推进和平和宪政进程，维护安全稳定的环境。

2004年4月联合国安理会通过决议设立联合国海地稳定特派团，从6月起接替多国临时部队。联海稳定团的主要任务是帮助监督和改组海地国家警察；解除叛乱分子的武装并帮助其复员；支援海地恢复法治、公共安全和社会秩序；保护平民免受暴力威胁；协助举行自由公正的市政、议会和总统选举。联海稳定团进驻海地后，多次与海地国家警察合作打击反政府武装，深入武装分子藏身的贫民窟采取围剿行动。2006年2月海地举行总统大选，联海稳定团保障了投票、计票工作的顺利进行。之后几年中，安理会对联海稳定团的任务和规模进行了多次调整，以适应海地不断变化的政治和社会经济局势。截至2010年，虽然仍面临重大挑战，但通过海地当局、联合国和国际社会的共同努力，海地的发展似乎已逐步驶入正轨——政治暴力基本消除、公共安全初步恢复、犯罪现象有所减少、经济取得一定增长。2010年大地震给海地的经济和基础设施造成沉重打击，联海稳定团成为帮助海地抗灾救援和进行灾后重建的重要力量。然而随着驻扎时间的增加，海地人开始认为这支外国军事力量的介入是对国家主权的侵犯，要求联海稳定团撤出的呼声越来越高。

联海稳定团于2017年10月开始撤离。海地政府考虑重建20多年前解散的军队，这一计划引起了巨大的争议。反对者认为，历史上军队屡次沦为独裁者打击异己的工具，担心军队成立后会被政治化，成为当权者的

私人武器。反对者还认为政府应将有限的财政预算优先投入已有的国家警察的建设中去。而支持者认为，新军队的主要职能将集中在保护国家和国民安全、保卫边界、打击毒品走私和恐怖分子、应对自然灾害等方面，有利于国家的稳定和发展。

第六章

社会与文化

第一节 国民生活

海地是西半球乃至全世界最为贫穷的国家之一，饱受自然灾害频仍、经济发展滞后、社会动荡不安等问题的困扰。在 2016 年联合国综合衡量各成员国预期寿命、教育水平和生活质量得出的人类发展指数（Human Development Index，HDI）排名中，海地列世界第 163 位，说明海地的社会发展严重滞后。海地社会存在一系列问题，主要表现为就业率低、医疗卫生条件差、教育水平落后、社会治安混乱。

一 社会结构

由于历史原因，海地形成了以肤色为标志的二元分化社会结构——上层社会占人口比例极少而底层民众占绝大多数，二者之间的处境迥异，裂痕难以弥合。政治精英和经济精英主要由浅肤色的混血种人构成；处于社会下层的农民阶级和工人阶级则主要由黑人构成，约占海地人口的 95%。因政治经济制度僵化、教育普及率低，具有专业知识和职业技能的中产阶级发展缓慢，人数十分稀少。正因如此，海地是世界上贫富差距最大的国家之一，2001 ~ 2012 年的基尼系数一直在 0.6 的高位徘徊，其结果是 2012 年最富有的 1% 的人群所占有的生活资源是底层 10% 的人群的 50 倍。

这种基于种族的二元社会结构源于法国殖民统治时期。为维持种植园经济的发展，法国殖民者每年都从非洲贩运大量黑人以补充劳动力缺口。

处于社会顶层的白人大种植园主、大商人、殖民官吏、军官和高级教士掌握着全部社会财富，在政治、经济、军事和宗教领域拥有绝对的话语权；处于社会底层的黑人奴隶没有人身自由和个人财产，在恶劣的环境中从事繁重的劳作；此外还存在少量的中间阶层，主要由黑白混血的穆拉托人组成。这样在殖民地形成了少数白人统治多数黑人的社会结构。

随着18世纪末奴隶起义的爆发，法国殖民者被赶出海地，穆拉托人取代白人控制了海地社会的大部分政治、经济资源，跻身社会金字塔的顶层。时至今日，他们把持着贸易、工业、房地产等重要经济部门，在经济、政治、社会、文化等各领域都占据绝对的优势地位，掌握着这个国家的大部分财富。处于社会上层的混血种人多来自传统的精英家族，从外貌上看肤色较浅，他们拥有法文姓氏，讲法语，生活方式效仿法国。海地独立后出现过几位黑人总统和一批“精英”黑人领袖，20世纪20年代的教育改革催生了一次黑人意识的觉醒。1957～1986年黑人总统杜瓦利埃父子统治时期，中产阶级中的黑人数量有所增长，但是黑人的社会地位没有实质上的改善，绝大多数处于社会底层。他们大部分生活在农村，因土地贫瘠而陷于赤贫，饱受食品短缺之苦，还有一部分聚居在大城市的贫民区，没有稳定的工作，生活条件极其恶劣。

二　贫困问题

海地是一个低收入国家，2017年人均国民收入仅为718美元，在世界各国中排第192位。大多数海地人处于赤贫状态，2012年有50.8%的人口生活在每日3.2美元的国家贫困线以下，25%的人口生活在每日1.9美元的国家极端贫困线以下。

受经济困难和农业生产率低下的影响，海地长期面临食品安全问题的挑战，在2010年地震以前就是西半球饥饿和营养不良情况最为严重的国家，约有40%的家庭处于营养不良的状态，有30%的儿童患有慢性营养不良症状。在解决饥饿问题上，海地取得了一定的进展，2012年人口和健康调查显示，2005～2012年，发育迟缓的5岁以下儿童的比例从23.8%下降到21.9%；体重过轻的儿童则从22.2%降至11.4%。尽管如此，在2015年的全球饥饿指数中，海地依然处于“令人担忧”的境地。在经受长期干旱和2016年飓风的摧残后，情况进一步恶化，大约有一半人口营养不良。在解决食品安全问题之前，海地一时难以获得经济发展和社会安定。

在海地，不论城市还是农村都饱受贫困问题的困扰。2012年，约有1/2的海地人生活在农村，74.9%的农村人口生活在国家贫困线以下。农村地区电力系统的覆盖率极低，只有不到1/5的村民能用上电。许多村镇交通落后、信息闭塞，缺少基本的医疗服务。卫生设施极度落后，大部分农村家庭无法获得干净卫生的生活用水，只有40%的村民能够享受到基本饮用水；厕所和垃圾处理站也十分稀少，约有30%的村民无法使用厕所。海地农村地区的学校屈指可数，人们鲜有接受教育的机会，因此大多数农民都是文盲。

艰难的生存环境促使越来越多的农村人迁移到城市，农村人口呈现负增长的态势，2018年海地农村人口增长率为-0.79%。与此同时城市人口不断增长，特别是在2000年以后城市化进程加快，2009年，城市人口首次超过农村人口，占总人口的比重达到50.5%。然而，海地的城市化只是表现为城市人口的增多，城市的经济、市政建设及人们的生活条件并没有得到改善，这是因为海地的城市化是由人口迁徙而非生产力发展、产业结构调整带动的。2012年，有40.6%的城市人口生活在国家贫困线以下。首都太子港是海地最大的城市，随着人口的不断涌入，这里变得日益拥挤。2010年大地震以前，全国有1/3的人口生活在太子港都市圈，2016年，太子港市有250万人，占全国人口的23%。许多人被迫居住在生存条件恶劣的贫民窟，世界银行2014年的统计数据显示，海地有74.4%的城市人口居住在贫民窟中。太子港都市圈的卡勒富尔和太阳城是两个著名的贫民窟。卡勒富尔区远离中心城区，是一个“睡城”，许多在市区工作的人每天从这里上班。太阳城是海地最大的贫民窟，位于杜桑·卢维杜尔国际机场的西边。这里卫生医疗条件极差，几乎没有下水道及其他排水设施，艾滋病感染率高；居民识字率低，大部分处于失业状态；该区还被黑社会帮派所控制，暴力横行，社会治安混乱。不过，城市的生活条件总体上要好于农村，2015年，有一半以上的城市居民能用上电，

36.7%的城市居民可以享有基本卫生服务（农村地区为21.8%）。1980～2018年海地城市人口变化见图6－1。

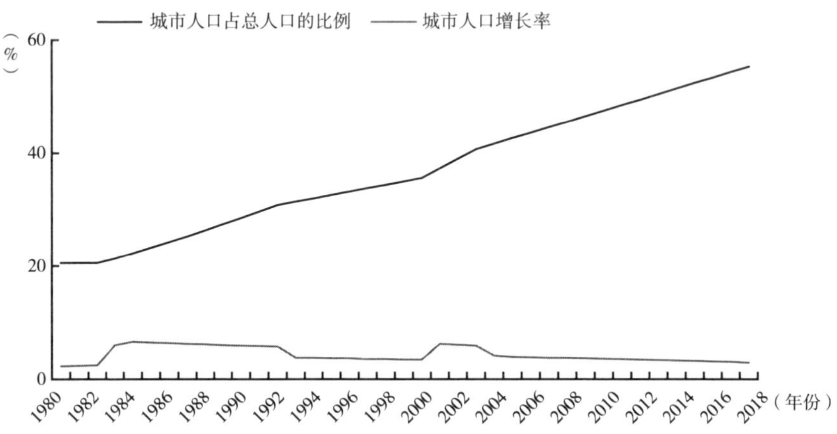

图6－1　1980～2018年海地城市人口变化

资料来源：世界银行2019年发布的数据。

海地的劳动力价格低廉，大多数民众在非正规部门工作，收入没有保障。海地的就业人员主要集中在农业和服务业，这两个部门吸纳了近90%的劳动力。发展服务业中的非正规部门（街头自由市场）和手工业（传统工艺画）是解决就业问题的重要途径。工业领域中的纺织业、装配制造业等劳动密集型产业也提供了一部分就业机会。因经济增长乏力，工作机会缺乏，海地的失业率长期居高不下，2018年达13.5%。其中女性获得工作机会的难度更大，女性劳动力的失业率为16.3%，高于男性劳动力11.0%的失业率。贫困还导致大量童工的出现，许多儿童都不得不打零工以补贴家庭开支，还有不少家庭无力支持子女完成基础教育，辍学儿童成为全职劳动力。2016年，7～14岁的儿童中有37.8%当过童工，其中有7.6%的儿童辍学成为全职劳工。

三　社会治安

20世纪90年代以来，民选政府开始执政，海地各界普遍希望通过民主制度实现国家发展和人民生活水平的提高，但事实上陷入更加剧烈的社会动荡。长期的经济衰退和政局混乱导致民众对政府的不满情绪日益增长，贫困、失业等问题催生了暴力和犯罪，加上政府执政能力弱，海地的社会治安情况堪忧。

虽然在联合国海地稳定特派团的帮助下海地的社会治安有所改善，但犯罪率依然很高，特别是在首都太子港贫民窟地区，经常发生暴力冲突和黑帮火并事件。根据联合国 2016 年 8 月的一份报告，海地在 2016 年 3 月至 8 月的 5 个月时间内就发生了 438 起凶杀案，其中 75% 发生在太子港地区。然而由于警力主要部署在首都地区，农村地区的治安状况也不容乐观，2010 年以后农村犯罪案件数量一直呈上升趋势。有些武装团伙甚至向国家政府部门和政治人士发起袭击，其中警察局成为他们的重点攻击目标，仅 2016 年就发生了多起针对政府的袭击事件，如 5 月袭击国家警察莱凯总部事件、6 月 8 日枪击外交部大楼事件，此外还发生了数起针对各政治党派领袖或总统候选人的刺杀事件。监狱骚乱事件也时有发生：2014 年海地共发生两起较严重的越狱事件，先后有 329 人和 34 人越狱，这两次越狱事件是在监狱内部人员的策应下发生的；2016 年 10 月西部省的一所监狱发生骚乱，一名狱警被打死，两名狱警受伤，172 名犯人在抢夺武器后越狱。监狱骚乱事件进一步加深了民众和国际社会对海地警察部门和司法系统腐败程度的担忧，并质疑联海稳定团撤离后海地警察维护社会治安的能力。

海地的政府缺乏稳定性且执政能力弱，议会和总统选举经常陷入长时间的拖延和反复，导致国家政策执行难度大，改善民生困难重重，民众的不满情绪日益发酵，多次爆发游行示威、静坐和罢工等抗议活动。2013 年 11 月，海地爆发了马尔泰利政府执政以来规模最大的反政府示威，包括太子港、海地角和莱凯在内的主要城市都发生了抗议游行，示威者抗议生活成本过高和政府腐败严重，要求马尔泰利下台并重新举行选举。2014 年反政府示威的次数和规模继续增多和扩大，一些抗议活动还转变为暴力冲突。2015 ~ 2017 年，海地举行了一场马拉松式的总统选举，一些政治派别和官员甚至勾结黑帮控制选民投票，导致选举过程一波三折，总统人选迟迟未能确定。最高权力的缺失使海地再次面临危机，人们的抗议声此起彼伏，2016 年 4 ~ 8 月，有记录的公共示威共 438 起，其中 34 起引发了暴力冲突。

海地社会治安形势严峻的一个重要原因是警员人数不足、执法能力弱，难以维护国家的安定。首先，2017 年海地国家警察人数约为 1.4 万人，警员与居民比例为 1.3∶1000，这一数字虽然比 2004 年的 0.73∶1000 有较大进步，但依然远低于 2.2∶1000 的世界平均水平。其次，警察系统覆盖范围十分有限，近 1/4 的警官岗位空缺，全国 571 个村镇中仅有 261 个部署警察，边境检查站、交警和刑警等缺编严重。最后，国家警察执法能力弱，应对突发情况能力不足，内部管理混乱。经过联合国海地稳定特派团 10 余年的帮助和培训，目前海地警方基本能独立维护游行秩序，但在打击黑帮犯罪、毒品走私，镇压反政府武装等方面能力不足。

四 自然灾害的应对

海地是世界上自然灾害风险指数最高的国家之一，飓风、地震、洪涝和干旱等灾害经常会给这个国家带来灾难性后果。而政府部门应对自然灾害的能力不足导致灾后重建工作进展缓慢，使海地社会在接踵而至的各种自然灾害的打击下元气大伤。

2010 年 1 月 12 日，太子港地区发生了 7.3 级强烈地震，海地在这次地震中受到了毁灭性打击，至少 22.3 万人丧生，31 万人受伤，150 万人无家可归，直接经济损失达 140 亿美元。首都地区的基础设施被毁坏殆尽，街道被瓦砾覆盖难以通行，包括总统府、国会大厦、教堂、医院和监狱在内的大部分建筑物被夷为废墟。地震发生后，绝大多数灾民只能居住在由帐篷搭建的难民营中，这些难民营没有接通电力和自来水，也没有污水和垃圾处理设施，滋生出大量暴力和犯罪行为。2010 年 10 月还暴发了大规模的霍乱，为灾后重建工作带来更大压力。虽然联合国、非政府组织和国际社会提供了援助，但由于行政效率低下、资金严重匮乏以及国内政治危机等因素的影响，地震发生两年后首都地区仍然是满目疮痍，有 80% 的废墟没有清理，60 多万灾民没有得到安置。难民营的生活条件、安全和卫生状况十分恶劣，对社会稳定构成重大隐患。

在海地还未走出地震的阴霾，正进行艰难而缓慢的重建之时，2016年4月，飓风“马修”过境海地，引发了强烈的洪水、山体滑坡和海水倒灌等自然灾害，造成546人死亡，约80万人处于危机之中，140万人需要食品救济，经济损失达19亿美元。南部诸省灾情尤为严重，超过75%的民众丧失生活来源，95%的住宅被摧毁，1/3的医院遭到破坏。此次风灾是2010年大地震以来破坏性最强的一次自然灾害，给海地农业造成毁灭性打击。据联合国粮农组织（FAO）估计，约90%的农作物被毁，南部一些省份几乎颗粒无收，并面临超过50%的牲畜损失。

海地政府也做出了一些应对自然灾害的努力。自2000年开始，国家灾害风险管理系统就致力于通过加强预防、备灾和应对措施来降低自然灾害风险。在联合国等合作伙伴的人力和物资支援下，民防部门应对灾害的能力也有所提高。但由于政府部门效率低下及腐败问题严重，救灾资金往往不到位，灾后的救援和重建工作难以展开。对此，海地政府应加强对灾害防控部门和救灾款项的监管；加大力度建设和完善防洪排水设施，提高建筑物的抗震性能；广泛开展自然灾害安全教育；完善预警系统，增强物流和应急通信能力。

五 移民

19世纪至今，海地产生过三次移民潮：第一次是在19世纪初爆发的海地革命期间，处于统治阶层的奴隶主、种植园主大批外逃至美国、法国、古巴等地。第二次是在1957～1986年，为了逃离杜瓦利埃父子的独裁统治和迫害，许多受过教育的中产阶级和专业人士移民国外，他们在美国、墨西哥、法国、多米尼加、加拿大等国家获得了政治庇护和永久居民身份。由于这一拨移民多是医生、教师、企业家和技术人才，造成了海地大量的人才流失。第三次是从21世纪初至今。海地国内的境况一直以来没有太大的改善，多年的政局动荡、经济衰退和生活贫困，致使近十几年来大量海地人移居国外，其数量呈逐年攀升的趋势。这些移民大多来自贫困阶层，为了更好的生活去其他国家寻找机会。2010～2015年，海地的人口净移出率为2.9‰，而拉丁美洲和加勒比地区的人口净移出率为0.7‰。目前，有数百万海地人生活在国外，他们主要分布在美国、多米尼加、加拿大，也有部分海地人选择移居法国、古巴、巴哈马、牙买加、波多黎各、委内瑞拉、巴西等地。

美国是海地最大的移民目的地国家，约有88万海地人生活在美国，他们当中有相当大的一部分生活在佛罗里达州。在美国东海岸的一些大城市如纽约、波士顿、费城和中西部的芝加哥也有规模不小的海地人聚居区。不断地有海地非法移民试图从海上偷渡至佛罗里达州，他们通常会被美国海岸警卫队遣送回国。还有很多海地人迁至美国的自由邦波多黎各。

多米尼加是另外一个海地人移民的主要国家，他们占多米尼加入境移民的87%，构成了多米尼加移入人口的主体。据估计，目前多米尼加境内约有46万出生在海地的常住居民，占多米尼加总人口数量的5%，海地裔总人口数则达到80多万。从20世纪早期开始，大量海地人便穿越边界线前往多米尼加，临时或永久性地居住下来。这些人大多是农民，因海地可耕地稀少而去多米尼加寻找工作机会，海地政府对这些移民持默许及鼓励的态度。这些海地移民主要在多米尼加的甘蔗种植园工作。20世纪80年代早期，海地劳工是多米尼加砍蔗人的主力军。2010年海地大地震后，非法进入多米尼加境内的移民骤增，与当地人的纠纷时有发生，多米尼加政府担心这样会影响该国的人口结构和社会稳定，在2013年通过法律，拒绝给予在多米尼加出生的海地非法移民的后裔公民身份。多米尼加政府陆续遣返一部分海地移民，还有一些海地人开始主动离开这个国家。

由于法语是加拿大的两种官方语言之一（另一种官方语言是英语），对于讲法语的海地人来说，加拿大成为他们的一大移民目的地，据估计，目前在加拿大约有21万海地人。海地人大规模移民加拿大始于20世纪60年代，当时去往加拿大的多是专业人士。绝大多数海地移民选择在通行法语的魁北克省定居。2005~2010年任加拿大总督的米凯勒·让（Michaëlle Jean）女士就是11岁时随家人来到加拿大的海地移民。

第二节　医疗卫生

海地是拉丁美洲和加勒比地区医疗卫生水平最为落后的国家，存在营养不良、卫生条件恶劣、医疗机构不足等问题。医疗资源匮乏的情况在2010年地震后变得更加令人担忧，地震摧毁了受灾地区的大部分医院和诊所，并导致许多医疗卫生人员死亡，只有大约40%的海地人能够获得医疗保障。2017年联合国数据显示，海地的多项健康指标都不容乐观：人口出生时的平均预期寿命为63.6岁，女性为65.8岁，男性为61.4岁；婴儿死亡率高达53.9‰。

据世卫组织统计，2012年，海地约有1/5以上的死亡是由艾滋病毒/艾滋病（HIV/AIDS）、腹泻（主要由霍乱和伤寒引发）、下呼吸道感染、肺结核等疾病引起的（见图6－2）。90%的年轻人患有由肠道寄生虫和其他由污水传播引起的疾病，还有成千上万的海地人患有严重的脑膜炎和疟疾。在大多数情况下这些致命疾病是可以预防的。90年代以来，海地人口的疫苗注射率有所提高，但至2015年依然有许多1岁以下婴儿没能接种基础疫苗，其中有28%的婴儿没有接种白喉、破伤风、百日咳疫苗，有47%的婴儿没有接种麻疹疫苗。海地的许多传染病主要是经水传播的，这一方面是由于包括太子港在内的广大城乡地区排污系统及垃圾处理设施极不完善，许多粪便和垃圾被直接倒入河流，导致水源受到严重污染，另一方面是由于清洁安全的水源供应不足。2017年，城乡居民中能够使用经过处理的饮用水的比例分别为64.9%和47.6%；有条件使用改善的卫生设施的比例分别为33.6%和19.2%。

20世纪70～80年代，随着旅游业的发展，性服务业逐渐发展起来，因医学宣传和预防工作的不到位，海地成为非洲以外HIV感染率最高的地方，15～49岁年龄段人群中HIV感染率在1992年高达4%，后在联合国等国际组织的干预下，到2017年感染率降至1.9%，但海地依然是艾滋病感染率最高的国家之一。2017年HIV新感染人数为7600人，其中包括14岁以下的儿童950人。联合国及一些非政府组织对有关治疗和预防艾滋病的项目提供了大力支持，抗反转录病毒治疗覆盖率在过去的十几年

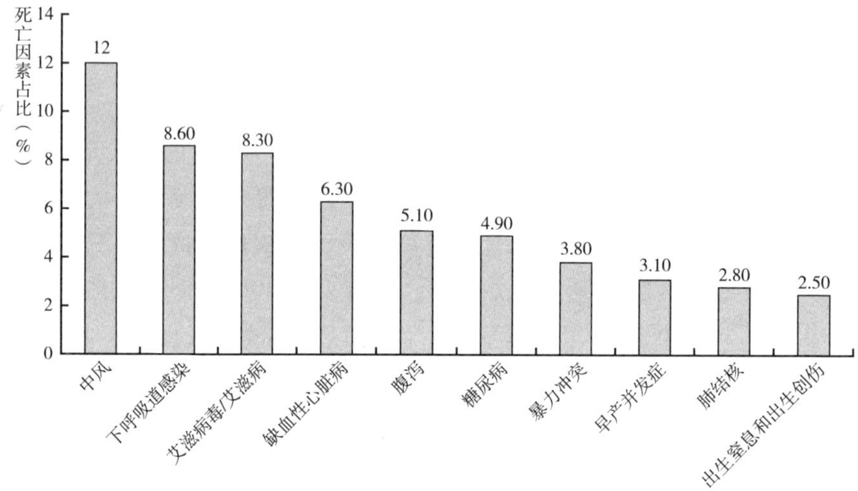

图 6－2　2012 年海地主要死亡因素

资料来源：世界卫生组织（World Health Organization），http：//www. who. int/countries/hti/en/。

中得到大幅提升，从 2002 年的 1% 升至 2017 年的 64%。15 岁以上的艾滋病毒携带者中妇女占比达 55.6%，阻止艾滋病毒的母婴传播对于控制海地艾滋病至关重要，然而，对感染艾滋病毒的孕妇进行阻断母婴传播的抗反转录病毒治疗的情况却不尽理想，获得治疗的孕妇比例自 2013 年起呈下降趋势，从 88% 降至 2017 年的 70%。

自 20 世纪 60 年代以来，海地没有记录在案的霍乱发生，直到 2010 年大地震以后，来自许多国家的救援人员协助海地的重建工作，其中包括一些霍乱流行国家的工作人员，这给霍乱传播到海地提供了机会。2010 年 10 月，霍乱首先在太子港地区暴发，疫情在很长一段时间内未得到有效控制，新增病例和死亡人数不断增加，并向多米尼加和古巴等邻国蔓延。2012 年 12 月，海地卫生及人口部记录的霍乱病例达 621660 例，其中 7759 名患者不治身亡。由于资金不到位，难民营内基本的清洁设施配备率极低，露天如厕现象普遍，且只有 35% 的社区供水点提供经氯气消毒过的水，霍乱防治困难重重。不过至 2016 年疫情基本得到控制，虽偶有地区性暴发，但整体发病率比 2011 年峰值时下降了 90 个百分点。2016

年 8 月联合国承认对海地霍乱暴发负有责任，呼吁国际社会继续为消除疫情提供援助。自 2010 年疫情暴发至 2017 年，已报告的霍乱病例超过 100 万例，并导致 1 万多名患者死亡。

海地政府在医疗卫生领域一直未能给予足够的资金支持，2016 年全国卫生支出在 GDP 中的占比为 5.4%，比 2011 年的 10.2% 下降了 4.8 个百分点，并且私人卫生支出在卫生总支出中的占比高达 46.3%；人均卫生支出仅为 37.7 美元，远低于 1000 美元的世界平均水平。海地的医疗资源十分短缺且分布不均衡，2018 年平均每 1000 人仅配置 0.23 名医生，相当一部分受过专业训练的医护人员集中在太子港地区，在地方村镇的公共医疗机构里很少能见到正规医护人员。虽然 20 世纪 90 年代中期以来古巴共派出数百名医疗人员赴海地行医，但除几个主要城市外，广大村镇地区医疗条件依然十分落后。大部分海地人通过传统的民间方法来治病，特别是农村地区对这种治疗方式更为依赖。草药被广泛应用，即便随着环境的恶化一些草药已踪迹难寻，但人们一时难以获得有效的现代药物。人们生病后有时会自己服用点草药缓解病情，有时会找草药师进行诊断，许多伏都教的祭司同时也是草药师。只有一半的产妇可以由熟练的卫生人员接生，农村地区的妇女分娩时依然要求助于传统的接生婆。

为解决严峻的医疗卫生问题，海地急需改善卫生设施、医疗条件和人民的生活方式，联合国提出未来需要从以下几个方面进行努力：加强对医生及其他卫生工作者职业技能的培训，鼓励受过高等教育的医生留在国内；增加医院和诊所的数量，努力使医疗机构在各地区实现均衡分布；扩大清洁、可靠的供水系统的覆盖范围；向民众普及医疗卫生知识，强调使用肥皂勤洗手的重要性；加大改善医疗条件和卫生设施的资金投入。

第三节　环境保护

一　环境问题

16 世纪以前，伊斯帕尼奥拉岛曾几乎被热带森林完全覆盖，到处生长着松树和阔叶树。到了法国殖民时期，殖民者为了获取巨额财富，开始砍伐森林，开辟种植园种植甘蔗、咖啡等经济作物，导致海地森林面积减少，土壤肥力衰减。独立运动期间，愤怒的奴隶们又几乎烧毁了所有的种植园，甚至连一些森林和玉米地也放火焚烧，对森林资源造成进一步的破坏。独立以后，海地实行将土地划分为小块归民众所有的政策，更多的土地被开辟为农田，过度砍伐森林的现象不但没有得到遏制，反而愈演愈烈。20 世纪以后，人口快速增长，海地成为西半球人口密度最大的国家之一，人地矛盾突出，破坏性的农业耕种范围继续扩大。在过去的 6 个世纪里海地森林覆盖率骤降，据估计，15 世纪时海地的森林覆盖率达 85%，如今森林覆盖率不足 4%。站在海地和多米尼加的边境线上可以看到，东侧多米尼加境内地区分布着郁郁葱葱的森林，而西侧海地境内则呈现一片光秃贫瘠的景象，直观反映出海地严峻的生态环境形势。

海地的环境问题主要表现为严重的森林退化、土壤侵蚀和海洋生态破坏。森林最近几十年间的砍伐速度远远超出历史上其他时期，森林面积从 1990 年的 1160 平方千米下降到 2016 年的 962 平方千米，目前只在拉维西特国家公园和马卡亚国家公园等自然保护区内残留着一部分森林。森林资源被迅速大规模地毁灭，一是因为海地农民采用砍伐和焚烧植被的方式开发农田，对森林破坏性强；二是因为海地能源结构单一，绝大部分能源来源于木材和木炭的燃烧，特别是 20 世纪 60 年代以后人口大量涌入太子港地区，城市规模扩张，木炭的需求量大增，进一步加快了树木砍伐的速度。森林的破坏加剧了水土流失，海地农村地区 2/3 的土地坡度大于 20 度，多山的地形条件使土壤易受侵蚀，绝大多数失去植被保护的表层土随河流冲刷入海。土层变浅和植被覆盖率的下降破坏了土壤的持水能力，大量地表流水未能渗入土层而是直接汇入河流和大海，这样就加大了强降水天气下发生洪涝灾害的概率，也使得旱季时地表水迅速枯竭，导致农田变为荒地。海地沿海地带的生态环境形势也十分严峻，近海水域污染严重，大量红树林被砍伐，珊瑚礁遭到严重破坏，部分区域已被全部损毁。

人们的经济活动对植被和土壤的大规模破坏已经持续了数代之久，在边境附近的一些地区，植被和表层土壤已被完全破坏，环境退化严重到不可逆转的境地。但由于人口快速增长，农业生产技术落后，海地农民继续在坡度大且土壤层稀薄的山地开垦农田，使得地力日趋枯竭，环境负担加重。随着水、土地、森林等资源变得越来越稀缺，海地的社会矛盾也日益激化。环境恶化将成为影响海地可持续发展的一个不可忽视的问题，也使该国抵抗飓风、洪水等自然灾害的能力进一步降低。

海地的城市环境同样不容乐观，大量固体废弃物堆砌在地表没有得到妥善处理，城市污水处理设施严重不足，生活垃圾被随意排入河道和沟渠。而许多城市的贫民窟和农村地区没有接通洁净的饮用水，作为人们生活用水水源的河流成为霍乱等流行病毒的温床。

在海地政府和国际社会的共同努力下，海地人民已开始意识到他们所面临的环境危机。然而，海地的环境保护工作长期以来面临着诸多挑战：首先，粮食匮乏和极端贫困促使海地农民不得不采取毁林开荒等粗放的农业生产方式；其次，土地产权混乱，不利于土壤保护和植树造林活动的开展；再次，人们环保意识淡薄，政府的环境干预行为效率低下；最后，气温上升、降雨量增多、飓风出现的频率和强度增加等未来气候变化趋势将会给海地环境带来更大的负面影响。总之，欠发达的经济社会现状、动荡的政局以及政府环保意愿低等因素皆不利于环境的保护和恢复，只有进行多方位的努力，海地才能实现人与自然的可持续发展。

二　环境管理与现状

海地独立以后，一些领导人曾关注森林砍伐问题。1826 年布瓦耶政府颁布的《农业法典》规定，禁止砍伐山脊、水源地和河流两岸的树木。1864 年，政府又对违反这条禁令的行为加大了处罚力度，凡不遵守相关法律的人不仅会被处以 100 古德（这在当时是很大的数目）的罚款，还会被判处监禁。然而，在持续动荡的历史环境中该环保法令很难以得到真正的实行。

到了现代，尽管海地政府制定了名目繁多的环保法律，设立了许多环境监管机构，但均因执行不力而没有起到太大的实质性作用，低效的行政管理没能缓解海地的环境危机。海地政府内阁设有农业、自然资源及农村发展部，其他与环境管理有关的部门还包括卫生部、内政部、规划部、公共工程部、环境部等。环境部于1998年颁布的《环境行动计划》为政府进行环境管理提供了指导方针和行动规划。但20年来一直未能得到有效的贯彻执行。海地的环境监管部门也缺乏足够的资金和技术支持领导人们改善环境。除政府部门外，海地奥杜邦协会（Société Audubon Haïti）是一个重要的环境保护组织，致力于推进马卡亚国家公园等自然保护区的长远发展。

在国际社会的帮助下，海地在环境保护和治理方面取得了一定的进展。20世纪80年代，美国国际开发署（U. S. Agency for International Development）在海地实施了农林业拓展项目，在该项目的支持下，海地农民共种植了2500万棵树木，但砍伐树木的速度远高于树木的生长速度。进入21世纪，在联合国环境规划署等国际组织及非政府机构的援助下，海地开展了一系列环保项目，旨在促进农业增产、加强水域监管、发展可再生资源、保护生物多样性，主要在海地和多米尼加边境及南部省份开展环境监测与保护活动。自2011年联合国环境规划署设立援助项目以来，海地在实现良好的环境管理和可持续发展方向上迈出了重要一步，在推动可持续发展和经济良性增长方面取得了新成就，并获得了若干基础性的突破。2013年8月，海地南部省建立了第一个海洋保护区。2014～2015年，海地首个自然保护区管理和运营方案在南部半岛的马卡亚国家公园实施。2014年，南部的萨鲁特港（Port Salut）建立了首个沿海物种培育基地，重点培育红树苗以恢复退化的海岸地带，更好地防范热带风暴及其他极端气象灾害，到2016年已培植了64000棵红树苗。为遏制水土流失和土壤侵蚀，联合国环境规划署帮助海地在生态脆弱的陡峭河岸种植竹子，到2016年已在南部省27千米的河堤上进行了植树造林。此外，联合国环境规划署还对陆地和海洋生态系统的合作伙伴给予技术支持，提供果树嫁接、谷物储存、滴灌技术、离岸捕鱼等方面的培训。

为解决对木炭和木材的过度依赖问题，开发利用可再生资源成为未来满足海地能源需求的重要途径。目前海地对可再生能源的利用很不充分，只有佩利格尔水电站能提供一部分电力能源。联合国环境规划署着重在水能、风能和城市垃圾资源化三个领域开发并网发电，发展可利用的新能源，特别是海地的风力资源具有风向稳定、风速快的优点，拥有可观的发展前景。在垃圾资源化方面，美国国际电力有限责任公司向海地政府提出了凤凰计划（Project Phoenix），这是一个大型废弃物管理和资源化利用项目，该项目计划每天从太子港及其周边地区收集1600吨城市垃圾，之后投入国家电网进行发电，其潜在产能有可能将海地全国发电量提高25%，从而有助于解决废弃物管理和能源短缺的双重问题。但是，海地大部分偏远农村地区处于国家电网覆盖范围之外，这里的人们主要依靠燃烧木材或煤油等破坏性大、能耗高的方式获取能源，发展小型电网是解决这些地区家庭和商业用电的有效途径。由于海地的经济基础难以在短时间内批量发展小型电网，为快速解决缺电问题，一些国际组织在偏远地区的公共场所设立充电站，推广自主性照明和充电设备，如太阳能灯、太阳能电源，以替代海地农民以往使用的煤油和蜡烛。

第四节　教育

任何一个国家的繁荣都离不开教育的发展，海地政府采取过不少措施来提高教育水平。然而令人遗憾的是，海地的教育水平依然远远落后于西半球其他国家。2015年，海地15岁以上成年人的识字率为60.7%，远低于86%的世界平均水平。虽然历届海地政府都意识到教育的重要性，但由于民众贫困和政府资金匮乏等，教育投入一直处于比较低的水平，2016年教育支出仅占国内生产总值的2.4%。海地教育领域的主管部门是教育及职业培训部，但该部门提供给公共教育的资金很少，在提高海地教育质量方面取得的成效有限，因此私立学校成为海地教育领域的主流。由于长期缺乏合格的教师和足够的教学设施，国民教育发展受到了进一步的阻碍，特别是农村地区的基础教育普及情况更加令人担忧。民众贫困和国家对教育经费投入不足是海地青少年和儿童辍学现象严重的主要原因。全国有超过一半的人生活在国家贫困线以下，很多家庭无力支付孩子的学费。公立学校尽管表面上是免费的，但仍要收取部分学杂费，对此不少儿童只得放弃接受教育的机会，转而去打零工以贴补家用。因经费紧张，公立学校的教学质量和硬件设施普遍很差，很多有条件的家长选择将孩子送入私立学校读书。

一　教育的发展

海地独立以后开始实行进步的教育政策，1805 年宪法中就提出要实行免费的初等义务教育。南北分立时期北部的克里斯托夫和南部的佩蒂翁都注重修建学校，以提高获得解放的民众的知识水平。到 1820 年，海地共建有 19 所小学和 3 所公立中学。1848 年，海地颁布了《教育法》，宣布建立医学院和法律学院，并对乡村小学的课程设置做出了规定和限制。但是，独立后新兴的精英阶层纷纷将子女送到法国读书，海地并未发展出一个健全的教育体系。

早期的海地教育存在的主要问题是基础教育无法普及到广大讲克里奥尔语的平民阶层，整个教育体系被法语具有无上优越性的观念以及海地文化对法国文化的深刻自卑情绪所主导。这种对法国文化的推崇起源于殖民时代的精英阶层，在 19 世纪后半期进一步被强化。1860 年海地政府与梵蒂冈签订协约以后，许多罗马天主教使团来到海地开办学校，一时间涌现出许多教会学校。随着天主教逐渐获得了国教的地位，教会学校实质上成了由海地政府和梵蒂冈联合资助的公立学校。在 19 世纪，很少有牧师冒险到农村地区执教，因而教会学校集中在城市，其教师几乎都是来自法国的神职人员，培养对象以精英阶层的子女为主。教会学校遵循欧洲古典教育模式，法国文学和修辞学是重点课程，学习方式倾向于对经典的机械记诵，很少有科学或实践方面的内容。19 世纪末，以年轻的斯泰尼奥·文森特（后来的海地总统）为主导的一个文人集团提出发展中等阶级以稳固国家政治的思想，并于 1892 年创立了一所自由职业学校，培养工人阶级的劳动技能。他们的这一思想经《劳动报》得以传播，该刊物以“游手好闲乃万恶之源”为刊头词鼓励人们提高劳动技能。但传统教育模式直到美国对海地实行军事占领后才开始有所改变。美国采取的措施是丰富教育类型，鼓励发展职业学校，并在海地建立了一批服务于农业的职业技能培训学校。此外，还兴建公立学校以使更多人能接受基础教育，公立学校的数量从19世纪末的350所增加到1917年的730所。但美军严重低估了海地精英阶层对法国文化、语言和情感上的依赖，他们的改革遭到上层社会的强烈反对。1934年美国撤军以后海地政府又恢复了以前的学术型教育模式。

20世纪40年代海地的公共教育规模有所扩大，但到60年代以后公立学校发展速度日趋缓慢，而宗教团体和个人开办的学校继续增多。70年代后期，受政局因素的影响，大量教师移民国外，导致整个教育系统人力短缺，运行不力。1979~1980年，海地有60%的小学生就读于非公立学校。1996~1997年，已有75%的中小学生就读于非公立学校。公立教育的衰落持续至今，私立学校成为绝大多数家庭的选择。不过非公立教育机构的质量也是良莠不齐，约有3/4的私立学校没有获得教育部的认证，部分私立学校的硬件设施和师资力量不容乐观，一般说来城市里的教会学校教学质量较高。

面对教育部门存在的严重缺陷，许多海地领导人将改善教育作为一项重要的国家政策，并进行过多次改革教育的尝试。1978年，海地政府实施了促进教育体制现代化的伯纳德改革，试图通过发展职业教育以满足劳动力市场的需求。改革将农村学校纳入教育部的管辖之下，海地的教育系统首次得到统一；海地的中等教育划分为学术和技术两个领域；小学的前4个年级可以使用克里奥尔语进行教学。但是由于技术学校不受欢迎，大部分人更倾向于去上大学。精英阶层担心受教育程度更高的公民会挑战他们的特权，向政府施压取消克里奥尔语教学。伯纳德改革最终未能取得显著的成效。1997年海地发起了国家教育和培训计划，该计划的主要目标是确保小学教育的普及程度。为满足计划需求，政府将教育预算在国家预算中的占比从1997年的9%提高到2000年的22%，设立专项资金补贴中小学教材和学生午餐，有些公立学校还为学生提供校服、学习用具和校车等，使不少贫困家庭的孩子得以上学。该项计划取得了一定成效，学校出勤率从1994年的20%上升到2000年的64%，然而提高小学义务教育普及率的目标未能实现。

海地的教育领域长期存在资金匮乏、发展缓慢的问题。2010年1月发生的大地震又对海地教育的发展造成重创，将近4200所学校被摧毁，太子港地区90%的学生受到影响，高等教育机构也受到严重打击，大部分硬件设施严重受损。地震发生一年以后，许多学校仍然关闭，学生只能在由帐篷搭建的临时校舍里上课。

二　教育体系

（一）初等教育

在开始初等教育之前，按照正规程序海地幼儿应接受3年的学前教育。初等教育为期6年，分为预备期、基础期和过渡期三个阶段，每个阶段各两年。每年10月至次年7月为一个学年，圣诞节和复活节有两周假期。学校将根据学年末的考试成绩和学期中的课堂分数决定学生能否升级。在初等教育的最后一年，通过最终考试的学生将获得毕业证书。毕业后的学生可以参加下一阶段的中学入学考试，也可以选择就读为期三年的高等小学。

海地政府自20世纪80年代以来一直努力提高初等教育的普及率。但很多家庭因经济困难无法坚持缴纳学费，且在广大的偏远地区很多儿童无学可上或距学校路途遥远，只有一部分儿童能够坚持念到高年级，小学毕业后升入初中的人数则更是少之又少。教育资源分布不平均致使农村地区的初等教育普及率远远低于城市。20世纪80年代中期，城市里大约有一半的小学生在六年级以前辍学，农村地区的辍学率和留级率更高，以至于小学一、二年级的学生数量占到所有学生数量的3/5，引发了严重的教学问题。虽然联合国等国际组织以及一些援助国曾为海地发展初等教育提供资助，但效果并不明显。此外，由于受资助的学生多为城市学生，且主要集中在太子港，偏远村镇的初等教育情况并没有多大改善。

由于公立小学数量少、教学质量普遍较差，私立小学成为海地初等教育的主力，大多数小学由非政府组织、教堂、社区和营利性的私人机构运

营，其中还有一些由加拿大、美国和法国等发达国家在太子港开办的国际学校。即便在私立学校中，也只有少数位于主要城市的学校教学质量比较有保障。总的来看，海地小学教师数量少，整体水平和职业素质较低，许多教师只有中学学历。而政府对教育行业财政拨款少，导致教师工资水平低，迫使许多教师放弃了这一职业。

（二）中等教育

海地的普通中等教育为期 7 年，分为 3 年初中和 4 年高中。只有 1/5 的小学生能升入初中继续接受教育，且其中约有 4/5 进入私立中学。海地的 2000 多所中学里有 90% 是私立学校，它们大部分位于城市。

中学的课程设置沿袭了长期以来的历史传统，重视文学和艺术领域的训练，科学层面的教育十分薄弱。因资金和教师资源短缺，大多数学校甚至没有能力教授全部的中学课程。高中毕业考试内容陈旧，考试过程中作弊现象严重，致使毕业考试无法反映学生的真实水平，高中毕业文凭的“含金量”大打折扣。有条件的高中毕业生通常会进入海地大学或国外的高等学府深造。除普通中学外还有一些职业和商业学校，主要集中在太子港。

（三）高等教育

海地的大学数量不多，许多家庭也负担不起大学学费，只有不到 1% 的年轻人有机会接受高等教育。那些通过高中会考的学生通常需要奖学金或其他类型的经济资助才能继续深造。

海地大学（Université d'État d'Haiti）位于太子港，是海地最重要的高等教育机构，其前身可以追溯到创建于 19 世纪 20 年代的几所医学院和法学院。1942 年这几所学院合并而成了海地大学。1960 年海地大学学生发动抗议运动后，该校被杜瓦利埃政府置于严格的管控之下，并被更名为国立大学。杜瓦利埃家族统治结束后，该校校名恢复为海地大学，并在 1987 年宪法中被重新确立了独立地位。1994 ~ 1995 年，海地各高校共有在读学生近 2 万人，其中约有 1 万名学生就读于公立大学，而大部分公立大学的学生就读于海地大学。当时，海地大学的学生中有 25% 就读于法律和经济系，33% 就读于国家行政、管理和国际研究院，其余学生分布在农学、医学、药学、语言学、教育学等科学或人文学科。虽然海地大学的学生人数比 80 年代初期增长了一倍，但科研能力和教学水平并没有太大提高，大多数教授在不同的教育机构兼职授课，很少有时间与学生进行更广泛的接触。学校的硬件设施也比较差，各院系分散在不同的地方，实验设施和教学资源匮乏。

20 世纪 80 年代以来，海地的高等教育出现了一种新的趋势，即建立多学科的小型私立高校。这些私立大学和学院大部分是在最近 30 多年内成立的，其中有 80% 集中在太子港地区。1984 年，在私立高等院校就读的学生占所有大学生的 14%，到 1995 年，在私立高等院校注册的学生就已占到了大学生总数的 1/2。海地的私立高等院校主要包括：加勒比大学（Université Caraïbe），位于太子港，成立于 1988 年；海地圣玛利亚大学（Université Notre Dame d'Haïti），位于太子港，成立于 1995 年；海地复临大学（Haitian Adventist University），位于太子港市郊的卡勒富尔区；基斯奎亚大学（Université Quisqueya），位于太子港，成立于 1988 年。基斯奎亚大学坐落在太子港西部，是海地首屈一指、具有榜样意义的私立大学，教育质量和师资水平广受赞誉。基斯奎亚大学下设 6 个学院：农业与环境科学学院，经济与行政科学学院，教育科学学院，科学、工程与建筑学院，法律与政治学院，健康科学学院。学校秉承国际化办学理念，与北美、加勒比和欧洲地区的多所大学合作，共同开设硕士课程，定期举办国际研讨会。1993 年起，学校的建设管理由教育基金委员会全权负责。

人才流失严重是海地高等教育中的一个很大的问题，许多获得大学学位的人选择离开这个国家，海地迫切需要留住受过良好教育的人来参与国家建设。

（四）技术教育和职业培训

除继续升入全日制普通中学外，海地的青少年在完成基础教育以后也可以选择接受职业技术教育。海地的职业技术教育主要包括技术教育、职业教育、家政培训、职业培训等形式。技术教育通常为期 3 年，2011 年经海地国家职业培训协会认证的技术教育机构有 138 家。职业教育是为完成基础教育的青少年提供的，一般为期 3～4 年，旨在教授特定职业的基本技能，大约有一半的职业教育机构是由私人创办的。家政培训项目一般为期 2～3 年，为没有完成基础教育的人提供缝纫、烹饪、家庭管理等方面的训练，其参与者多为成年女性，家政培训机构多设立在小学或临时地点，教学条件恶劣。职业培训是向完成中等教育的求职者或是希望获得特定职业技能的员工提供的。

海地的职业技术培训机构很多是由私人运营的，这些机构设施较差，缺乏合格的教师，接受培训的人往往没能掌握所需的技术和职业技能，无法真正满足社会和企业的需求。此外，一些企业越来越倾向于通过中介公司雇用技术合格的外籍工人，使海地的技术和职业教育面临更为严峻的问题。

（五）扫盲与非正规教育

海地的大多数非正规教育是由非政府组织提供的，培训内容集中在成人识字、公民教育、公共卫生和社区发展等领域，政府实施的非正规教育项目以扫盲为主。海地的文盲率在美洲是最高的，也是世界上文盲率最高的国家之一，长期徘徊在 60% 上下。为提高人民的文化素养，降低文盲率，海地设有国家扫盲办负责相关工作，还有许多私立机构教授人们识字和读写的技能。2002 年，政府开展了一场识字运动，在这场运动中共派出 3 万名辅导员，发放了 70 万册识字教材。

除扫盲之外，其他非正规教育项目主要由农业部、卫生部以及一些非政府组织展开。这些非正规教育项目主要包括以下三类：一是在农村地区放映影片，以丰富民众的精神文化生活；二是通过电台等媒介对民众进行远程教育，这种方式在海地各地区已取得不同程度的成效，虽然法律规定每家广播电台每天都要拿出 1 小时用于播放教育节目，但并没有得到真正有效的执行；三是举行以大众教育为目的的集会活动，进行关于人权、艾滋病、卫生等内容的国民教育。此外，电视、广播、宣传单和横幅标语等都是很常见的非正规教育媒介。各部门在海地推行的非正规教育项目的运行是彼此独立的，且在教育实施过程中缺乏统一的评估标准。

第五节　文学、艺术和体育

一　文学

（一）文学发展史

海地文学深受法国、英国、美国和非洲传统文化的影响，与海地的政治生活密切相关。与此同时，海地历史的动荡、残酷以及蕴藏的英雄主义一直是文学创作灵感的源泉。海地文学的发展经历了三个阶段。

第一阶段是从独立运动到1820年前后，作品主要以历史著作和人物传记为主，集中揭露了殖民主义和种族主义的罪恶，具有强烈的爱国主义和革命先驱精神。这一时期的主要作家有：诗人和剧作家安托万·杜普雷（Antoine Dupré），他以历史著作见长，代表作为《自由赞歌》（*Hymne à la Liberté*）；贾斯·钱拉特（Juste Chanlatte），记者、诗人和剧作家，曾担任海地王国亨利一世国王的秘书及皮埃尔·布瓦耶政府刊物的编辑，代表作为《独立颂》（*Ode à l'Indépendance*）。

第二阶段始自19世纪20年代，成熟于60年代，至19世纪末告一段落。这一时期的作品以诗歌、散文和戏剧为主，虽然它们带有强烈的爱国主义色彩，但受法语影响颇深，在形式上与同时期的法国作品没有太大的区别，忽视了海地人的日常生活。出现这种情况的主要原因是当时许多文学家都在法国接受教育，其作品也在法国出版，并受到法兰西学院的承认和肯定。另一个原因是，当时西方的殖民主义和种族主义者对新生的海地充满敌意，污蔑海地是由一群蒙昧人建立的国家，一些海地人为了证明黑人的智商并不比白人低，开始盲目模仿法国模式，从生活方式乃至思维方式上都向巴黎靠拢。奥斯瓦尔德·杜兰德（Oswald Durand）是这一时期杰出的诗人，被誉为“海地的但丁”，他所创作的抒情诗，不论是用法语还是克里奥尔语写成的，都具有一种海地所特有的神秘气质。

第三阶段从19世纪末延续至20世纪三四十年代，是海地文学史上最为繁荣的时代之一，因恰逢独立100周年，所以这一时期涌现出的知识分

子又被称为“百年一代”。一直以来，海地的诗人和小说家都在追随法国文学的发展潮流，创刊于 19 世纪 80 年代的文学杂志《圆周》（*La Ronde*）打破了这一传统，该杂志的主笔作家们提倡构建一个迥异于法国文学的海地本土文学。埃塞·维莱尔（Etzer Vilaire）、乔治·西尔万（Georges Sylvain）等人是其中的杰出代表，他们为发扬本土文学的独特魅力勤奋创作。朱斯坦·莱里松也是这一时期脱颖而出的一位著名作家，其作品以描述海地人的家庭生活见长。同时代的知识分子思想活跃，他们在首都及其他主要城市创办了种类丰富的报纸杂志，发起了反对种族歧视的论战，宣扬人类平等的观念。

1915 年美国武装占领海地以后，海地知识分子掀起了一场民族学运动，他们通过研究自己种族的过去，为爱国主义寻找理论依据。多桑维尔（Justin Chrysostome Dorsainvil）是民族学运动的先驱，他在 1907 ~ 1908 年发表了一系列作品，断言海地人的种族成分和文化传统源于非洲。让·普莱斯 - 马尔斯（Jean Price-Mars）在 1928 年出版了《叔叔的传说》（*Ainsi Parla L'Oncle*）一书，详细描述了海地的社会风俗、民间传说和宗教习俗，批评知识分子未能认识到海地文化的非洲根源。多桑维尔和马尔斯的作品对后来许多出身中等阶层的青年黑人知识分子产生了深刻影响，特别是马尔斯在《叔叔的传说》一书中呼吁正视伏都教这一祖先流传下来的遗产。受此影响，路易斯·迪亚夸（Louis Diaquoi）和弗朗索瓦·杜瓦利埃等黑人主义者创办了格里奥特（Griots）集团，格里奥特指非洲部落的诗人、讲故事者和巫师，他们使部落的习俗、信仰和神话得以流传不朽。杜瓦利埃的这一经历对他执政后利用伏都教巩固政权起到了很大作用。

美军占领期间，通过文学彰显海地文化特性的意愿变得非常强烈，旨在宣扬黑人文化和非洲传统的民族主义思潮在文学界兴起，并广泛反映在小说、诗歌、戏剧、散文、学术著作等各种文学作品之中。海地展开了一场同民族主义紧密相连的文学复兴浪潮。20 世纪 20 年代中期开始出现三份民族主义的杂志——《新圆周》《突破》《土著评论》。同时，现实主义文学在著名左翼知识分子雅克·罗曼（Jacques Roumain）的推动下得到了一定发展。罗曼出身于穆拉托精英家庭，曾在欧洲接受教育，30 年代初领导创立了海地共产党。他撰写了许多关于海地农村的诗歌和描述首都资产阶级空虚生活的故事。1944 年罗曼去世，同年出版了小说《露水总督》(*Gouverneurs de la Rosée*)，用克里奥尔语化的法语和现实主义的手法叙述了一名砍甘蔗工人从古巴返回家乡的故事，这名工人在家乡对人们听天由命的态度做出挑战，小说传达了农民通力协作就能灌溉自己的土地、成为“露水的主人”的信念。这部著作被认为是海地最具代表性的文学作品之一，并在拉丁美洲文学宝库中获得了卓越的地位。除罗曼以外，卡尔·布鲁阿尔（Carl Brouard)、马格卢瓦尔·圣·奥德（Magloire St. Aude)、埃米尔·鲁梅（Émile Roumer）也是推动这场复兴运动的重要文学家，他们的诗虽然是用法文写作的，但都富于克里奥尔式的表达方式和情感。

20 世纪 40 年代以后，海地知识分子在欧洲超现实主义的影响下取得了更多成果，其中主要的代表人物是诗人勒内·德佩斯特（René Depestre）和小说家雅克·斯蒂芬·亚力克西（Jacques Stephen Alexis)。勒内的诗歌涉及政治、伏都教、人性等诸多主题。亚力克西的代表作是《太阳将军》(*Compère Général Soleil*)，该小说是了解 20 世纪中期海地社会的重要作品。德佩斯特、亚力克西等知识分子联合创办了当时著名的进步杂志《道路》。

这一时期海地涌现的文学家还有很多。菲利普·索比－马塞兰(Philippe Thoby-Marcelin）和他的兄弟皮埃尔·马塞兰（Pierre Marcelin）共同完成了描写海地农民生活的三部曲《神的铅笔》(*Le Crayon de Dieu*)、《绿睡椅》（*Canapé – Vert*）和《海地山中的野兽》（*La Bête de Musseau*)，受到了国内外的广泛赞誉。利昂·拉洛（Leon Laleau）的小说《震惊》(*Le Choc*）真切地表达出因国家被占领而产生的苦闷、愤怒的情绪，以及长期以来社会地位优越的穆拉托人突然受到白人歧视而感到的震惊。弗兰克·富歇（Frank Fouché）和费利克斯·莫里索－勒洛伊(F. Morisseau – Leroy）在将戏剧艺术带入海地方面做出了重要贡献，他们将包括古希腊悲剧作家索福克勒斯的《俄狄浦斯王》和《安提戈涅》在内的很多经典戏剧作品翻译成克里奥尔文。

（二）流亡文学

20 世纪 60 年代杜瓦利埃建立独裁政权后，政府采取严酷的高压政策，大部分知识分子受到威胁和迫害，他们中的许多人或噤声或流亡国外。亚力克西是共产主义诗人、小说家和社会活动家，曾对绝对的黑人主义进行批评，1961 年他访问苏联之后从古巴乘船返回海地，企图发动一场反杜瓦利埃的起义，但最终失败被捕，受到严刑拷打并被处决。德佩斯特也流亡国外，他在古巴对杜瓦利埃政权做出了强烈抨击，并指出对黑人文化的绝对自豪感为杜瓦利埃独裁统治提供了意识形态的支持。

杜瓦利埃家族统治期间，海地国内文学发展陷于停滞，许多文学作品出自流亡国外的作家之手。这些作品大多控诉杜瓦利埃的独裁统治或描写流亡生活，充满了对苦难、暴力横行的海地的关切，对现实的无助和痛苦之感，以及对祖国的思念之情。海地裔加拿大作家达尼·拉费里埃（Dany Laferrière）和海地裔美国作家埃德维热·丹蒂卡（Edwidge Danticat）是流亡作家中的杰出代表。2009 年拉费里埃凭借他的小说《还乡之谜》（*L'énigme du Retour*）获得法语文学界重要奖项——美第奇奖（Prix Médicis）。这部小说根据拉费里埃的真实经历创作，讲述了他离开故土 33 年后回到出生地，得知父亲在纽约去世的故事。与此同时，在海地国内用克里奥尔语写作的风气开始流行，这些文学作品避免明确议论海地政治。出版于 1975 年的弗朗克·艾蒂安（Frank Étienne）的《德泽菲》（*Dézafi*）是海地最早的一部完全用克里奥尔语写作的小说。

二　艺术

加勒比国家大都有非常丰富的传统艺术，海地同样也拥有独特的本土艺术，其中最具代表性的是绘画、金属雕刻和伏都旗帜制作。海地的艺术根植于非洲文明，并融合了欧洲及印第安的宗教和美学，形成了多彩、神秘、质朴、原始的独特艺术形式。许多海地艺术家的创作与伏都教有着密切的联系，如给庙宇的墙壁绘制壁画、制作伏都教仪式上使用的饰有金属亮片的精美旗子。

（一）绘画

海地绘画艺术的魅力是在20世纪40年代开始被外界发现并认可的。当时一位名叫德威特·彼得斯（DeWitt Peters）的美国艺术家来到海地，在太子港的一所学校任英语老师。那时的海地没有艺术学校或展览馆，也没有商业画廊，本土画家进行的都是个人创作，没有专业机构提供资助和相关的指导。彼得斯因在日常生活中找不到一同探讨艺术的人而备感无聊，于是他租了一间房子，邀请海地的艺术家前来进行艺术创作，并展出他们的作品。渐渐地，一些画家开始出入这里，用自己的画作向彼得斯换取美元和一些绘画用的材料。在此基础上，1944年彼得斯和若干海地画家共同创建了海地艺术中心（Centre d'Art d'Haïti）。这个艺术中心坐落于太子港市中心战神广场南侧一条僻静的街道，是一座传统的姜饼屋建筑。海地艺术中心兼具教学和展览双重功能，也是海地第一个艺术长廊，赫克托·伊波利特（Hector Hyppolite）、威尔逊·比戈（Wilson Bigaud）等著名画家都是在该机构的帮助下脱颖而出的。

赫克托·伊波利特出生于阿蒂博尼特省的圣马克（Saint - Marc），除画家身份外，他还是一位伏都教巫师。在从事职业绘画之前，他在房子上作画。一次，彼得斯路经圣马克一家咖啡馆的门前时，被门上花鸟装饰画的奇特画风深深吸引，这是彼得斯第一次发现伊波利特的绘画天赋。不久，伊波利特来到太子港，加入彼得斯的画室进行创作。1945年，法国超现实主义领军人物安德烈·布勒东（André Breton）在海地旅游时，购买了伊波利特的5幅画作，并将它们归入超现实艺术介绍给世人。伊波利特深受伏都教的影响，痴迷于灵魂世界，绘画灵感多来自各种梦境和幻觉，其作品画风粗犷、色彩鲜艳，总是流露出神秘的气质。1947年，联合国教科文组织在巴黎举办的展览上展出了伊波利特的画作，获得热烈的反响。伊波利特是一位高产的画家，代表作是《刚果女王》（*La Reine Congo*），画作中心人物是海地伏都教神话中妇女和儿童保护者祖利·丹托（Erzulie Dantor），画家将伏都教形象与罗马天主教形象融合在一起，显示出高超的技巧。该画作被纽约现代艺术博物馆永久收藏。

昂盖朗·古尔盖（Enguerrand Gourgue）出生于太子港，父亲是一名法国精神病学家，母亲据说是一名伏都教祭司，他于 1947 年加入艺术中心，是海地现代绘画的杰出代表。古尔盖的作品将花、山、树、农民、木屋和伏都教元素融合在一起，多表现海地乡村生活和伏都教仪式场景，实现了超现实主义和海地本土朴素艺术的统一。他的画作《神奇的桌子》（*The Magic Table*）被纽约现代艺术博物馆永久收藏。

海地其他著名画家有：威尔逊·比戈，画风细腻，代表作《亚当和夏娃》被认为是海地本土绘画艺术的杰作；普罗斯珀·皮埃尔－路易斯（Prosper Pierre－Louis），善于描绘伏都教中神秘的洛阿神，代表作是《洛阿与鸟》（*Loa avec L'oiseau*）；费罗梅·奥宾（Philomé Obin），是一位生活在海地角的画家，画作多表现历史事件或政治主题，如《卡科人与美军的斗争》（*Battle between the Cacos and the American Marines*）、《富兰克林·罗斯福干涉美洲和平》（*Franklin D. Roosevelt Interceding in the Beyond for the Peace of the Americans*）；普雷菲特·达法特（Préfète Duffaut），出生于沿海城市雅克梅勒附近的一个小镇，其绘画中通常包含船只等沿海元素；莱沃伊·埃克希尔（Levoy Exil），善于描绘太阳、星星、鸟以及伏都教中的洛阿神，其作品曾在法国、罗马、美国及一些亚洲国家展出；路易斯安娜·圣·弗勒兰特（Louisiane Saint Fleurant）是一位女画家，她从女性视角描绘妇女、儿童、树木、野生动物和洛阿神，画作丰富多彩、充满活力；里戈·伯努瓦（Rigaud Benoit），出生于太子港，做过鞋匠、音乐人、出租车司机，其绘画特点是细节精致、色调柔和，晚年创作了一些有关伏都教的超现实主义画作。

海地艺术博物馆（Musée d'Art Haïtien）是拥有本土艺术品最多的一家博物馆，收藏了赫克托·伊波利特、普雷菲特·达法特、费罗梅·奥宾等著名画家的作品。坐落于太子港战神广场北部的圣三一大教堂内绘有极富视觉冲击力的壁画，这些壁画描绘了基督的一生。20 世纪 50 年代早期，教堂委托海地艺术中心的艺术家装饰内部墙壁，威尔逊·比戈、费罗梅·奥宾、里戈·伯努瓦、普雷菲特·达法特、卡斯特拉·贝齐耶（Castera Bazile）等画家亲自参与了这一大规模的艺术活动。这些画家以海地人的视角诠释了《圣经》里的故事，如里戈·伯努瓦创作的《耶稣诞生》、费罗梅·奥宾创作的《受难》、威尔逊·比戈创作的《加纳的婚宴》等。壁画中故事的背景都是海地风光，色彩鲜艳，可以说是海地本土艺术的大规模展示。不过，这一珍贵的艺术殿堂在2010年的大地震中被摧毁。1950年以后，海地出现了多个本土艺术团体，其中一个在太子港建立了自己的画廊，即在全国享有盛名的造型艺术中心（Foyer des Arts Plastiques）。20世纪70年代兴起了“圣日团”（Saint Soleil Group），代表人物包括普罗斯珀·皮埃尔－路易斯、路易斯安娜·圣·弗勒兰特、莱沃伊·埃克希尔等著名画家，这些画家多来自乡间，其作品遵从海地传统，主要描绘了伏都教中的神灵。画家们没有赋予这些神灵以具体的形象或天主教圣徒的形象，而是以抽象的或者是自然力量的形态来表现。

（二）雕塑

海地的雕塑艺术是在20世纪四五十年代与绘画一同发展起来的。早期雕塑家的作品都具有浓郁的法国风格，其中以矗立在太子港战神广场上的杜桑·卢维杜尔塑像以及《无名奴隶》（*Le Marron Inconnu*）雕像为代表。《无名奴隶》是由著名雕塑家阿尔伯特·芒戈奈（Albert Mangonès）在1968年创作的，表现的是独立革命时期一名逃跑的奴隶吹起螺号宣告起义的情景。芒戈奈1917年出生于太子港一个精英家庭，曾在当时欧洲最负盛名的艺术教育机构布鲁塞尔皇家美术学院和美国的康奈尔大学学习。学成归国后，他成为海地艺术中心的创始人之一，发现了许多有天分的画家。芒戈奈还是海地首家历史古迹保护机构——国家遗产保护研究所（Institut de Sauvegarde du Patrimoine National）的创立者，并参与修复了国家历史公园的拉费里耶尔城堡、圣苏西宫、拉米尔斯堡垒等遗址。

随着原始艺术运动的发展，雕刻领域也发生了一场变革，形成了深受海地自然、历史、宗教影响的本土雕塑风格。在这过程中，金属雕塑成为海地雕塑艺术的代表。海地的金属雕塑发源于太子港北部郊区的克鲁瓦－德布凯（Croix－des－Bouquets）镇，一批具有非凡天分的金属雕塑师用不起眼的材料和原始的工具创造出富有流线感的造型精美的艺术品。他们潜心钻研，砥砺技艺，在一片叮叮当当的敲打声中引来了买主、设计师和收藏家。乔治·里奥托（Georges Liautaud）是著名的金属雕塑家，也是被彼得斯发现的艺术家之一。有一次彼得斯路过克鲁瓦－德布凯时，发现在当地墓园中矗立着许多风格独特的铁十字架，便找到这些十字架的制作者——从事铁匠营生的里奥托，并把他邀请到海地艺术中心进行创作。20世纪50年代，里奥托开始创作表现海地风情和伏都教传说的精美雕塑，他用回收的油桶和废金属制作出蜚声国际的艺术品，开一派之先河。其后的艺术家和工匠们将这一门技艺加以传承发扬，并进一步拓宽了创作空间。加布里埃尔·比恩－艾梅（Gabriel Bien－Aime）和塞尔日·诺利莫（Serge Jolimeau）是里奥托的两名学生，也是著名的雕塑家，他们继续用铁凿、榔头、老式磨砂纸制作出畅销欧美的艺术品。

在太子港战神广场西边的德萨林路上有许多简易的艺术作坊，雕刻家在这里利用废弃物制作伏都教塑像，他们被称为“大道艺术家”（Grand Rue artists）。这一艺术群体的开拓者是安德烈·尤烈金（André Eugène），他最先使用木头、塑料、废旧汽车外壳等材料制作伏都教中的洛阿神塑像。让·赫拉德·塞勒（Jean Hérard Celeur）制作了许多大型雕塑作品，如以扭曲的木头、汽车底盘、轮毂盖、旧鞋子和大量纽钉等为材料制作的真人大小的塑像。居约多（Guyodo）的金属作品上通常可以看到具有他个人风格的彩色喷绘。大道艺术家用废弃物给这个太子港的杂乱街区蒙上了一层赛博朋克的滤镜，而简陋的材料、怪诞的造型和神秘的伏都教元素又使他们的艺术作品散发着拉丁美洲特有的魔幻现实主义气质。

（三）伏都旗帜

海地的伏都艺术由伏都教宗教活动发展而来，它发源于殖民地时期黑人奴隶从西非带来的传统宗教。伏都艺术涵盖了广泛的艺术种类，包括绘画、刺绣服装、黏土或木制人像、乐器等，而最具代表性的是伏都旗帜。伏都旗帜是一种装饰有亮片或珠子的刺绣旗帜。早在16世纪的西非，当地黑人就会制作这种旗帜，后来这一宗教艺术形式随奴隶贸易传入海地，并与欧洲的旗帜相融合，形成了海地特有的伏都旗帜。在19世纪和20世纪初，伏都旗帜通常用一种或两种颜色的布料做成，上面装饰着刺绣、玻璃珠，以及一幅用闪亮布料剪裁的洛阿神画像。现代的伏都旗帜采用大量

的金属亮片装饰，上面绘有复杂的几何图案，有的中间覆盖着洛阿神像，有的则覆盖着天主教圣人形象。伏都旗帜上面还越来越多地出现世俗主题。

（四）音乐

海地音乐融合了曾在伊斯帕尼奥拉岛定居的不同民族的风格，它具有非洲音乐的节奏，混有一些法国和西班牙音乐的元素，并或多或少受到土著泰诺文化的影响。海地当地的特色音乐主要有迷你爵士摇滚乐、克里奥尔语嘻哈音乐、从传统伏都教仪式中衍生出的音乐、街道游行时演奏的啦啦音乐（Rara music）、托巴多民谣（Twoubadou ballads）、梅林格音乐（Méringue）、广受欢迎的康巴斯音乐（Compas）以及雷辛音乐（Rasin）。

啦啦音乐是起源于海地的一种节日音乐，通常在复活节期间的街道游行中演奏，伴奏乐器以一种叫瓦斯肯（vaskin）的圆柱形竹制喇叭为主，此外还包括打击乐器和铃铛等。啦啦音乐用克里奥尔语吟唱，内容多是歌颂非洲裔人民的祖先。该音乐有时会被赋予政治意义，或反映民众所面临的贫困和政治压迫等问题，或被政客用以颂扬他们的功绩。曼诺·查理曼（Manno Charlemagne）是著名的啦啦歌手，曾于1995～1999年担任太子港市市长。托巴多民谣是一种以吉他为伴奏乐器的音乐，在海地文化中长时间占有重要的地位，演唱者像古时的吟游诗人一样编词作曲，吟唱爱情的甜蜜与苦涩。在海地，人们可以在私人派对、酒店、餐厅和嘉年华等各种场合中听到托巴多民谣。让·格斯纳·亨利（Jean Gesner Henry）是著名的托巴多民谣艺术家，他的别称库培·克鲁伊（Coupé Cloué）更为世人所知。梅林格音乐是一种融合欧洲传统舞曲和加勒比音乐而形成的流行舞曲，以弦乐伴奏为基础，大部分用克里奥尔语演唱，也有一些法语、英语和西班牙语歌曲，其舞蹈动作以旋转和拉美舞蹈中常见的扭臀为主。康巴斯音乐融合了非洲和欧洲的音乐元素，最显著的特点是具有持续性的节奏，而这也是许多加勒比音乐的共同特点。康巴斯音乐在20世纪50年代因著名音乐人内穆尔·让-巴蒂斯特（Nemours Jean - Baptiste）的成功而广泛传播到加勒比地区。雷辛音乐形成于20世纪70年代，当时的音乐家将传统的伏都教音乐融入现代的摇滚乐和爵士乐元素，从而形成了一种新的音乐形式。20 世纪七八十年代的雷辛音乐表达了海地人在杜瓦利埃家族独裁统治下的挣扎及希冀变革。“布克曼·埃克斯佩里昂斯”（Boukman Eksperyans）是最成功的一支雷辛乐队，以大革命时期掀起起义的伏都教牧师命名。1991 年阿里斯蒂德总统被军事政变推翻时该乐队达到巅峰期，乐队在国外的演出中谴责拉乌尔·塞德拉斯军政府的独裁统治。

创作于 1920 年的歌曲《亲爱的海地》（*Haïti Chérie*）被誉为“第二国歌”，这是一首传统的爱国歌曲，歌词是奥赛罗·贝亚德（Othello Bayard）的一首诗歌，表达了海地人民对民族和文化的自豪感。21 世纪以来海地最著名的歌手是说唱巨星韦克莱夫·让（Wyclef Jean），曾三次获得格莱美奖，被誉为“嘻哈天王”。他 1972 年出生于太子港东北部的克鲁瓦－德布凯，后移居美国，拥有美国和海地双重国籍。韦克莱夫于 2005 年创办了海地基金会，一直在从事改善加勒比贫困地区面貌的慈善工作。

（五）电影

几乎与世界上大多数国家一样，海地在 19 世纪末出现了电影。1899 年放映的卢米埃尔兄弟的电影是最早在公开场合放映的一部电影。20 世纪初美军占领时期海地拍摄了许多关于美国海军陆战队的影片，此外还有一些记录医疗、农业和社会生活场景的短片，这些影像资料有许多至今仍保存在美国国会图书馆。到了 60 年代，虽然海地国内没有拍出什么电影，但人们可以去观看意大利和法国导演拍摄的影片。之后随着时间的推移，好莱坞电影逐渐占据了海地的电影屏幕。

杜瓦利埃家族统治期间，为防止革命思潮的扩散，政府对电影实行严格的审查制度，那时，受中国功夫影响的动作片和美国西部片成为公众的普遍选择。因技术和资金的限制，海地在杜瓦利埃独裁统治的 28 年间只有几部影片问世，最具代表性的是 1982 年拉苏尔·拉布钦（Rassoul Labuchin）导演的《阿妮塔》（*Anita*）。《阿妮塔》是一部很成功的电影，讲述了一名年轻的农村女孩来到首都太子港，沦为一个富人家庭的“奴隶”的故事，揭示了海地社会存在的童工问题。杜瓦利埃政权的最后几年，街头小剧团的演出几乎不加掩饰地抨击海地政权，类似主题的电影也极受欢迎。与此同时，流亡国外的电影人也拍摄了一系列控诉杜瓦利埃政权的电影，其中的代表作为1975年阿诺德·安东尼（Arnold Antonin）拍摄的批判小杜瓦利埃独裁统治的纪录片——《海地：通往自由之路》（*Haïti, le Chemin de la Liberté*）。20世纪90年代以后，海地国产电影日益增多。阿诺德·安东尼成为这一时期最知名的导演，他导演的许多纪录片和电影在各电影节上斩获大奖，2002年获得了戛纳电影节终身成就奖。阿诺德是一位高产的导演，代表作有《总统是否有艾滋病》（*Le Président a-t-il le Sida*）、《雅克·鲁曼：对一个国家的热情》（*Jacques Roumain: La Passion d'um Pays*）等。

海地电影以纪录片见长，内容多反映这个国家追求民主的斗争史，以及其丰富多彩、充满活力的民族精神。《苦涩的甘蔗》（*Canne amère*）反映了海地饱受贫穷的困扰。《岸边的人》（*The Man by the Shore*）讲述了莎拉和她的家人在弗朗索瓦·杜瓦利埃统治下的痛苦故事，该片入围了1993年戛纳电影节。《抵抗》（*Rezistans*）讲述了海地民主运动的历史。总体说来，海地电影业专业化程度低，缺乏基本的技术和设备，位于雅克梅勒的电影学院是全国仅有的一所专业学校。雅克梅勒是该国的电影重镇，自2004年起这里开始举行一年一度的电影节，每年有来自西班牙、古巴、美国、法国和加拿大等30多个国家的电影人参加该电影节。

受海地独特而神秘的文化的吸引，一些外国导演拍摄了不少关于海地的纪录片和电影。美国女导演玛雅·黛伦（Maya Deren）于20世纪50年代在海地生活了几年，其间拍摄了大量关于伏都教仪式和舞蹈的片段，并录制了许多海地民间音乐。虽然她未能在有生之年把这些记录制作成完整的作品，但她为后继的电影研究者和人类学家留下了宝贵的材料。1985年，她拍摄的素材被编辑成纪录片《神圣的御者：海地的活神仙》（*Divine Horsemen: The Living Gods of Haiti*）。1967年上映的《孽海游龙》（*The Comedians*）是根据英国大作家格雷厄姆·格林（Graham Greene）的同名小说改编的一部电影，该片演员阵容强大，由理查德·伯顿（Richard Burton）、伊丽莎白·泰勒（Elizabeth Taylor）、亚利克·基尼斯（Alec

Guinness）等著名影星出演。影片背景是20世纪60年代的海地，主要人物包括太子港一家酒店的老板英国人布朗先生、想在海地建立教育中心的美国人史密斯夫妇、与海地政府做生意的英国军火商琼斯先生，讲述的是这四个人阴差阳错卷入反政府武装和杜瓦利埃特务组织之间复杂的政治纠纷之中的故事。电影中的情节真实再现了杜瓦利埃惨无人道的恐怖统治。

三　体育

在1900年巴黎奥运会上，海地首次在奥运赛场亮相。在1924年巴黎奥运会上，海地宪兵队的士兵组成了一支步枪队，7名队员在自由步枪比赛中获得铜牌，这是海地首次获得奥运会奖牌。在1928年阿姆斯特丹奥运会上，西尔维奥·卡托（Sylvio Cator）在男子跳远比赛中获得银牌，这是迄今为止海地在奥运会上取得的最好成绩。位于太子港的西尔维奥·卡托体育场即根据这位奥运会银牌得主的名字命名。海地从未参加过冬奥会。

足球在海地是一项非常普及的运动，虽然政府对此项运动的投资有限，但在全国依然发展出几百家小规模的俱乐部，每年举办多场非官方比赛。海地足球协会（Fédération Haïtienne de Football）创办于1904年，负责对职业联赛及其他业余赛事进行监督，1934年海地足协成为国际足联（FIFA）成员，1961年成为中北美洲及加勒比海足球协会（Confederation of North, Central American and Caribbean Association Football, CONCACAF）成员。西尔维奥·卡托体育场是海地国家足球队的主场，能容纳3万名观众，其他重要体育赛事也多在该体育场举行。除官方比赛外，海地的街道上或运动场上随时随地都有可能举行即兴的足球比赛，其中不乏球技高超的参与者。

海地足球职业联赛是该国最重要的体育赛事之一，约有20家足球俱乐部参赛，冠亚军获得出征加勒比足球锦标赛的资格，进而有机会参加更高级别的中北美洲及加勒比海冠军联赛（CONCACAF Champions League）。海地的两支足球俱乐部——海地竞技（Racing Club Haïtien）和维奥勒特竞技（Violette Athletic Club），曾分别于1963年和1984年获得中北美洲及加勒比海冠军联赛的冠军。20世纪70年代是海地足球的黄金时代，国家足球队成为加勒比地区第二支打进世界杯的球队。1973年，中北美洲及加勒比海锦标赛（CONCACAF Championship，1991年更名为中北美及加勒比海金杯赛）在海地首都太子港举行，东道国海地夺取冠军，国家足球队获得1974年德国世界杯的参赛资格，但在对阵意大利、阿根廷、波兰的小组赛中被淘汰。80年代以后，政局动荡致使海地足球迅速衰落，直到近些年来国家足球队在重组后实力才有所回升，在2017年10月国际足联的排名中列第56位。

斗鸡也是海地一项很受欢迎的运动，特别是在20世纪初一度风靡全国。在许多城镇的街道上都能见到斗鸡场，在农村地区更为盛行。海地人的斗鸡并不像其他美洲国家那样激烈，他们不在鸡腿上绑刺激用的铁钩，也不会让鸡一直斗到死为止。斗鸡时，附近还有食品和饮料出售，人声鼎沸，非常热闹。

第六节　新闻出版

一　报刊

早在18世纪海地便出现了报纸，1764年法国印刷商在海地角创办了周刊《圣多明各报》（*Gazette de Saint－Domingue*）。及至18世纪末，在法国大革命的影响下海地出现了出版自由的氛围，一时间涌现出了数十种刊物。1804年独立以后，《海地政治商业报》（*Gazette Politique et Commerciale d'Haïti*）成为这个新生国家的第一份报纸。

20世纪以后，在美国占领期及后来的杜瓦利埃家族统治时期，海地长期实行严格的新闻审查制度，新闻出版业一直未能取得有效发展，再加上民众识字率低，该国的报刊发行量较少。因特殊的人种和语言构成，海地的报刊分为法语和克里奥尔语两大类，主流报刊以法语为主，克里奥尔语报刊则很难维持长期按时印制发行。《海地太阳报》（*Haiti Sun*）是一份英文报纸，1950 年 9 月创办于太子港，是 20 世纪五六十年代连续发行的周报。如今，在首都太子港出版发行的若干刊物构成了海地纸质媒体的核心，主要包括《消息报》（*Le Nouvelliste*）、《早报》（*Le Matin*）、《海地进步报》（*Haïti Progrès*）、《海地前进报》（*Haïti en Marche*）、《海地自由报》（*Haïti Liberté*）。《海地自由报》是海地最大的周报，除在海地本土发行外，它还面向海地移民聚居的主要国家，在美国、加拿大、欧洲等国家和地区发行。《消息报》是目前海地规模最大、历史最悠久的日报。

海地人主要通过街头小贩购买报纸。在太子港及其他主要城市的书店里，可以买到国外发行的英文和法文报刊，但这些报刊往往都不是最新出版的。随着信息技术的发展，海地一些规模大的传统纸媒也开始向互联网领域转型，《海地进步报》《海地前进报》《海地自由报》等都建立了自己的网站，其内容被国外的海地移民广泛浏览。

二 广播

20 世纪 30 年代以后，广播一传到海地就得到快速发展，早期创立的一些电台一直运营至今，如加勒比电台、海地电台、北方之声电台等。在这个文盲率长期以来居高不下的国家，广播是人民大众接受资讯的重要渠道，其辐射范围远超报纸期刊。2016 年，海地全国共有 850 个广播电台，其中只有 346 个获得官方许可，有 100 多个是社区广播电台。村镇广播电台一般由农民协会进行管理，播放新闻、卫生教育、农业和环境等相关节目。许多地方设有宗教电台，它们一般是当地教堂或教区管辖下的基督教电台。在海地也可以收听到美国之音和英国广播公司等外国电台的广播。

海地的广播电台大多是小型的独立企业，集中在几个主要城市，仅太子港地区就有 50 多个 FM 调频电台。海地国际广播电台（Radio Haiti - Inter）是海地第一家独立电台，也是最早使用克里奥尔语播放国内外新闻和时政评论的电台。著名记者、民主人士让·多米尼克（Jean Dominique）于 1968 年接手经营海地国际广播电台，该电台因支持民主、反对腐败的立场屡次遭受政府的攻击和威胁，在 2003 年被迫停播。大都会广播电台

（Radio Métropole）成立于 1970 年，是一家位于太子港的知名电台，主要播放时事新闻及其他有关海地的资讯。大都会广播电台创造了数个“第一”：第一次播放 FM 调频广播、第一次播放立体声广播、第一次播放 CD 音乐，是海地广播界的先锋。海地的大部分广播电台都喜欢播放音乐，既有法语歌曲，也有克里奥尔语的本土音乐，最常见的是各种风格的流行乐，包括摇滚、嘻哈、爵士乐等。

三　电视

电视于 20 世纪 50 年代末传入海地。1979 年，海地国家电视台（Télévision Nationale d'Haïti）成立，该电视台自诞生之日起便成为维护杜瓦利埃独裁统治的工具。1987 年，海地国家电视台同国家广播电台合并，之后在 1995 年由文化部接管。除海地国家电视台外，其他电视台大多规模小，在经济落后、政治混乱的局势中艰难生存。2016 年，海地全国共有 98 个电视台，其中包括 1 个国家电视台。这些电视台集中设立在太子港、海地角等主要城市，但它们之中约有一半未经注册，属于非法运营。

虽然海地的电视行业发展较为落后，技术和设备老旧，但其服务范围基本上覆盖了全国领土，有的有线电视还转播外国频道的节目。几家规模较大的广播和电视公司也都建立了自己的网站，在上面发布文字、音频和视频内容，许多在国外的海地移民经常浏览这些网站以了解国内新闻。不过，由于海地国内大多数人民生活贫困无力购置电视，所以相较于电视，广播依然是普及率更高的传媒方式。

第七章

外　交

第一节　外交简史

作为加勒比海的岛国，海地所处的地理位置较为孤立，并在特殊的历史条件下形成了与周边国家差异较大的语言和文化，因此该国一直以来在国际舞台上表现得并不活跃。但极端的贫困、动荡的社会环境、时有发生的军事政变，加之频繁的自然灾害，又使这个西半球特殊的国家广受世界瞩目，多次成为国际社会干预和援助的对象。

在海地独立运动期间，逃往海外的种植园主在古巴、美国和欧洲发起了猛烈的反杜桑·卢维杜尔的宣传活动。独立以后不久，海地在 1807 年宪法中声明："海地政府向在海地周边地区拥有殖民地的国家郑重宣布，海地绝不会干涉其统治，海地人民不会夺取自己领土以外的土地，但会坚决保卫自己的国土。"① 虽然海地试图获取美国、英国等资本主义国家的承认并与它们建立外交关系，但是作为拉丁美洲第一个取得独立且废除奴隶制的国家，海地依然被美国、英国、法国等实行奴隶制或是拥有殖民地的国家视为威胁其统治秩序的一大隐患，因而在独立后的很长一段时期里一直受到西方国家的敌视和制裁。拉美独立战争爆发后，海地对拉丁美洲其他地区的革命运动提供过一些支持。特别是在 1815 年，佩蒂翁为独立战争领袖西蒙·玻利瓦尔提供避难所，并为他提供了物资和步兵支援。佩

① Patrick Bellegarde - Smith, *Haiti: The Breached Citadel*, Boulder: Westview Press, 1990, p. 51.

蒂翁的援助对日后玻利瓦尔领导拉美人民夺取独立战争胜利起到了不可忽视的作用。但是海地国家小、国力弱、内部政局不稳定，提供的支持力量有限。独立战争结束以后，海地也没能与新独立的其他拉美国家建立密切的关系。

20 世纪初，美、德两国资本在海地的交通运输、公共工程及对外贸易领域取得了支配性地位。第一次世界大战爆发后，考虑到海地所处地理位置的重要性，美国于 1915 年武装占领海地以防止德国势力的扩张，之后对该国实行了长达 20 年的军事统治。20 世纪 50 年代以后，海地曾长期处于杜瓦利埃家族独裁统治之下，杜瓦利埃家族倒台后又先后经历了以亨利·南菲、普罗佩·阿夫里尔、拉乌尔·塞德拉斯为首的军政府的统治，致使海地长期受到国际社会的谴责和孤立。塞德拉斯军政府统治时期（1991～1994 年），联合国还一度对海地实行武器禁运和贸易制裁。直到 1994 年，在国际社会的多方斡旋下民选总统阿里斯蒂德才得以重新回国执政，海地开始尝试融入国际社会。

恢复民选政府以后，海地对外关系开始正常化发展。1996～2001 年普雷瓦尔总统任期内，进一步调整和明确了外交政策，提出外交工作应有助于捍卫国家主权和经济发展，海地将逐步恢复和发展与各国的关系，并通过多边、双边渠道大力争取国际援助。2000 年海地举行了议会选举和总统选举，但反对派认为选举中存在舞弊行为而拒不承认新当选的阿里斯蒂德总统。美洲国家组织和加勒比共同体出面调解未果，在这种僵局下，美国、欧盟、美洲开发银行等多个国家和国际组织拒付对海地的援助资金。对此，海地政府一方面批评西方国家干涉内政，另一方面积极拓展外交生存空间。总统和外长出访古巴、墨西哥、洪都拉斯等国，谋求扩大区域性合作，同时还积极发展与非洲国家的关系。

2004 年，武装反叛力量围攻太子港，对此美国白宫发表声明，称阿里斯蒂德总统应为这场长期的惨重危机负责，并质疑他继续统治海地的能力，敦促他主动下台。同年 2 月阿里斯蒂德被迫辞职，在美军的遣送下离开海地，流亡南非。随后过渡政府执政，以美国为主的多国临时部队进驻海地维持治安，后来联合国海地稳定特派团接替多国部队。但地区组织加勒比共同体不承认过渡政府的合法地位，认为这种推翻民选政府的行为是违法的，因而在 2004 年 2 月至 2006 年 6 月临时撤销了海地的成员国资格。

2006 年 2 月，海地举行新总统选举，普雷瓦尔第二次当选总统。普雷瓦尔政府积极修复和加深与国际社会的关系，继续加强与美国、欧盟、联合国等国家和国际组织的关系，同时还致力于与邻近国家和地区组织达成紧密协作。2006 年 3 月 2 日，普雷瓦尔刚当选总统不久就出访多米尼加，使共处一岛的两国关系大大改善。普雷瓦尔和委内瑞拉总统乌戈·查韦斯建立了良好的个人关系，5 月 14 日就职当天，他便宣布海地加入加勒比石油计划，从而能够以优惠的条件获得委内瑞拉提供的石油。由于海地长期在联合国大会上就美国对古巴实行禁运一事投反对票，为表示感谢，古巴也帮助海地改善电力系统，并派更多医生赴海地改善当地的医疗条件。加勒比共同体也于 2006 年 6 月恢复了海地的成员国资格。同年 10 月，美国部分解除了对海地实施了长达 15 年的武器禁运，此举有助于改善海地警察的武器装备，打击反政府武装团伙。

至 2017 年底，海地已与 73 个国家和地区建立了外交关系，此外还有 30 多个国家和地区组织在海地设立了常驻机构。海地是美洲开发银行、世界银行、国际货币基金组织、世界贸易组织、联合国（包括拉丁美洲经济委员会）、加勒比共同体等多个国际政治经济组织成员。2010 年 1 月地震发生后，国际社会迅速展开救援，并向海地提供经济援助，有力地支持了海地进行灾后重建。如今，巩固既有援助、恢复国际形象、吸引外资和加大国际事务参与力度成了海地外交工作的核心。①

第二节 同美国的关系

海地距美国的佛罗里达半岛约 900 千米，与美国的外交关系具有很深的渊源。美国是海地最主要的进出口贸易对象，也是海地重要的经济援助

① 中国海地贸易发展办事处，http://ht.chinacommercialoffice.org/chn/hdgk/t1523508.htm。

国和移民目的地国家。美国对海地的政治、经济发展具有直接的影响力，维持与海地的平稳关系也符合美国的安全利益。

1804年海地独立以后，一直受到美国南方奴隶主的强烈敌视，直到主张废除奴隶制的亚伯拉罕·林肯当选总统后，美国政府才于1862年7月承认海地是一个独立国家，并委托本杰明·惠登（Benjamin F. Whidden）担任驻海地外交代表。在接下来的50年中，美国资本渗透到海地的金融、交通、贸易等领域，并逐渐取得垄断地位。

海地靠近巴拿马运河和中美洲，控制着向风海峡，美国一度考虑在此建立一个海军基地，但遭到海地的拒绝。1862～1915年，美国军舰累计有17次出没于海地海域。第一次世界大战爆发后，海地所处地理位置的战略意义日益显现。1915年，美国趁海地国内发生暴乱之机，以保护在海地的外国人利益为由，武装占领了海地。美国军事占领期间，扶植傀儡总统，强行实施有损海地人民利益的政策。为结束美国的侵占，海地人民展开了各种形式的反抗运动，美国占领军最终于1934年撤离海地。虽然美国的军事占领已结束，但之后一直没有中断对海地政局的干涉。第二次世界大战期间，时任总统埃利·莱斯考特为获得美国的支持，不惜以牺牲国家利益为代价实行迎合美国需求的政策。1943年3月23日，美国将同海地的外交关系提升至大使级，约翰·怀特（John Campbell White）被任命为美国驻海地全权大使。

冷战期间，杜瓦利埃家族统治下的海地同美国的关系并不稳定。起初，为了稳固地位，杜瓦利埃利用亲美反共的外交策略争取到了美国的支持。美国还同意派遣一支海军陆战队去帮助训练海地军队。然而，对人权极不尊重的海地作为“自由世界”的一员，使肯尼迪政府十分尴尬。杜瓦利埃家族贪污大量经济援助资金的做法也引起了美国政府的不悦。1962年，美国中断了大部分援助资金。这一年，美国策划将奉行社会主义意识形态的古巴开除出美洲国家组织，海地同意利用其关键一票支持开除古巴。此举激怒了卡斯特罗，即刻宣布与海地断交。海地与美国在古巴问题上达成一致。1963年11月肯尼迪总统遇刺身亡后，两国关系进一步缓和。海地因与古巴隔海相望的重要战略位置，成为美国在拉美地区反对共产主义的堡垒。杜瓦利埃也利用这一点不断争取美国的经济援助。就这样，杜瓦利埃的独裁行径获得了美国的默许，后又在美国的默许下将权力移交给其子小杜瓦利埃。小杜瓦利埃继续打着反共的旗号向美国求援。随着反杜瓦利埃运动的日益高涨，为防止混乱环境中催生革命，美国一再敦促小杜瓦利埃交出权力，小杜瓦利埃遂于1986年下台。从20世纪70年代到1987年，美国对海地的援助不断增加。1987年，海地原计划举行的总统选举遭到杜瓦利埃残余势力的破坏，并引发流血事件，美国总统里根因此中止了对海地的所有援助。

1990年底，海地举行了第一次真正意义上的民主选举，联合国派出由美国前总统卡特率领的国际观察团监督选举，阿里斯蒂德当选为总统。新总统积极吸引海外投资和援助，获得了国际社会的支持，但他实行的整顿腐败、削减军队等措施触怒了利益集团，1991年9月，海地再次爆发军事政变。美国随后发表声明，宣布不承认海地军人政权，敦促立即恢复阿里斯蒂德总统的职务，并对海地实施武器禁运，以防止军政府从美国购买武器。在国际社会多次斡旋未果的情况下，1993年美国派遣军舰驶抵海地周围海域实施武力封锁。1994年4月28日，克林顿总统向军政府下达了最后通牒；9月16日，美国前总统卡特率代表团前往海地进行最后的调解；18日双方谈判时，载有空降部队的美军飞机飞往海地，在强大的武力威慑下，军政府被迫同意交出政权。10月，阿里斯蒂德在美国国务卿和驻海地大使的陪同下回国继续执政，美国随后宣布解除对海地的所有制裁。阿里斯蒂德执政后，在经济改革特别是私有化问题上与美国产生了严重分歧，他因不愿妥协而失去了美国的支持，在1995年谋求连任失败。

普雷瓦尔在1996~2001年第一次担任总统时，曾多次访美，寻求美国对海地经济改革政策的支持和经济援助。然而，普雷瓦尔的经济改革激化了他和议会中反对党的矛盾，引起政局不稳，1998年4月，美国国务卿马德琳·奥尔布赖特访问海地，要求海地政府与议会终止政治斗争，以便赢得外部经济援助。海地政府与议会间的冲突并未就此平息，1999年，议会解散引发政治危机，美国以经济制裁相威胁，敦促海地举行民主选举

以恢复国家机器正常运转。2000 年，阿里斯蒂德第二次当选为海地总统。为取得美国的支持，阿里斯蒂德曾同意降低从美国进口大米的关税，此举导致成千上万的海地农民破产。最终，阿里斯蒂德拒绝全盘接受美国强推的新自由主义经济改革方案，海地同美国的关系十分不稳定。此外，阿里斯蒂德第二次担任海地总统期间，被指控与腐败和毒品贩运有关，这使得他与华盛顿间的关系更加恶化。2004 年，反政府武装活动升级，美国放弃了对阿里斯蒂德的支持，并在他离职后将其空运出境。事后，阿里斯蒂德指责美国强迫他下台。

2006 年 2 月，普雷瓦尔第二次当选海地总统。普雷瓦尔任内海地经历了一段政治相对稳定时期，海地与美国的关系有所加强。美国部分解除对海地实施了长达 10 年之久的武器禁运，允许警察购买轻武器、防暴装备等，以改善海地警察的武器装备，维护社会治安。2010 年 1 月海地大地震发生后，美国海岸警卫队派遣直升机前去评估灾情，美国海军“卡尔文森号”航空母舰装载物资赶赴救援，“安慰号”医院船与“巴丹号”两栖攻击舰也前往海地提供医疗服务。不过，美国因对太子港机场实施军事控制、向海地大批派兵等动作，受到多方的质疑和批评。美国还继续关注海地的震后重建，与海地政府、美洲开发银行签署协议在北部修建卡拉科尔工业园。美国对海地政局走向也保持关注，大地震引发海地政局混乱，整个国家的议会、总统和市政选举出现了中断。2011 年 1 月，美国国务卿希拉里·克林顿访问海地，对这场政治危机进行斡旋。同时，美国前总统比尔·克林顿对海地的影响力不断扩大，他被任命为联合国海地问题特使，2010 年大地震以后，又先后担任海地临时重建委员会双主席之一、海地总统经济发展和投资咨询委员会双主席之一，海地政界甚至称他为“海地总督”。2011 年马尔泰利当选总统，希拉里与其在华盛顿举行了会谈，美国对新一届政府的影响力进一步深化。

马尔泰利在执政期间没能带领人民进行有效的灾后重建，海地社会再次动荡不安，参、众两院和总统选举先后陷入僵局。美国一直希望海地尽快选出新总统，向此次选举提供了 3300 万美元的援助。2015 年末，若弗内尔·莫伊兹在第一轮选举中获胜，但反对派指控选举中存在舞弊行为，过渡政府坚持重新选举，对此美国表示无法理解，并中断了对海地的选举援助。而海地的一些舆论对美国之前的援助并不买账，且认为美国反对海地重新选举是为了控制海地选举进程。为促进海地的长期稳定，美国还长期为其提供人道主义援助和政治支援。自 2010 年海地发生大地震至 2017 年，美国向海地提供了 47 亿美元的援助，并帮助海地国家警察提高维护社会治安的能力。一直以来，美国都试图将海地的政治局势置于自己的控制之下，历史上美国曾对海地实行军事占领，并多次出兵此地，因此海地人民对美国在自己国家的举动特别是军事动作一直持有戒心。

海地和美国之间存在着密集的人员往来，每年都有数以万计的海地人前往美国经商、求学、探亲访友，或通过合法移民成为永久居民。为逃离贫困和动荡，还有许多海地人通过走私渠道偷渡到美国。20 世纪 80 年代以来，美国开始采取措施遏制海地移民的涌入。2016 年 9 月，美国国土安全部发布指令，要求重启海地非法移民遣返程序，当年 11 月就遣返了两批非法入境人员。唐纳德·特朗普上台后，移民政策进一步收紧，这给海地的侨汇收入带来极大影响。毒品走私是海地与美国关系中的重要问题，伊斯帕尼奥拉岛是拉美毒品走私网络的主要中转站之一，每年都有大量毒品经海地贩运至波多黎各或迈阿密。20 世纪 80 年代末至 90 年代期间，海地军事、情报和警察部门的主要成员参与非法毒品交易，协助哥伦比亚毒贩将毒品走私到美国。此后，美国加大了对海地毒品转运的监察力度。然而，海地政局长年动荡，国家警察无力有效打击毒品走私，毒品腐败也一时难以肃清。这是美国对海地稳定十分关注的原因之一，一旦海地国内出现政治危机或军事叛乱，美国总是迅速做出反应，甚至出兵协助海地政府稳定局势。

第三节　同多米尼加的关系

多米尼加和海地分别位于伊斯帕尼奥拉岛的东、西部，多米尼加是海地唯一的陆上邻国。虽然两国共处一岛，保持密切的人员和贸易往来，但它们之间的关系一直龃龉不断。

海地和多米尼加独立以前，曾分别长期处于法国和西班牙的殖民统治之下，两国因而形成了不同的语言、种族、宗教和习俗。海地独立运动期间，杜桑·卢维杜尔曾于1801年攻下多米尼加的圣多明各城，短暂地统一了伊斯帕尼奥拉岛。1805年，岛的东部被法国殖民者所占领，1809年起再度转到西班牙殖民者的手中。西班牙统治下的东部地区经济不断衰退，受拉美独立运动的影响，许多人开始寻求政治解放，一些政治团体赞成与海地合并。当时的海地总统布瓦耶也通过承诺授予军衔、政府公职和土地的方式拉拢东部人民加入海地。1821年，多米尼加爆发了反抗西班牙统治的起义，并于1822年11月30日宣布脱离西班牙而独立。随后，布瓦耶率领军队东进，于1822年2月抵达东部首府圣多明各城。他在市政大厅受到官员和天主教会神职人员的接待，被授予城市钥匙。此后，伊斯帕尼奥拉岛维持了长达22年的统一。1844年，东部民众趁布瓦耶下台后的混乱局面发动起义，宣布独立，建立了多米尼加。此后伊斯帕尼奥拉岛便一直分为两个国家。海地独裁者苏鲁克曾分别于1849年和1854年入侵多米尼加，但均告失败。海地自独立以后，国内局势时常陷入混乱之中，许多流亡的政客以多米尼加为落脚点，伺机回国夺取政权。

海地与多米尼加间的边境线蜿蜒曲折，从北向南纵贯伊斯帕尼奥拉岛，依次有马萨克河、利博河、阿蒂博尼特河、佩德纳莱斯河（Rivière Pedernales）沿边界纵向流过。两国边境地区地貌变化多样，既有南北两端的沿海平原，也有中部内陆的山地和河谷。1929年，海地和多米尼加开始签署条约划分边界，1936年解决了最后5个有争议地区的划界问题，两国的边界线最终得以确定。20世纪30年代，大量海地人前往古巴和多米尼加当砍蔗工以谋求生计，到1935年，官方统计数据显示，已有5.2万多名海地人生活在多米尼加境内，实际数字有可能更多。当时在多米尼加实行独裁统治的总统特鲁希略对这些日益增多的海地人十分仇视，于1937年10月在北部边境地带的马萨克河附近发动了对海地人的大屠杀。当时的士兵回忆，为分辨出海地人，多米尼加军人手举一把欧芹，对不会用西班牙语说出其正确名称的黑人一律杀害，因此这起事件又被称为“欧芹大屠杀”。由于特鲁希略采取残忍手段销毁证据，这场大屠杀中的遇难者人数无法确定，为1.2万~3.5万人，其中包括大量妇女、儿童及出生于多米尼加的海地人。之后，多米尼加又在南部边境地区对海地人进行了清除。但是，随着多米尼加蔗糖业的繁荣，特鲁希略又于1952年、1957年分别和海地总统马格卢瓦尔、老杜瓦利埃签署协定，每年由海地输送足够多的砍蔗工前往多米尼加收割甘蔗，特鲁希略利用廉价劳动力敛财，海地独裁政府也趁机从中获利。

20世纪90年代以后，两国关系虽然有所改善，但依然摩擦不断。1996~1997年，多米尼加总统莱昂内尔·费尔南德斯（Leonel Fernández）曾多次驱逐在多米尼加的海地人，后迫于国际压力而停止。2004年海地爆发武装叛乱，大量难民涌入多米尼加，武装团伙也时常出没于边境，引发两国边界上的紧张局势。多米尼加人对海地移民的敌视也十分强烈，在2005年发生了多起大规模冲突，大量海地移民被驱逐出境。

从高空俯瞰边境地带，国界线将地表分为截然不同的颜色，多米尼加一侧覆盖着蓊郁的植被，海地一侧则一片枯黄。乱砍滥伐导致海地土壤严重退化，加上政府对环境监管薄弱，从而形成了上述反差。因经济和资源的不平衡，许多海地人到边境地区与多米尼加进行贸易，还有很多人穿越边境到多米尼加境内开垦农田，或去往更大的城市谋生。边境地区被横亘其上的山脉分为四个区域，从北到南依次是北部海岸和马萨克河流域区、阿蒂博尼特河流域和中央平原区、索马特尔和恩里基约湖区、南部海岸和佩德纳莱斯河流域区。边境线上最主要的四个越境点分别位于上述四个区域，它们从北到南依次是瓦那敏特—达哈翁（Ouanaminthe - Dajabón）越境点、贝拉迪尔—科门达多尔（Belladère - Comendador）越境点、曼法西—希马尼（Mallepasse - Jimaní）越境点、昂塞彼特—佩德纳莱斯（Anse - à - Pitres - Pedernales）越境点。

20世纪90年代以后，越来越多的海地人涌向边境地区，导致该区域的人口数量骤增，城市化率也不断升高。截至2013年，在北部海岸和马萨克河流域区，海地境内约有17万人口，其中60%居住在瓦那敏特，这个边境城市的人口年增长率达20%，城市化速度远快于海地边境其他地区，而多米尼加一侧的人口数仅为6.2万人。阿蒂博尼特河流域和中央平原区是伊斯帕尼奥拉岛上最贫穷的地区之一，此段边境区的海地一侧人口年增长率约为3.9%，这里的居民主要依靠农业为生，此外还进行非法木炭交易。索马特尔和恩里基约湖区是海地和多米尼加边境的活跃地段，连接太子港和圣多明各的交通干道横穿此地，这里的边贸活动十分频繁，木炭的生产、走私、交易等非法行为屡禁不止，而这些木炭多产自多米尼加的自然保护区。索马特尔湖和恩里基约湖分别是海地和多米尼加的第一大湖，它们均是咸水湖，位于伊斯帕尼奥拉岛中部的同一低洼盆地。2004年以后，由于未知原因，这两个湖以肉眼可见的速度扩大，索马特尔湖已越过边界线延伸至多米尼加境内。这两个湖的扩张导致大片农田、房屋、道路被淹没，给两国居民的交流带来不可忽视的障碍。南部海岸和佩德纳莱斯河流域区的海地边境城镇昂塞彼特，人口年增长率约为3.7%。多米尼加的边境地区是这个国家最贫穷落后的地区，许多多米尼加人选择迁往更发达的城市。然而对于海地人来说，此处意味着更多的食物和工作机会，吸引他们源源不断地向国界线东侧迁移。据估计，约有80万海地人生活在多米尼加，他们当中大多数从事农业种植、建筑工和搬运工等低收入工作，且大部分居住在边境地区。还有许多海地人短期留居多米尼加，到该国购买食品，从事边境贸易，进行烧制木炭等违法活动，或寻求更好的医疗和教育资源。

海地与多米尼加商贸往来密切，2016年，多米尼加是海地的第二大出口对象国，而从多米尼加进口的货物对海地特别是边境地区人民也具有重要意义。海地向多米尼加出口的商品主要有棉织品、裤子、衬衫等，从多米尼加进口的商品主要有棉纺织物、钢材、水泥、食品等。两国边境地区有十多个跨境交易市场，它们大部分位于多米尼加境内，其中最大的几个市场位于瓦那敏特—达哈翁、贝拉迪尔—科门达多尔和昂塞彼特—佩德纳莱斯等越境点。在这些市场上出售的多为农产品，如鳄梨、杧果、柑橘、豆类、大米、大蒜、咖啡、家禽、家畜、鱼类等。这些贸易活动对改善两国居民生活水平、促进国家间友好关系具有积极作用。然而，在多米尼加和海地之间还暗中进行大量非法贸易活动。因关税或政策优惠产生的某些低价商品有时会被卖到邻国谋取利润，例如海地从美国进口的大米因受补贴价格低廉，有人将其出售给多米尼加赚取差价。据估计，海地向多米尼加出售的农产品中有70%是从别国进口而非产自本国。

虽然海地和多米尼加间的交流活动非常频繁，但两国时常因环境或社会问题爆发冲突。木炭和木材是海地主要的能源来源，这种落后的能源结构催生出木材、木炭贸易，据粗略估计，每年在多米尼加生产并流入海地的木炭总计达5万吨。此类非法交易的泛滥导致多米尼加边境地区森林遭到破坏，一直以来影响两国关系的稳定。一些海地人在多米尼加砍伐树木、烧制木炭、毁林开荒，这些活动不时引发两国人民的冲突。

近年来两国领导人非常注意改善双边关系。2006年，普雷瓦尔当选海地总统后首先出访的国家便是多米尼加，在其执政期间两国关系有所缓和。2010年海地发生大地震后，多米尼加救援队是第一支赶赴灾区的外国救援队伍。但震后大量灾民涌入多米尼加，使本就严重的非法移民问题雪上加霜。2012年，马尔泰利总统访问多米尼加，寻求扩大两国经贸往来与交流合作，构建对话机制。2013年多米尼加宪法法院裁决，1929年以后在该国出生的非公民子女不具有该国国籍，这意味着超过20万海地非法移民子女将成为无国籍者，海地与多米尼加间的关系再次陷入紧张局面。在国际社会的调解下，多米尼加政府于2014年5月通过《外国人归化法案》，规定没有身份文件但具有多米尼加出生证明的人可在90天内登记获取正式移民身份，在该国继续居住2年后便可申请完全公民身份。然而，大批海地非法移民及其子女因种种原因未能获得合法登记。2015年，多米尼加政府加大了对海地非法移民的搜捕和遣返力度，海地政府对此表示不满，于是禁止23种多米尼加产品通过陆路进入海地。随着局势的紧张，双方还多次召回各自大使。可以想见，如果海地政治、经济和社会状况不能好转，移民问题就无法得到妥善解决，两国关系也因此难有大的改善。

第四节 同中国的关系

中华人民共和国同海地共和国没有建立正式的外交关系，随着中国国力的发展，海地与中国建立了日益广泛的经贸联系，中国成为海地的重要贸易伙伴，是海地仅次于美国的第二大进口来源国。据中国海关总署统计，1995 年中国同海地进出口总额为 562.9 万美元，其中中方出口额为 557.3 万美元，进口额为 5.6 万美元；2016 年，中国同海地的进出口总额为 4.6 亿美元，其中中方出口额为 4.54 亿美元，进口额为 0.06 亿美元。

1991 年海地发生军事政变以后，中国在联合国一直支持和平解决海地问题，支持阿里斯蒂德总统回国执政。1993 年 9 月，在台湾当局的收买下，包括海地在内的中美洲 7 个国家在第 48 届联大上提出的涉台提案遭到联合国的断然否决。后在中国的严正交涉下，海地政府承诺以后尊重《联合国宪章》和联大第 2758 号决议，不参加涉台提案。1994 年 10 月阿里斯蒂德返回海地重新执政后，中国继续支持联合国在海地的维和行动。1995 年 3 月，应海地政府的邀请，中国常驻联合国代表李肇星以安理会当月主席身份赴海地出席多国部队向联合国驻海地特派团的交接仪式，其间会见了海地总统阿里斯蒂德以及总理、外长、司法部部长、财长、交通部部长等高级官员。在双边关系方面，李大使表示中国愿意在和平共处五项原则基础上与海地发展友好合作关系，并可先从发展经贸关系着手。

1996 年 2 月，普雷瓦尔就任海地总统。他当月致函江泽民主席，感谢中国始终不渝地支持海地恢复宪政秩序的进程，并希望加强两国之间的对话。6 月，安理会通过 1063 号决议，决定设立联合国海地支助团以继续巩固海地和平成果，中国对该决议投了赞成票。7 月，中国常驻联合国代表秦华孙应海地政府的邀请访问海地，其间会见了普雷瓦尔总统，秦大使还代表中国常驻联合国代表团向海地教育部赠送了一批计算机。9 月，两国政府代表在纽约签署《中华人民共和国政府与海地共和国政府关于互设民间商务办事处的协议》。1997 年 1 月，中国海地贸易发展办事处在太子港设立。1998 年 2 月，海地中国贸易发展办事处在北京设立。1999 年 6 月，应外交学会邀请，海地前总统顾问迪普伊访华。2000 年 7 月，海地国家电视台代表团一行 6 人访华。2001 年 2 月，阿里斯蒂德再次赢得选举就任海地总统。5 月，海地众议院外交委员会主席孔顿率代表团访华。2002 年 4 月，海地外长办公室主任杜朗和国际司司长路易访华。

虽然中海两国没有正式建立外交关系，但中国从人道主义和国际主义出发，积极向海地提供各种援助。2004 年初，海地爆发社会动乱，4 月，中国政府向海地过渡政府提供 10 万美元紧急人道主义援款，这是自 1997 年双方互设贸易发展办事处以来中华人民共和国政府第一次向海地政府提供援助。当月，安理会通过决议向海地派遣联合国稳定特派团，而中国应联合国要求，也从当年 10 月开始向海地派出由 125 名队员组成的维和警察防暴队。这是我国首支派遣国外的成建制维和防暴队伍，掀开了我国参与联合国维和行动的新篇章。在维和任务区，防暴队主要承担以下任务：一是配合和支援维和民事警察或当地警察的执法工作；二是处置群体性治安突发事件；三是参与重大公共活动的现场警卫；四是组建、培训当地警察防暴队。由于中国维和警察纪律严明、吃苦耐劳，2005 年 1 月，联合国向防暴队全体队员授予“和平勋章”，以表彰他们在海地维和行动中做出的突出贡献。2004～2012 年，中国先后向海地派出 9 支维和警察防暴队，为维护海地社会秩序、保护海地人民生命财产安全做出了重大贡献。2008 年“古斯塔夫”、“汉娜”和“艾克”飓风接连袭击海地，9 月，中国红十字会总会向海地红十字总会提供 3 万美元现款援助。2010 年 1 月 12 日，海地太子港地区发生里氏 7.3 级强烈地震，造成重大人员伤亡和经济损失，中国在第一时间向海地派出救援队和医疗队，救助治疗了大量海地灾民。中国政府还提供了折合约 700 万美元的物资和现汇援助。中国红十字会提供了 100 万美元的现汇援助。有 8 位中国维和警察在地震中不幸牺牲。

中国与海地两国间的经贸合作也日益加强，特别是在基础设施、农业、能源等领域，中方提供了重要的人力、资金和技术支持。2007 年 9 月，第二届中国—加勒比经贸合作论坛在中国厦门召开，海地工商部部长马吉·杜塞和旅游部部长帕特里克·德拉图尔率海地代表团一行 10 人出席论坛。2010 年太子港的杜桑·卢维杜尔国际机场在地震中受到损毁，自 2015 年起，该机场进行扩建，中国自动化控制系统总公司承建包括机场滑道在内的多项工程，极大地改善了机场运营条件和硬件设施。

第五节　同其他国家的关系

海地独立以后，英国和法国为遏制独立运动的蔓延曾限制其属地与海地的联系，文化和语言的独特性也成为海地与周边国家交流的障碍，因此历史上海地与其他加勒比国家的联系并不多。20 世纪 70 年代以后，一些海地劳工前往巴哈马群岛寻找工作机会，90 年代末，巴哈马当局将非法移民遣送回海地，导致两国关系一度十分紧张。直到 1991 年第一任民选政府上台，海地政府才开始重视发展同拉美和加勒比国家的关系。当年 9 月海地发生军事政变，一些拉美国家发表声明谴责军政府，之后联合国对军政府的制裁措施受到了多米尼加、委内瑞拉、阿根廷、智利等国的积极配合与支持。1994 年军政府倒台后，海地同拉丁美洲国家的关系取得了前所未有的进展。特别是 1996 年普雷瓦尔执政后，海地更加重视加强区域联系，积极改善同多米尼加、古巴、委内瑞拉、墨西哥以及巴西等国家的关系。为进一步拓展外交空间，海地在 2002 年 6 月加入加勒比共同体，积极与各成员国展开对话交流。[①] 2013 年 2 月 18 ~ 19 日，第 24 次加勒比共同体届间政府首脑会议在海地举行，会议发表声明，决定加强地区安全、促进区内贸易、推进地区一体化。

海地与地区大国和邻国的关系得到加强。海地与古巴隔海相望，两国长期以来有着密切的往来。自独立运动爆发时起，古巴便成为海地政治避难者的流亡之地。虽然冷战时期海地成为美国遏制共产主义蔓延的堡垒，两国关系一度交恶，但 20 世纪 90 年代以来，海地民选政府积极修复同古巴的关系，古巴也在医疗、卫生、农业等方面向海地提供了大量技术和人力援助。乌戈·查韦斯统治期间，委内瑞拉通过加勒比石油计划向海地提供了大量援助，海地能够以优惠的价格获得石油，在一定程度上有助于缓解能源危机。2007 年 3 月，查韦斯访问海地，其间宣布委内瑞拉将帮助

① 加勒比共同体官方网站，https://caricom.org/about-caricom/who-we-are/our-governance/heads-of-government/haiti。

海地建设发电站、扩大电力网络、修建机场、提供垃圾车，并对广泛部署在海地的古巴医疗队提供支援。查韦斯多次表示这些援助是对历史上海地对委内瑞拉的帮助的回馈，因为海地独立后曾向玻利瓦尔等解放者提供枪支、船只和印刷机，支持他们进行反殖民斗争。为表示对委内瑞拉的感谢，海地便根据委内瑞拉已故总统的名字将位于海地角市的海地第二大机场命名为乌戈·查韦斯国际机场。2012 年 2 月，巴西总统迪尔玛·罗塞夫（Dilma Rousseff）访问海地，她表示继续为海地震后重建工作提供帮助，就维护社会秩序和减少贫困等问题保持双边合作。同年 4 月，墨西哥总统费利佩·卡尔德龙（Felipe Calderon）访问海地，这是两国 1934 年建交以来墨西哥总统首次到访海地，卡尔德龙表示将向海地提供 1000 万美元，用于两国的教育、医疗和农业合作。

海地与地区外国家的关系也有所突破。美国、加拿大、日本、法国、瑞士等国家每年都向其提供经济援助。加拿大是仅次于美国的第二大对海地援助国，每年为其提供大量资金。历次联合国对海地的维和行动，加拿大都会派遣武装人员参加。出于语言原因，还有许多海地人选择移民加拿大，他们主要聚集在通行法语的魁北克省。

法国作为海地殖民地时期的宗主国，与海地在文化和语言方面有着特殊的联系。1825 年，法国要求海地赔偿其因海地独立战争所遭受的金钱和贸易损失，并以武力入侵相威胁。当时，海地同意支付 1.5 亿金法郎的赔偿费，法国随之承认海地是一个独立国家。海地用了一个多世纪时间才于 1938 年将这笔债务连本带息还清。2003 年，海地要求法国归还当年支付的这笔赔偿费，但该要求无果而终。2006 年，普雷瓦尔访问法国，法国总统希拉克表示将帮助海地争取更多的欧盟援助，支持延长联合国维和部队在海地的驻扎时间。2010 年，法国总统萨科齐访问海地，这是法国总统首次出访该国。其间，萨科齐承诺向海地提供 2.3 亿欧元的援助资金用于灾后重建，并免除海地拖欠法国的全部债务。2015 年，法国总统奥朗德访问海地，这次出访引发了小规模的抗议活动，示威者要求法国为其历史行为支付赔偿金。奥朗德表态承认法国在奴隶贸易中扮演的角色，承诺在海地的发展项目中投入 1.45 亿美元资金。法国是欧洲地区向海地提供援助资金最多的国家。自海地独立以来，法国继续在海地事务中发挥作用，皮埃尔·布瓦耶、利西乌斯·萨洛蒙、克洛德·杜瓦利埃等几位被赶下台的总统都去法国寻求庇护。

英国于1833年承认海地是一个独立国家，20世纪60年代以后几乎每年都向海地提供一定数额的援助资金。2012年7月，海地总理洛朗·拉莫特（Laurent Lamothe）访问英国，并与英国王储查尔斯会面，双方讨论了海地的植树造林工程进展情况和太子港的灾后重建计划。2013年，英国在太子港开设了驻海地大使馆，两国间的外交关系有了新的进展。

日本是亚洲地区对海地的主要援助国，双方于1956年建交。海地向日本出口服装和配饰，从日本进口交通运输设备。2010年大地震后，日本共向海地提供了2.6亿美元的援助，帮助海地进行紧急救援和灾后重建。2010～2013年，日本向联海稳定团派遣了2200名自卫队人员，其中有2184名工程部队人员，他们的主要任务是帮助海地进行交通设施的修建。2012年12月，海地总统马尔泰利出访日本，这是海地总统首次访问日本。

1997年，海地和越南建交，两国长期保持着良好的合作，在国际组织和多边论坛上相互支持。2010年，越南军用电子电信公司和海地国家电信公司合资建立了Natcom公司，该公司成为海地主要的电信运营商之一，这一成功的商业合作使两国关系的发展迈出了新的一步。海地大地震后，越南政府通过红十字会向海地捐助15万美元。2012年，海地总理拉莫特对越南进行正式访问，这是两国建交以来海地政府首脑首次访问越南。2013年，海地在河内开设大使馆。2010～2013年海地和越南的贸易额有显著增长，从2010年的1100万美元上升到2013年的4200万美元，但双边经贸往来仍处于较低水平。海地从越南进口的商品有大米、服装、木材和木材产品、化工产品、塑料制品等，向越南出口的商品以服饰、纸浆和动物食品为主。2014年，越南总理阮晋勇应邀访问海地，进一步深化了越南与海地的关系，促进南南双边贸易和合作。

第六节　同联合国的关系

海地于1945年10月24日加入联合国，是联合国51个创始会员国之一。1990年，海地举行历史上第一次民主选举，联合国派美国前总统卡特率领选举观察团监督大选的筹备和进展。此后，为帮助维持海地政治社会的稳定，联合国多次介入海地事务。1994年，联合国授权多国部队进驻海地，协助恢复民选政府。从这时起，联合国在海地部署了一系列维持和平特派团。

联合国对海地的干预和协助主要是通过维和任务实现的。联合国海地稳定特派团于2004年6月1日根据联合国安理会第1542号决议成立，以接替同年2月安理会授权的多国临时部队。此前，反政府武装迅速蔓延海地多个城市，导致总统阿里斯蒂德流亡海外。联合国海地稳定特派团对于海地重建和平稳定的社会环境起到了重要作用。2010年1月12日海地发生的毁灭性地震造成重大人员伤亡和经济损失，有96名联合国维和人员丧生。为尽快帮助该国恢复和重建，联合国安理会通过决议增加联合国海地稳定特派团的总兵力。2011年总统选举结束后，联合国海地稳定特派团继续努力履行其最初的任务，致力于维护社会治安、推进各项政治进程、加强海地政府机构和法治建设、帮助促进人权保护。

然而，联合国海地稳定特派团在海地的长期驻扎也引发了一系列问题，要求其撤出的呼声越来越高。2010年10月中旬，海地北部地区发生了霍乱，随后疫情迅速向周边省份和邻国蔓延，至2016年底累计有近80万人感染了霍乱，造成9000多人死亡。此次疫情被指是因联合国维和部队营地污水排放不当引发的。海地人多次举行抗议活动，要求联合国向感染霍乱的人提供赔偿。2016年12月1日，联合国秘书长潘基文正式就联合国对海地暴发霍乱疫情负有责任向海地人民道歉。霍乱暴发以来，联合国致力于解决海地供水、卫生及医疗系统中存在的问题，向最直接遭受影响的民众提供物质援助和支持，至2016年，疫情总发生率与高峰期相比大约下降了90个百分点。联合国海地稳定特派团还因一些士兵被指控参与若干性侵案件而陷入丑闻，进一步引发了海地官方和民众的强烈谴责。此外，联合国海地稳定特派团作为国外军事力量长期在海地进行打击犯罪、边境巡逻等行动，被有些海地人视为对本国主权的侵犯。面对海地国内日益高涨的不满情绪，一些参与联合国海地稳定特派团的国家也希望早日结束维和任务。虽然海地不断涌现出要求联合国海地稳定特派团撤离的呼声，但无论是海地政府还是人民都意识到，联合国和联合国海地稳定特派团仍然是协助海地进行震后重建、维护社会稳定的不可或缺的国际力量。对此，联合国的应对措施是逐年削减在海地的驻军人数，延长驻扎期限，并调整任务内容，重点培养海地警察力量，提高其解决谋杀、黑帮冲突等重大安全问题的能力。2017 年 4 月，联合国安理会通过决议，于当年 10 月结束联合国海地稳定特派团的维和任务，在后续建立一个小规模的维和特派团。虽然联合国海地稳定特派团在霍乱疫情起因等问题上饱受争议，但不可否认的是，它为维持海地国家秩序做出了重要贡献。

2017 年 10 月，联合国海地司法支援团（United Nations Mission for Justice Support in Haiti）建立，其主要任务是帮助海地政府发展国家警察力量、加强司法机构建设、促进和保护人权。至 2017 年 12 月，联合国海地司法支援团部署的人员数量已达 1200 人，其中包括 1199 名警察和 1 名联合国志愿者，他们主要来自印度、孟加拉国、约旦、塞内加尔、尼泊尔、卢旺达、马里、加拿大、尼日尔、哥伦比亚等国。

作为海地的重要援助方以及国际力量援助海地的组织者和推动者，联合国在灾后重建工作中扮演了极为重要的角色。2012 年，联合国开发计划署在海地共计有 32 个在建援助项目，涵盖城市规划、建设等多个领域。不仅如此，在该机构的推动下，海地政府与近 50 家非政府组织就开展人道主义救援问题进行了协调和沟通，有效提高了相关救援工作的效率。在 2016 年飓风“马修”重创海地之后，联合国粮食计划署和联合国儿童基金会等相关机构迅速做出反应，在投入救援的同时积极向国际社会发出呼吁，以帮助海地恢复农业，预防疫情和可能到来的粮食危机。

大事纪年

1492 年 12 月	哥伦布船队驶抵海地北部海岸，将该岛命名为“伊斯帕尼奥拉岛”，宣布该岛归西班牙所有。
1535 年	伊斯帕尼奥拉岛被并入新西班牙总督区。
1585 年	英国海盗弗朗西斯·德雷克武装占领圣多明各城，取得满意的赎金后退出。此后各国海盗不断对伊斯帕尼奥拉岛上的居民点进行攻占和掠夺。
1670 年	法国人在今海地角市建立了伊斯帕尼奥拉岛上第一个永久定居点——法兰西角。
1697 年	西、法两国签订《立兹维克条约》，西班牙政府正式承认伊斯帕尼奥拉岛西部 1/3 的领土归法国所有。
1751 ~ 1757 年	弗朗索瓦·麦坎达尔率领黑人奴隶举行起义。
1790 年	文森特·奥赫发起海地历史上第一次有色自由人种武装起义。
1791 年 8 月	法属圣多明各北部奴隶举行武装起义，海地独立战争爆发。
1801 年初	杜桑·卢维杜尔率军占领伊斯帕尼奥拉岛东部的圣多明各城。
1803 年	让 - 雅克·德萨林领导起义军战胜法军，取得独立战争最后一役——维第埃尔战役的胜利。
1804 年	1 月 1 日，海地成为拉丁美洲第一个独立的国家。9 月，德萨林宣布自己为皇帝，号称雅克一世。

1806 年 德萨林遇刺身亡，1806～1820 年海地分裂为两个政权，北部是黑人将军亨利·克里斯托夫建立的“海地国”，1811 年克里斯托夫自立为国王；西部和南部在穆拉托人将军亚历山大·佩蒂翁的领导下建立了“海地共和国”。

1820 年 穆拉托人将军让－皮埃尔·布瓦耶统一海地。

1822 年 布瓦耶率军占领圣多明各，伊斯帕尼奥拉岛成为统一的海地共和国。

1825 年 海地同法国签署条约，法国承认海地独立，但海地需向法国支付 1.5 亿金法郎的“赔偿款”。

1842 年 海地北部发生严重地震，海地角市被摧毁。

1844 年 伊斯帕尼奥拉岛东部从海地分离出去，宣布建立多米尼加。

1849 年 福斯坦·苏鲁克自封为皇帝，自称福斯坦一世，自 1847 年担任共和国总统起，他对海地的独裁统治持续至 1859 年。

1859 年 法布尔·热弗拉尔推翻苏鲁克的统治，担任海地总统。1859～1867 年，海地在其治理下获得较为稳定的发展。

1860 年 海地与梵蒂冈签署政教协定，结束了海地政府与教会之间从革命时期就存在的敌意。

1862 年 海地与美国建交。

1915 年 美国军队进驻海地，开始了对海地长达 19 年的军事占领。

1934 年 美国占领军全部撤离海地。

1946 年 太子港爆发了大规模的示威游行，埃利·莱斯考特总统下台。

1957 年 “老大夫”弗朗索瓦·杜瓦利埃当选为海地总统。

1964 年 弗朗索瓦·杜瓦利埃宣布自己为终身总统，并获得

	指定继任者的权力。
1971 年	老杜瓦利埃去世，其子让－克洛德·杜瓦利埃继任海地总统。
1983 年	教皇圣若望·保禄二世访问海地，在太子港发表公开演讲，呼吁海地做出改变。
1986 年	小杜瓦利埃在全国爆发的反抗活动中下台，流亡法国。国家权力由军人控制的执政委员会接手。
1987 年	海地通过新宪法，即 1987 年宪法。
1990 年	海地举行了历史上第一次民主选举，让－贝特朗·阿里斯蒂德当选为总统。
1991 年	海地武装部队总司令拉乌尔·塞德拉斯发动军事政变，阿里斯蒂德总统流亡国外。
1994 年	联合国安理会授权以美国为首的多国部队进入海地，塞德拉斯军政府倒台，阿里斯蒂德总统重新回国执政。
1995 年	海地军队解散。
1996 年	勒内·加西亚·普雷瓦尔在大选中获胜，就任海地总统。
2001 年	阿里斯蒂德第二次出任海地总统。
2004 年	叛军围攻太子港，阿里斯蒂德总统流亡国外，联合国海地稳定特派团进驻海地。
2006 年	普雷瓦尔第二次出任海地总统。
2010 年	海地发生强烈地震，太子港地区遭受毁灭性打击。
2011 年	著名音乐家米歇尔·马尔泰利当选为海地总统。
2016 年	飓风“马修”过境海地，造成巨大的人员伤亡和经济损失。
2017 年	若弗内尔·莫伊兹出任海地总统。 联合国海地稳定特派团于 10 月 15 日结束任务，联合国海地司法支援团自 16 日起执行任务。

2018 年 9 月	新总理塞昂正式组阁。
2020 年 3 月	莫伊兹总统任命约瑟夫·茹特为总理。
2020 年 11 月	莫伊兹总统筹建宪法改革委员会。
2021 年 2 月	海地公布新宪法草案。
2021 年 7 月 7 日	莫伊兹总统遇刺身亡。经协商，阿里埃尔·亨利出任总理。

参考文献

一　中文文献

李春辉：《拉丁美洲史稿》（上卷一），商务印书馆，1983。

李春辉：《拉丁美洲史稿》（上卷二），商务印书馆，1983。

李春辉：《拉丁美洲史稿》（下卷），商务印书馆，1993。

李春辉、苏振兴、徐世澄主编《拉丁美洲史稿》（第三卷），商务印书馆，1993。

李明德主编《简明拉丁美洲百科全书》，中国社会科学出版社，2001。

郝名玮、徐世澄：《世界文明大系——拉丁美洲文明》，中国社会科学出版社，1999。

〔英〕莱斯利·贝瑟尔主编《剑桥拉丁美洲史》（第一卷），中国社会科学院拉丁美洲研究所组译，经济管理出版社，1995。

〔英〕莱斯利·贝瑟尔主编《剑桥拉丁美洲史》（第二卷），中国社会科学院拉丁美洲研究所组译，经济管理出版社，1997。

〔英〕莱斯利·贝瑟尔主编《剑桥拉丁美洲史》（第三卷），中国社会科学院拉丁美洲研究所组译，社会科学文献出版社，1994。

〔英〕莱斯利·贝瑟尔主编《剑桥拉丁美洲史》（第五卷），中国社会科学院拉丁美洲研究所组译，社会科学文献出版社，1992。

〔英〕莱斯利·贝瑟尔主编《剑桥拉丁美洲史》（第七卷），中国社会科学院拉丁美洲研究所组译，经济管理出版社，1996。

苏振兴主编《拉丁美洲和加勒比发展报告（2007～2008）——社会

和谐：拉美国家的经验教训》，社会科学文献出版社，2008。

苏振兴主编《拉丁美洲和加勒比发展报告（2008～2009）——拉丁美洲的能源》，社会科学文献出版社，2009。

苏振兴主编《拉丁美洲和加勒比发展报告（2009～2010）——拉美的信息产业》，社会科学文献出版社，2010。

吴白乙主编《拉丁美洲和加勒比发展报告（2010～2011）》，社会科学文献出版社，2011。

吴白乙主编《拉丁美洲和加勒比发展报告（2011～2012）》，社会科学文献出版社，2012。

吴白乙主编《拉丁美洲和加勒比发展报告（2012～2013）》，社会科学文献出版社，2013。

吴白乙主编《拉丁美洲和加勒比发展报告（2013～2014）》，社会科学文献出版社，2014。

吴白乙主编《拉丁美洲和加勒比发展报告（2014～2015）》，社会科学文献出版社，2015。

吴白乙主编《拉丁美洲和加勒比发展报告（2015～2016）》，社会科学文献出版社，2016。

二　外文文献

Charles F. Gritzner, *Haiti Modern World Nations*, New York: Chelsea House Publishers, 2011.

Helen Chapin Metz, *Dominican Republic and Haiti: Country Studies*, Washington, D. C.: Federal Research Division, Library of Congress, 2001.

Steeve Coupeau, *The History of Haiti*, Westport, CT: Greenwood Press, 2008.

"Haiti-Dominican Republic Environmental Challenges in the Border Zone," United Nations Environment Programme, 2013.

三　主要网站

拉美经委会网站，http://estadisticas.cepal.org/cepalstat/Portada.html?

idioma = english。

联合国粮食及农业组织网站，http：//www. fao. org/home/en。

联合国数据库网站，http：//data. un. org/en/index. html。

世界卫生组织网站，http：//www. who. int/。

世界银行数据库网站，https：//data. worldbank. org/。

中国海地贸易发展办事处网站，http：//ht. chinacommercialoffice. org/chn/。

中华人民共和国外交部网站，http：//www. fmprc. gov. cn/。

索　引

J

K

L

M

O

P

R

S

T

W

X

Y

Z

新版《列国志》总书目

亚洲

阿富汗
阿拉伯联合酋长国
阿曼
阿塞拜疆
巴基斯坦
巴勒斯坦
巴林
不丹
朝鲜
东帝汶
菲律宾
格鲁吉亚
哈萨克斯坦
韩国
吉尔吉斯斯坦
柬埔寨
卡塔尔
科威特
老挝
黎巴嫩
马尔代夫
马来西亚
蒙古国
孟加拉国
缅甸
尼泊尔
日本
沙特阿拉伯
斯里兰卡
塔吉克斯坦
泰国
土耳其
土库曼斯坦
文莱
乌兹别克斯坦
新加坡
叙利亚
亚美尼亚
也门
伊拉克
伊朗
以色列
印度
印度尼西亚
约旦
越南

非洲

阿尔及利亚
埃及
埃塞俄比亚
安哥拉
贝宁
博茨瓦纳
布基纳法索
布隆迪
赤道几内亚
多哥
厄立特里亚
佛得角
冈比亚
刚果
刚果民主共和国
吉布提
几内亚
几内亚比绍
加纳
加蓬
津巴布韦
喀麦隆
科摩罗
科特迪瓦
肯尼亚
莱索托
利比里亚
利比亚
卢旺达
马达加斯加
马拉维
马里
毛里求斯
毛里塔尼亚
摩洛哥
莫桑比克
纳米比亚
南非
南苏丹
尼日尔
尼日利亚
塞拉利昂
塞内加尔
塞舌尔
圣多美和普林西比
斯威士兰
苏丹
索马里
坦桑尼亚
突尼斯
乌干达
赞比亚
乍得
中非

欧洲

阿尔巴尼亚
爱尔兰
爱沙尼亚
安道尔

奥地利
白俄罗斯
保加利亚
北马其顿
比利时
冰岛
波兰
波斯尼亚和黑塞哥维那
丹麦
德国
俄罗斯
法国
梵蒂冈
芬兰
荷兰
黑山
捷克
克罗地亚
拉脱维亚
立陶宛
列支敦士登
卢森堡
罗马尼亚
马耳他
摩尔多瓦
摩纳哥
挪威
葡萄牙
瑞典
瑞士
塞尔维亚
塞浦路斯
圣马力诺
斯洛伐克
斯洛文尼亚
乌克兰
西班牙
希腊
匈牙利
意大利
英国

美洲

阿根廷
安提瓜和巴布达
巴巴多斯
巴哈马
巴拉圭
巴拿马
巴西
秘鲁
玻利维亚
伯利兹
多米尼加
多米尼克
厄瓜多尔
哥伦比亚
哥斯达黎加
格林纳达
古巴
圭亚那
海地
洪都拉斯
加拿大
美国
墨西哥

大洋洲

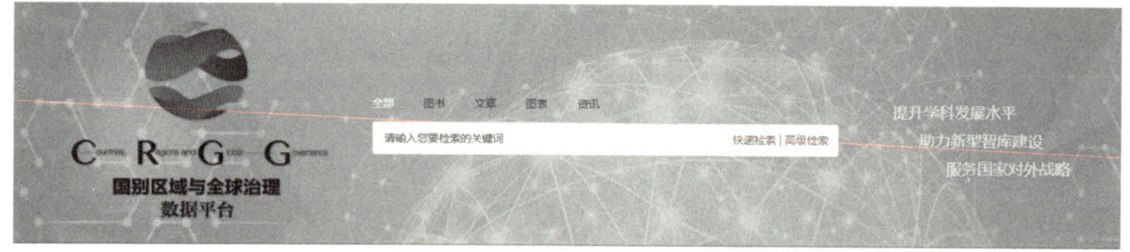

国别区域与全球治理数据平台

www.crggcn.com

“国别区域与全球治理数据平台”（Countries，Regions and Global Governance，CRGG）是社会科学文献出版社重点打造的学术型数字产品，对接国别区域这一重点新兴学科，围绕国别研究、区域研究、国际组织、全球智库等领域，全方位整合基础信息、一手资料、科研成果，文献量达30余万篇。该产品已建设成为国别区域与全球治理数据资源与研究成果整合发布平台，可提供包括资源获取、科研技术服务、成果发布与传播等在内的多层次、全方位的学术服务。

从国别区域和全球治理研究角度出发，“国别区域与全球治理数据平台”下设国别研究数据库、区域研究数据库、国际组织数据库、全球智库数据库、学术专题数据库和学术资讯数据库6大数据库。在资源类型方面，除专题图书、智库报告和学术论文外，平台还包括数据图表、档案文件和学术资讯。在文献检索方面，平台支持全文检索、高级检索，并可按照相关度和出版时间进行排序。

“国别区域与全球治理数据平台”应用广泛。针对高校及国别区域科研机构，平台可提供专业的知识服务，通过丰富的研究参考资料和学术服务推动国别区域研究的学科建设与发展，提升智库学术科研及政策建言能力；针对政府及外事机构，平台可提供资政参考，为相关国际事务决策提供理论依据与资讯支持，切实服务国家对外战略。

数据库体验卡服务指南

※100元数据库体验卡，可在“国别区域与全球治理数据平台”充值和使用

充值卡使用说明：

第1步 刮开附赠充值卡的涂层；

第2步 登录国别区域与全球治理数据平台（www.crggcn.com），注册账号；

第3步 登录并进入“会员中心”→“在线充值”→“充值卡充值”，充值成功后即可使用。

声明

最终解释权归社会科学文献出版社所有

客服QQ：671079496

客服邮箱：crgg@ssap.cn

欢迎登录社会科学文献出版社官网（www.ssap.com.cn）和国别区域与全球治理数据平台（www.crggcn.com）了解更多信息

图书在版编目(CIP)数据

海地 / 李博编著. -- 北京: 社会科学文献出版社,
2022. 11

(列国志: 新版)

ISBN 978 - 7 - 5201 - 9752 - 6

Ⅰ. ①海… Ⅱ. ①李… Ⅲ. ①海地 - 概况 Ⅳ.
①K975. 2

中国版本图书馆 CIP 数据核字 (2022) 第 022683 号

·列国志(新版)·
海 地(Haiti)

编 著 / 李 博

出 版 人 / 王利民
组稿编辑 / 张晓莉
责任编辑 / 叶 娟
文稿编辑 / 顾 萌
责任印制 / 王京美

出 版 / 社会科学文献出版社·国别区域分社 (010) 59367078
地址: 北京市北三环中路甲 29 号院华龙大厦 邮编: 100029
网址: www. ssap. com. cn
发 行 / 社会科学文献出版社 (010) 59367028
印 装 / 三河市尚艺印装有限公司

规 格 / 开 本: 787mm × 1092mm 1/16
印 张: 15. 5 插 页: 0. 75 字 数: 229 千字
版 次 / 2022 年 11 月第 1 版 2022 年 11 月第 1 次印刷
书 号 / ISBN 978 - 7 - 5201 - 9752 - 6
定 价 / 79. 00 元

读者服务电话: 4008918866